U0663847

主要粮食作物产业化湖北省协同创新中心

国家社会科学基金（10CJY046）

华中农业大学农林经济管理学科建设专项基金

农业与农村经济管理研究

新时期我国粮食储备政策与调控体系研究

XINSHIQI WOGUO LIANGSHI CHUBEI ZHENGCE YU
TIAOKONG TIXI YANJIU

◆ 刘 颖 等/著

人民出版社

总　序

截至"十二五"末期，我国农业取得了粮食生产"十二连增"、农民增收"十二连快"的卓越成就。"十三五"伊始，我国农业发展的物质技术装备基础愈加雄厚，主要农产品供给充足，新技术、新产业、新业态不断涌现，现代农业提质增效的发展机遇非常难得。与此同时，各种新老矛盾交织叠加，农业发展不平衡、不协调、不持续问题仍然存在；农产品供需失衡、结构性过剩现象十分突出，推进供给侧结构性改革的任务较为艰巨；农业资源环境约束不断加强，农业现代化发展相对滞后，农村经济社会转型发展依然需要时日。在这种背景下，加快推进传统农业向现代农业转变，探求农业现代化发展之路和农业供给侧结构性改革之策，农业经济管理学科应承担起为农业产业发展和农村经济建设提供智力支持的重要职责。

华中农业大学农业经济管理学科是国家重点学科和湖北省优势学科，农林经济管理专业是国家特色专业，农林经济管理学科是湖北省重点学科。长期以来，学科点坚持以学科建设为龙头、以人才培养为根本、以科学研究和社会服务为己任，紧紧围绕"三农"发展中出现的重点、热点和难点问题开展理论研究与实践探索，"十一五"以来，先后承担完成国家自然科学基金41项，国家社会科学基金34项，其中重大项目1项、重点项目8项；1项成果入选2015年度《国家哲学社会科学成果文库》；出版学术专著35部；获省部级以上优秀成果奖22项。学科点丰硕的研究成果推动了现代农业和区域经济的较大发展。

近年来，学科点依托学校农科优势，加大资源融合力度，重点围绕农业经济理论与政策、农产品贸易与市场营销、食品经济与供应链管理、农业资源与环境经济、农业产业与农村发展等研究领域，开展系统深入、科学规范的跨学科交叉研究，积极推进农业经济管理学科与经济学、管理学、社会学、农学、生物学和土壤学等学科融合和协同创新，形成了柑橘、油菜、蔬菜、食用菌和水禽等5个特色鲜明、优势突出的现代农业产业经济研究团队，以及农产品流通与贸易、农业资源与环境经济、食物经济与食品安全等3个湖北省高等学校优秀中青年科技创新团队，有力支撑了本学科的持续发展。

为了进一步总结和展示本学科点在农业经济管理领域的研究成果，特推出这套《农业与农村经济管理研究》丛书。丛书既包括粮食安全、产业布局等宏观经济政策的战略研究，也涉及农户、企业等市场经济主体的微观分析。其中，一部分是国家自然科学基金和国家社会科学基金项目的结题成果，一部分是区域经济或产业经济发展的研究报告，还有一部分是青年学者的学术力作。正是这些辛勤耕耘在教学科研岗位上的诸多学者们的坚守与付出，才有了本学科点的坚实积累和繁荣发展。

本丛书的出版，既是对作者辛勤工作的肯定，更是借此向各位学科同行切磋请教，以使本学科的研究更加规范，也为本学科的发展奉献一份绵薄之力。最后，向一直以来对本学科点发展给予关心和支持的各位领导、专家表示诚挚的谢意！

目 录

前　言

"国家无九年之蓄，曰不足；无六年之蓄，曰急；无三年之蓄，曰国非其国也。"

——《礼记·王制》

"不生粟之国亡，粟生而死者霸，粟生而不死者王。"　　——《管子》

"粟者，王者大用，政之本务！"　　　　　　　　——《论贵粟疏》

粮食作为人类生存的基础物质，关系着社会经济的发展与国家的战略安全，为历朝历代政府所高度关注。新中国成立以来，随着国民经济发展环境的转变，我国粮食管理体制几经变革。新中国成立初期，为保证人民生活和国家建设所需的粮食，稳定粮价，国家从1953年开始在全国范围内有计划、有步骤地实行粮食的收购计划（"统购"）和计划供应（"统销"）。此后，统购统销的范围扩大到油料和棉花，截至1961年，基本形成了以政府直接经营和计划价格为主体的农产品购销制度和价格制度。改革开放初期，为了扭转长期以农补工导致"三农"问题日益突出的状况，国家较大幅度提高粮食统购价格，有效调动了农民种粮的积极性，粮食生产连年增长，农产品供应匮乏状况得到有效改变。1985年年初，国家开始改革计划经济时期的统购派购任务，按照不同情况分别实行合同定购和市场收购。至此，我国实行了31年的农产品统购派购制度解体，进入政府直接控制的市场与自由交换的市场共存的"双轨制"粮食购销体制时期。"双轨制"的基本内容是：在粮食购销方面，政府强制性低价收购和低价定量供应与一般的市场交换并存；在粮食经营方面，政府的粮食机构与非政府的流通机构并存。但是，在粮食减产、市场粮价上升、国家无力提高粮食合同定购价格的情况下，为保证平价粮供应，"合同定购"被确定为国家任务，合同制向统购统销制复归，农民收益减少，种粮积极性受到打击，受此影响，1985—1989年间，国家粮食总产量徘徊不前。

为鼓励粮食生产，1990年，国家建立了"收购余粮、稳定生产、丰歉调剂、稳定市场"的粮食专项储备制度，对粮食实行保护价收购。1991—1992年间，国家陆续通过"减购提价""价格双轨制"与"保价放量"等一系列政策措施，大幅提高了粮食收购价格。随着统购统销的粮食政策逐步退出，粮食价格改革步伐进一步加快，国家在1993年放开粮食销售价格，实行了40年的城镇居民粮食供应制度（"统销"）和口粮定量办法被取消，价格随行就市。1993年年底，中国粮食市场开始涨价，1994年粮食供需缺口扩大，并引发粮价大幅度上涨，从而引发了长达两年之久的粮价上涨风波。为保持社会稳定和其他重大改革措施的顺利出台，国家再度强化对粮食市场的介入。一方面，建立和完善中央、地方粮食储备制度，保证政府能够有效地掌握充足的粮食，以稳定粮食供给，抑制粮价异常上涨；另一方面，提高粮食定购价格，加大了对粮食生产的支持力度。1995年2月，中央农村工作会议明确提出"米袋子"省长负责制，要求各省一把手亲自抓粮食问题，并把坚持和完善省长负责制作为深化改革的重点之一。此间，经过党和政府的一系列努力，我国粮食生产得到了极大的发展。1996年，全国粮食生产总量突破5亿吨大关，成为新中国历史上最高产量的年份，1997年和1998年的粮食总产量均在4.9亿吨以上，充分地满足了我国粮食市场的需求。

1996年以后粮食供过于求的矛盾日益凸显。粮价下跌，农民利益受损，国有粮企亏损，国家财政负担过重，中央和地方在粮食宏观调控方面的职责不清等问题越发严重。鉴于此，1998年，我国开始启动粮食购销市场化改革。它呈现出四个特点：先放开销售市场，后放开收购市场；先放开小品种，后放开重要品种；先放开销区，后放开产区；建立粮食储备制度垂直管理体制。这一阶段主要实行流通环节补贴的粮食价格支持政策。国有粮食收购企业作为我国粮食保护价收购的主体，既要按保护价敞开收购农民手中的余粮，还要承担顺价销售收储粮食的职能，这导致在实际运作中，部分粮食补贴在中间环节流失。由于保护价政策是以国有粮食企业为中介的间接补贴方式，除需支付粮农差价补贴外，国家还要承担国有粮食企业因不适销低质量粮食压库所致的巨额利息、保管费用和代价处理损失等，政策实施成本较大。

自1999年起，粮食连续减产，2003年产量为20世纪90年代以来最低点，粮食产量逐年下降与粮食需求逐年增长的矛盾导致年度产需平衡缺口不断扩大，粮食产需形势开始转向供不应求。2003年年末及2004年年初，粮食价格较大幅度上涨，带动整个农副产品价格上扬。党和政府在总结上一阶段粮食价格支持政策的设计缺陷及政策执行效果的基础上，于2004年先后出台《粮食流通管理条例》和《关于进一步深化粮食流通体制改革的意见》，提出全面放开粮食购销市场，实行购销多元化经营。同时，中央从粮食风险基金中拿出部分资金用于对粮农直接补贴，财政补贴由粮食流通环节补贴转向粮食收购价格支持、粮食生产支持和对农民直接补贴等多方面的粮食支持政策。2005年以来，国家相继实施了粮食最低价收购政策和临时收储政策，并对产粮大县实施奖励补贴，对农民采取农资综合补贴政策。2006年在全国范围内取消农业税。在一系列政策支持下，自2004年以后，我国粮食总产量进入持续快速增长时期。

回顾我国粮食管理体制的变革历程，粮食安全的"达摩克利斯之剑"始终悬在中华民族头上，掣肘着党和国家的施政方略。新中国成立后，为了尽快实现社会主义工业化，国家采取了优先发展重工业的战略，通过"农业支持工业、农村支持城市"的政策为工业化建设提供了原始资本积累。"勒紧裤腰带发展工业化"成为中华民族全体人民的共同选择。改革开放后，"吃饱饭"不再是一种奢望，但是"饿肚子"的记忆太深刻，保障粮食的稳定供给一直是党和国家施政的重要目标。粮食储备制度是政府利用储备调控粮食供求，保障粮食安全的重要手段，是国家粮食管理体制的核心内容。从早期的"甲字粮""506粮"，到20世纪90年代的粮食专项储备制度，再到21世纪的中国储备粮管理总公司，我国粮食储备制度在不同时期为保证国家粮食安全都作出了重要贡献。

当前，我国粮食生产已经取得了伟大的成就。但是，新世纪以来世界性粮食危机时有发生，随着工业化与城市化的快速推进，我国粮食安全面临着更为严峻的调整，国内粮食生产的比较收益下降，粮食生产资源环境恶化，粮食需求量呈刚性增长，政府制定粮食储备调控政策面临着新的更高要求。在此背景下，分析当前粮食储备调控效率及其影响因素，明确粮食储备调控目标，制定合理的储备调控政策，优化粮食储备调控体系，充分发挥粮食储备宏观调控作用，既是对粮食经济理论的进一步深化，又在实践上对稳定我国粮食市场、保障我国粮食安全具有重要的现实意义。

第一章　我国粮食储备体系研究的
时代背景与逻辑构架

一、研究背景与意义

农业是国民经济发展的基础，而粮食则是基础的基础。粮食作为人类生存的基础物质，是一个永恒的话题，关系着社会经济的发展与国家的战略安全。新时期粮食危机在全球上演，虽然我国自 2004 年以来粮食生产实现了 12 年连增，维持着 95% 以上的自给率，粮食储备充足，有效地缓解了国内粮食供需矛盾。但不得不承认的是我国的粮食安全依然存在多重隐患：首先，从生产供给来看，一方面受到自然资源的约束，如耕地非农化、淡水资源匮乏等；另一方面受到人力资源的制约，如粮食生产收益低下导致的大量劳动力流失，农村"空心化"现象。其次，从粮食需求来看，人口的自然增长、粮食消费结构的变化与生物能源的发展使粮食刚性需求呈不断增长趋势。粮食市场供需双方的时间与空间间隔不断增大，粮食本身品种、结构比、质量和数量方面等都出现新特点，这也对新时期的粮食储备政策与调控体系提出了更高的要求。

粮食储备作为国家粮食安全体系中的重要组成部分，相当于一个蓄水池，丰年纳购、歉年抛销，对于保证粮食供求平衡、稳定粮食市场、保障粮食安全以及促进社会的稳定发展等方面都具有重要作用。粮食储备管理作为公共政策，既要能够确实保障国家粮食安全和维护社会稳定，又要注重储备效率的提高和储备成本的节约。但是从目前的储备调控现状来看，我国中央粮食储备调控并没有取得预期的效果。究其原因，是我国的粮食储备政策和制度的不完善，具体表现为国家粮食储备目标定位模糊，储备调控政策不完善、调控效率低下，区域布局不合理，品种结构不理想，储备运作机制不健全等。这些现象可能直接导致高储备率，而由高储备率带来的高额粮食库存支出和调控成本又会对我国财政预算构成一定的风险和压力；另外粮食储备调控的滞后或者粮食企业的"逆向操作"行为往往会加剧粮食市场的波动，导致与政府调控的初衷相背离。

基于这一背景，政府应该如何定位粮食储备目标，制定合理的储备调控政策，确定最优储备规模对于健全我国储备粮运作机制、增强储备调控效果具有重要的指导意义。本书拟针对新古典主义学派与结构主义学派的争议焦点，在梳理国内外关于粮食储备调控理论的基础上，结合我国粮食安全新形势，提出新时期粮食储备政策与调控体系优化研究这一论题，通过比较不同目标导向下粮食储备调控方式的成本效率、调控效率以及生产者、消费者福利效应等因素，进而明确我国粮食储备目标的定位，提出新时期既能保障我国粮食安全，又能降低储备成本、提高储备调控运行效果的储备调控政策，以确定最优储备规模。因此对这一问题进行研究既是对粮食经济理论的进一步深化，又能为粮食储备管理举措提供一定的参考，以保障我国粮食安全，兼具一定的理论与现实意义。

二、国内外研究现状及评述

作为调节粮食供求平衡的"蓄水池"，粮食储备在粮食安全保障体系中发挥着举足轻重的作用。我国是一个粮食公共危机频发的国家，1959年至1961年的困难时期、2003年重症急性呼吸综合征（SARS）、2008年汶川地震等突发事件都造成了一定范围的粮食危机。从2004年到2015年，我国粮食实现了连续12年增产，这是历史上从来没有出现过的奇迹。但是，从粮食供求和安全的角度看，我国的粮食安全问题仍然不可掉以轻心。一是世界粮价在不断地上涨，在经济全球化和国内市场对外开放的背景下，世界的高粮价必然会冲击和扰动国内粮食市场。二是与粮食安全及供求形势密切相关的居民消费价格指数（CPI）持续上升，粮食价格持续上扬。国家统计局 2011 年 2 月 15 日公布的数据显示，1 月份中国食品价格与 2010 年同期相比上涨 13%，其中粮食价格上涨 15.1%。三是我国的粮食生产资源配量和资源供求压力日益增大。2010 年我国的大豆进口超过 5000 万吨，相当于国内粮食产量的 1/10，已经突破了粮食安全白皮书规定的目标，进口玉米 157 万吨，为 2009 年的 19 倍，进口小麦 120 万吨，较 2009 年增加 36%。在此背景下，关于保障粮食安全的粮食储备调控政策的研究再度成为焦点。在文献梳理的基础上，本书主要对粮食储备目标定位、储备规模测算、储备运行机制与调控效率以及农户储备等五个方面进行综述。

（一）粮食储备目标的定位研究

粮食储备在不同的时期，不同国家被赋予的目标和作用是不同的。解放初期，国家储存粮食旨在"备战备荒"；改革开放以来，储备粮根据需要分为专项储备与周转储备，兼具战略与社会经济意义。其中周转储备是为确保流通领域通畅进行的商业性质的储备，而对于专项储备的目标界定则千差万别，一直存在较大的争议。

一种观点认为粮食储备的首要目标是保障粮食安全，即用于平抑年度间产量波动引起的供给波动。[①] 朱晶认为储备粮食合理规模的确定应基于平抑年度间产量波动，稳定价格不应该是后备储备的任务，更不应该成为确定后备储备规模的标准。[②] 若将稳定粮价的任务强加于政府后备储备不仅会加重国家财政负担，反而会延迟价格信号的发出，累积更大的市场波动。[③] 另一种观点则认为，粮食储备目标应该多元化，在以粮食安全为主

[①]　马九杰、张传宗：《中国粮食储备规模模拟优化与政策分析》，《管理世界》2002 年第 9 期。

[②]　朱晶、钟甫宁：《市场整合、储备规模与粮食安全》，《南京农业大学学报（社会科学版）》2004 年第 3 期。

[③]　钟甫宁：《粮食储备和价格控制能否稳定粮食市场？——世界粮食危机的若干启示》，《南京农业大学学报（社会科学版）》2011 年第 11 卷第 2 期。

要目标的同时，还应包括稳定价格、保障收入以及提高效益等多种目标，其代表学者如厉为民、黎淑英。[1] 邓亦武提出应将保障粮食安全、稳定价格、提高收入与效益等作为风险储备的目标。[2] 卢波从中央储备粮的作用及本质出发，把中央储备粮调控的目标确定为稳定价格和紧急供给两大目标。[3]

国际上一般认为粮食储备的目标在于保障粮食安全，稳定收入和价格以及提高经济效益，并将这些目标分解成了可衡量的具体的目标。国外学者对于粮食储备用于调控价格是否有效也存在争议，新古典主义学派倡导市场的自由竞争可以达到均衡，即市场主体能够储存社会需要的最优储备量，因此认为用风险储备来稳定粮食价格是没有效率的；相反结构主义学派则提倡政府应该适时予以干预，以稳定粮食价格，实现收入再次分配，保障社会公平与经济稳定。[4]

综上所述，对粮食储备目标的研究简要总结如下：一是对粮食储备目标的定位不统一，几种观点争议的焦点在于粮食储备是否需要承担保障粮食安全以外的责任。二是对储备目标的研究大多是附带的、定性的评述，对各自提出的观点缺乏实证研究，难于比较不同目标政策的优劣。三是国家储存粮食是为其政策目标服务的，储备目标定位的模糊及多元化将会导致储备规模过大引起的财政压力以及政策措施间的相互冲突、干扰和交叉，使储备政策不具针对性，降低保障功能。

（二）粮食储备规模的研究

如何确定最优粮食储备规模，才能既保障粮食安全，又能减轻政府财政支出，一直是学术界广泛关注的问题，国内外学者对此也做了大量的研究。目前，国内外学者对粮食储备规模的测算方法主要有以下几种：

---

① 厉为民、黎淑英：《世界粮食安全概论》，中国人民大学出版社1988年版，第69页。
② 邓亦武：《粮食宏观调控论》，经济管理出版社2008年版，第43页。
③ 卢波：《中央储备粮管理机制研究》，新疆农业大学2006年版，第72页。
④ Timmer P., "Food Security and Economic Growth: An Asian Perspective", *Center for Global Development*, No. 51, 2004.

1. 是基于联合国粮农组织（FAO）的经验估计

其方法有两种：第一种是基于 1955—1972 年出口国的谷物生产面积、单产水平、总产量和国内消费量的长期趋势和进口国相应的趋势值，在分析中找出这些数字在过去偏离趋势值的差幅，作为某一歉收年度里维持长期消费趋势所需储备规模的指标。第二种是以 1961—1974 年为期间，根据不同国家的库存量与总的粮食消费量之比来确定，并于 1974 年提出粮食安全警戒线的概念：即要保证储备—利用比率最低为 17%—18%，由 12% 的周转储备与 5%—6% 的风险储备构成。

2. 基于产量波动指数的测算方法

一种是目前运用较多的波动指数法，是在计算粮食产量波动指数的基础上，根据粮食安全水平和粮食政策，测算各年的吞吐量，进而测算出规模，运用此方法测算的储备规模在不同安全水平下不同。[1] 该方法的欠缺之处在于没有考虑消费者对粮食需求情况的变化以及进出口等因素。一种是生产周期法，是在波动指数法的基础上考虑粮食生产的周期，然后以周期内正常生产年份平均产量与歉收年份产量的差为基础，同时考虑粮食歉收持续的时间，最后确定所需储备量。

3. 基于储备调控政策模型的测算方法

构建粮食储备调控政策模型用于比较不同储备政策下粮食储备的成本效率及社会福利因素，从而确定最优储备规模。一是利用随机模拟法构建模型，以戴维（David）成本效率模型为代表，研究得出增加粮食储备量对粮食安全程度的边际效益是递减的。[2] 杰哈和斯里尼瓦桑（Jha and Srinivasan）构建了多产品均衡的动态随机模型，其优点在于考虑了不同品种的粮食在消

---

[1] 刘颖：《关于我国专项粮食储备规模的定量研究》，《华中农业大学学报（社会科学版）》2002 年第 3 期。刘颖、许为、樊刚：《中国粮食安全储备最优规模研究》，《农业技术经济》2010 年第 11 期。马九杰、张传宗：《中国粮食储备规模模拟优化与政策分析》，《管理世界》2002 年第 9 期。吴志华、施国庆、胡荣华：《中国粮食安全储备及其规模确定》，《中国农村观察》2001 年第 1 期。朱晶、钟甫宁：《市场整合、储备规模与粮食安全》，《南京农业大学学报（社会科学版）》2004 年第 4 卷第 3 期。

[2] Bigman D., *Food Policies and Food Security under Instability: Modeling and Analysis*, Lexington Books, 1985, p. 252.

费、储备上的可替代性。① 二是动态规划方法或随机控制方法，其优点在于能够考虑政府储备和私人储备的非线性结构特点，可以通过赋权的方法准确地处理政策目标之间的权衡从而选择最优政策。② 阿萨纳修等（Athanasiou et al.）引入李亚普诺夫函数（Lyapunov Function）求解幼稚预期非线性蛛网模型，该方法可以使非线性问题得到稳健的解。③ 三是多目标规划的优化方法，被认为是选择储备调控路径、确定最优储备量的有效手段，是在一定的约束条件下，实现粮食安全、粮价稳定、收入提高等多个相互牵制目标的最优解。④ 伊顿（Eaton）等应用两目标线性规划模型，基于 1960—1974 年的粮食相关数据测算出全球 1975—2000 年的粮食储备量。⑤

不同测算方法下所得出的储备规模之间存在较大的差距，但都受到粮食安全程度、国际国内市场整合度等因素的影响。⑥ 基于模型的研究，由于受到数据可获得性的限制，目前仅停留在理论指导层面，实践指导意义有限。

（三）粮食储备运行机制研究

对于粮食储备的运行机制，现有文献侧重于从粮食储备布局、储备体系、储备制度及农户储备几个角度进行研究。

1. 关于粮食储备布局的研究

粮食储备布局包括粮库的布局与储备粮食品种的布局两个方面。娄源功、袁永康强调我国的地方粮库和中央粮库比例失衡，收纳粮库和中转粮库结构不合理，存在着布局过于分散等问题，应该重视由此引发的直接投

① Jha S., Srinivasan P. V., "Food Inventory Policies under Liberalized Trade", *International Journal of Production Economics*, No. 71, 2001.

② Reutlinger S., Knapp K., "Food Security in Food Deficit Countries", *World Bank Staff Working Paper*, No. 393, 1980.

③ Athanasiou G., Karafyllis I., Kotsios S., "Price Stabilization Using Buffer Stocks", *Journal of Economic Dynamics & Control*, No. 32, 2008.

④ Love, H. A., Buccola, S. T., "Optimization Analysis of Public – Food Stocks", *Food Security and Food Inventories in Developing Countries*, 1993, pp. 131 – 150.

⑤ Eaton D. J., "A System Analysis of Grain Reserve", *US Department of Agriculture*, 1980.

⑥ 肖顺武：《粮食储备规模法律制度研究——基于粮食市场的实证解析》，《云南行政学院学报》2011 年第 3 期。

资浪费和间接损失。① 李福君运用规范分析方法，根据粮食物流的特点对储备粮在主产区、主销区及产销平衡区的分布比例以及三大品种的储存比例进行了分析。② 颜加勇提出在建设粮库时，需结合粮库的静态性与粮食流动的动态性特征，建立全国大市场下合理的粮食储备与流通体系，并且在储备品种选择上符合当地消费偏好。③ 刘起霞根据地理信息系统（GIS）的原理和特点，提出在粮库规划设计中运用地理信息系统技术可实现合理的规划布局。④ 刘有俊研究提出，对基层粮站粮食仓储设施要加大投入，努力维护和建设。⑤

2. 关于粮食储备体系的研究

宋维佳重点分析了我国粮食储备体系现状及问题，并提出了我国粮食储备体系的重组方案。⑥ 郭志涛分析地方粮食储备的组织模式和经营运作中存在的问题，并提出了完善地方粮食储备应遵循的发展对策。⑦ 秦中春从储备粮规模、类型和层级、购销方式、管理水平等方面阐述了我国新型粮食储备体系的主要特点。⑧ 刘悦建立了一个用于比较分析粮食储备体系的框架，通过对市场主导型和政府主导型两种类型的粮食储备体系进行对比分析，归纳总结了国外粮食储备体系的成功经验，对我国的粮食储备体系具有一定的启示作用。⑨ 和春军探讨了中心城市粮食储备体系各组成部分的运作思路，指出要充分考虑储备粮的效率。⑩ 徐翔、王凯则提出应从

---

① 娄源功：《基于粮食安全的国家粮库建设布局研究》，《农业经济问题》2001 年第 5 期。
袁永康：《中国农产品流通体制改革前沿报告》，中国农业出版社 2003 年版，第 183 页。
② 李福君：《我国粮食储备布局研究》，中国农业大学，博士论文，2005 年，第 12 页。
③ 颜加勇：《国家储备粮保障体系建设研究》，南京农业大学，博士论文，2006 年，第 72 页。
④ 刘起霞、祝宗兰、段永辉：《GIS 在粮食储备库建设中的运用》，《郑州工程学院学报》2004 年第 3 期。
⑤ 刘有俊：《加大粮站仓储设施建设和粮食储备的思考》，《粮食问题研究》2008 年第 3 期。
⑥ 宋维佳：《我国粮食储备体系重组的基本分析》，《财经问题研究》2006 年第 3 期。
⑦ 郭志涛：《完善地方粮食储备体系的思考》，《粮食科技与经济》2008 年第 5 期。
⑧ 秦中春：《我国新型粮食储备体系的主要特点》，《农产品加工》2009 年第 11 期。
⑨ 刘悦、刘合光、孙东升：《世界主要粮食储备体系的比较研究》，《经济社会体制比较》2011 年第 2 期。
⑩ 和春军、赵黎明、张亚兰：《中心城市粮食储备体系研究》，《河北学刊》2010 年第 5 期。

粮库网点布局建设、储备品种选择与储备层次设定等方面全面完善粮食储备体系，还应加大财政力度扩大储备规模，以实现粮食供需平衡，加强粮食安全保障。①

3. 关于粮食储备制度存在的问题及对策的研究

对于粮食储备制度，现有文献主要集中于研究粮食储备管理制度，还有少量文献研究粮食储备法律制度。孙大为认为我国粮食储备体系不健全，存在着储备设施、储备技术以及管理模式落后等问题。② 李章晓认为地方的代储粮库和中央储备粮管理总公司及其下属的分支机构之间的委托—代理关系并不十分规范，造成了储备信息的不对称，影响了粮食储备的调控效果。③ 张青、安毅认为目前我国粮食储备仍存在着储备规模总量较大、成本偏高、储备调控效率偏低等问题，需要进一步完善粮食储备调控机制，提高储备粮的调控效率。④ 秦中春则认为储备粮管理机制的问题主要在于中央粮食储备和地方粮食储备之间缺乏协调，政府粮食储备和农民粮食储备之间的协调也不够充分，因此形成了中央储备比较充足，但地方储备还很欠缺的现状，此外各地粮食储备的规模和管理体制水平各异，民间储备的力量还比较薄弱，也没有发挥其本应具有的功能。⑤

针对粮食储备管理制度存在的问题，许多学者也提出了相关的建议：王贵林认为应构建垂直管理、适时适量吞吐、合理抛售的灵活运行机制。⑥ 胡鹏运用信息经济学的委托—代理理论，探讨了在信息不对称的条件下，储备粮管理中激励约束机制的决定和制约因素。⑦ 杜彦坤、刘清娟在借鉴

---

① 徐翔、王凯：《中国粮食保障体系建设》，中国农业科技出版社1995年版，第112页。
② 孙大为：《试论完善中国粮食储备调节制度的若干对策》，《经济与管理》2005年第1期。
③ 李章晓：《关于我国粮食储备问题的相关讨论及对策研究》，《法制与社会》2007年第11期。
④ 张青、安毅：《我国粮食安全与粮食储备体制改革方向》，《国家行政学院学报》2009年第5期。
⑤ 秦中春：《完善我国粮食储备管理制度》，《重庆理工大学学报（社会科学版）》2010年第7期。
⑥ 王贵林：《完善储备调节制度强化粮食安全体系》，《中国软科学》1997年第5期。
⑦ 胡鹏、强永昌：《委托代理理论在我国粮食储备管理中的应用》，《世界经济情况》2006年第10期。

美国、澳大利亚等国外储备管理制度及运行机制先进经验的基础上，提出要重视市场规律的作用，增加社会储备的权重。[①] 其次是储备法律制度。肖顺武认为对粮食储备规模的调控最切实可行的办法就是运用法律手段，尤其是在我国加入 WTO 后，更要好好利用 WTO 的有关规定，从而有效地保障国家粮食安全。[②]

（四）粮食储备调控效率研究

对于粮食储备调控效率的研究。一是苗齐、何蒲明、向艾等对粮食价格与储备粮规模和储备粮运作之间的关系进行研究发现，虽然粮食储备发挥着平抑粮食市场价格波动的功能，但是其调控的效果并不显著，同时部分粮储企业在粮食储备的运作过程当中进行反向操作行为从而影响了储备粮调控效用的发挥。[③] 二是研究储备调控对社会福利的影响：早期马歇尔（Marshall）通过计算消费者与生产者剩余来考量缓冲储备的调控效率及对社会福利的影响程度。而且沃夫·弗雷德里克（Fredebick V. Waugh）、维·沃尔特（Walter Y. Oi）认为与粮食市场完全自由相比，政府参与粮食市场调控，将粮食储备用于稳定粮价能提高社会福利。[④] 通过比较控制消费、生产与价格对社会福利的影响，发现若以社会福利最大化为标准，则控制消费的福利效果是最不理想的。三是对调控的成本效率进行研究，主要以戴维构建的成本效率模型为代表，得出储备粮用以稳定价格的效率是边际递减的结论。

[①] 杜彦坤：《国家储备粮管理体制的国际比较与政策选择》，《调研世界》2004 年第 10 期。刘清娟、周慧秋：《世界发达国家粮食储备经验及其启示》，《世界农业》2011 年第 9 期。

[②] 肖顺武：《粮食储备规模法律制度研究——基于粮食市场的实证解析》，《云南行政学院学报》2011 年第 3 期。

[③] 苗齐、钟甫宁：《我国粮食储备规模的变动及其对供应和价格的影响》，《农业经济问题》2006 年第 11 期。何蒲明、黎东升、王雅鹏：《储备粮运作与粮食价格变动关系的实证分析》，《中国农业资源与区划》2010 年第 8 期。向艾、刘颖：《粮食储备规模变动对其价格调控的影响分析》，《南方农村》2011 年第 4 期。

[④] Waugh F. V., "Does the Consumer Benefit from Price Instability?", *Quarterly Journal of Economics*, No. 58, 1944. Oi W. Y., "The Desirability of Price Instability under Perfect Competition", *Econometrica*, No. 29, 1961.

　　纽伯里和施蒂格利茨（Newbery and Stiglitz）提出在价格稳定的环境下，自由贸易可以作为对缓冲库存的低成本代替。① 朱晶、钟甫宁通过整合国际国内粮食市场，可以有效地降低储备成本，提高效率。② 四是影响粮食储备调控效果的因素的相关研究。滕祥文认为，多年来我国对粮食供求的调控主要是事后调节，这样难免会贻误调控的最佳时机，从而加剧了粮食市场的价格波动；③ 王静玲认为，粮食储备体系对市场供应没有发挥应有的调节作用主要是由于中央储备粮食管理体系跟不上市场发展的需要以及地方储备粮数量不足所导致；④ 何蒲明、黎东升等认为粮储企业行为与储备粮运作目标的背离是影响粮食储备发挥调控作用的重要因素，并指出导致二者之间出现背离的主要原因在于地方与地方之间，地方与中央之间存在着利益目标的差异以及我国粮食储备体系呈现的多层次性。⑤

（五）农户粮食储备的研究

　　目前中国粮食储备系统大致分为三级：一是中央政府掌握的粮食，二是地方政府（省、地、县）的粮库，三是农户自有储备。从中国目前粮食储备的结构来看，国家极为重视国库粮食储备，并为此投入了大量的人力与物力；农户粮食储备所占比重较大（达75%以上），却未享受到政府的资金支持与政策扶持。⑥ 关于农户粮食储备的概念，众说纷纭，但大多数学者认为农户粮食储备应当是指农户粮食的结转储备，包括周转储备和后

　　① Newbery D. M. G., Stiglitz J. E., *The Theory of Commodity Price Stabilization: A study in the E-conomics of Risk*, Oxford, Clarendon Press, 1981.

　　② 朱晶、钟甫宁：《市场整合、储备规模与粮食安全》，《南京农业大学学报（社会科学版）》2004年第3期。

　　③ 滕祥文：《谈我国的粮食储备》，《粮食流通技术》2003年第4期。

　　④ 王静玲：《粮价波动与国家粮食安全问题》，《生产力研究》2007年第1期。

　　⑤ 何蒲明、黎东升、王雅鹏：《市场化改革前后中国粮食生产和价格波动比较研究》，《中国农业资源与区划》2010年第5期。

　　⑥ 邹彩芬、罗忠玲、王雅鹏：《农户存粮的经济效益及市场影响分析》，《统计与决策》2006年第5期。

备储备。[①] 当前，学者对农户粮食储备的研究主要集中在农户粮食储备动机、影响农户粮食储备的因素、对农户粮食储备行为、农户储粮对粮食市场产生的影响以及农户粮食储备补贴等五个方面：

1. 对于农户储备动机

在我国传统的小农体制下，广大农民的生产和消费具有不可分性，农民一直沿袭通过自己储备粮食来保证粮食安全的传统。根据市场经济条件下粮食储备的惯例，粮食储备的目标体系应由以下四部分构成：①粮食安全，即要确保粮食的稳定供给和最大限度地满足消费者对粮食的需求；②稳定生产者收入，即把储备作为调节生产者收入的可行手段；③稳定价格；④提高效益，即粮食储备应追求效益。[②] 万广华、张藕香利用中国省级面板数据，运用适应性预期模型和偏调整模型，试图实证分析中国农户粮食储备行为的决定因素，其研究表明中国农户的储粮行为受到价格投机因素的影响，但农户储粮的最主要原因仍是保障其自身的粮食消费安全。[③] 与此相对，另一种看法则认为价格投机是农户决定是否储备粮食的主要目的。威廉姆斯和赖特（Williams and Wright）利用有效市场运作的理论进行研究，发现农户进行粮食储备的主要原因是价格投机；[④] 胡小平通过实证分析认为当前粮食的价格、未来粮食的价格以及农户对未来粮食市场在供给水平上的预期是决定农户是否储备及储备多少的最主要的影响因素，但是其并未研究价格投机是否在农户的储粮行为中起到了决定性作用。[⑤]

2. 对影响农户粮食储备因素的研究

基于农户粮食储备的不同动机，农户粮食储备的影响因素也比较复

①　柯炳生：《中国农户粮食储备及其对市场的影响》，《中国农村观察》1996 年第 6 期。

②　曹宝明：《关于粮食储备几个理论问题的思考》，《中国粮食经济》1994 年第 1 期。

③　万广华、张藕香：《中国农户粮食储备行为的决定因素：价格很重要吗》，《中国农村经济》2007 年第 5 期。

④　Williams, J. C. , Wright, B. D. , *Storage and Commodity Markets*, Cambridge University Press, 1991, p. 289.

⑤　胡小平：《粮食价格与粮食储备的宏观调控》，《经济研究》1999 年第 2 期。

杂。农民收入、非农就业机会、耕作制度差异和运输条件等均会对农户粮食储备有着不同的影响，[①] 还有粮食产量、农户常住人口数、畜产品产量、复种指数等。[②] 全国农村固定观察点办公室认为，决定农户存粮数量的最重要因素是粮食产量和粮食的市场化程度与价格变动。但影响农户粮食储备的还包括通货膨胀和真实利率。[③] 有学者对市场化销区农户的粮食储备调查认为：地区因素是影响农户粮食储备的重要因素，主销区农户粮食储备减少，农户粮食安全水平有所下降。[④] 影响农户粮食储备决策行为的因素可分为内部因素（农户微观特征）和外部因素（社会宏观环境）两大类，不同类型农户的行为方式正是内部因素和外部因素共同作用的结果，其中，内部因素主要有耕地规模、家庭特征、农户收入、市场距离等。外部因素主要有：政府政策、制度；粮食市场体系；工业化、城镇化等。农户粮食储备行为受到许多复杂因素的影响，但农户粮食储备的重要作用和意义不容忽视。

3. 对农户粮食储备行为的实证研究

农户粮食储备行为模型研究方面，国外的研究不是很多，戴维和文森特（David Buschena，Vincent Smith，Hua Di）等利用跨期决策模型，通过实证分析，认为我国粮食政策制定者在制定粮食相关政策时应该考虑农户粮食储备行为的变动；[⑤] 帕克艾伯特（Park Albert）运用我国西北地区 288 家农户数据，从农户自身效用最大化角度出发，利用动态选择模型，得出农户粮食储备行为的主要影响因素和各因素影响的边际效用。[⑥] 万广华等

①　柯炳生：《中国农户粮食储备及其对市场的影响》，《中国农村观察》1996 年第 6 期。

②　孙剑非：《中国农户粮食储备问题研究》，中国农业大学，博士论文，1999 年，第 33 页。

③　孙希芳、牟春胜：《通货膨胀、真实利率与农户粮食库存——1980—2003 年中国农户存粮行为的实证分析》，《中国农村观察》2004 年第 6 期。

④　闻海燕：《市场化条件下粮食主销区的农户粮食储备与粮食安全》，《粮食问题研究》2004 年第 1 期。

⑤　David Buschena，Vincent Smith，Hua Di，"Policy Reform and Farmers' Wheat Allocation in Rural China：A Case Study"，*The Australian Journal of Agricultural and Resource Economics*，No. 2，2005.

⑥　Park A.，"Risk and Household Grain Management in Developing Countries"，*The Economic Journal*，No 116，2006.

利用我国 1992—2002 年 27 个省的省际面板数据，运用适应性预期和偏调整预期相结合的方法来研究中国农户粮食储备行为的决定因素；[1] 孙希芳等利用一个修正的无穷期现金先行模型导出了农户的资产选择方程，进而建立一个有关农户粮食生产经营行为的联立方程组来估测通货膨胀、真实利率与农户粮食库存之间的关系；[2] 吕新业通过对湖北、江苏、四川、黑龙江四省 9 个县 222 个农户进行抽样问卷调查，利用多元回归模型，分品种、分地区对农户粮食储备影响因素进行实证分析，发现价格、粮食储备效果、地区因素等是影响农户粮食储备行为的最关键因素。[3] 张瑞娟、武拉平采用动态面板数据模型来考察影响农户粮食储备数量主要受到哪些因素影响，发现农户的非农收入、实际利率及粮食的真实价格等是影响农户储备粮数量的主要原因。[4]

4. 有关农户储粮对粮食市场产生影响的研究

多数学者认为在稳定粮食市场方面，农户粮食储备能够起到十分重要的作用。柯炳生以中国农户作为研究对象，认为对于农户可供出售的粮食，如果能够得到合理利用，则有助于平抑粮食市场的价格波动，相反如果利用不当，则会给粮食市场带来巨大的冲击，同时由于中国农户对粮食市场的供给行为具有趋同性的特征，会形成"共振效应"，使农户的这种逆向价格反应行为进一步加剧了粮食市场的波动；[5] 史清华认为我国国库由于库存容量较小导致储备能力有限，同时消耗资金过多，并且存在账目与实务不相符以及陈粮不能保证及时得到轮换等问题，而农户粮食储备能够有效弥补上述国库功能的不足，同时具有成本较低、靠近市场、在突发

① 万广华、张藕香：《中国农户粮食储备行为的决定因素：价格很重要吗》，《中国农村经济》2007 年第 5 期。

② 孙希芳、牟春胜：《通货膨胀、真实利率与农户粮食库存——1980—2003 年中国农户存粮行为的实证分析》，《中国农村观察》2004 年第 6 期。

③ 吕新业、刘华：《农户粮食储备规模及行为影响因素分析——基于四省不同粮食品种的调查》，《农业技术经济》2012 年第 12 期。

④ 张瑞娟、武拉平：《基于资产选择决策的农户粮食储备量影响因素分析》，《中国农村经济》2012 年第 7 期。

⑤ 柯炳生：《中国农户粮食储备及其对市场的影响》，《中国农村观察》1996 年第 6 期。

情况下能够紧急释放等优点，因此农户粮食储备水平及其储备行为的变化对保障国家的粮食安全具有重要的作用。[①] 也有学者认为农户粮食储备对于稳定粮食市场的影响较小，如邹彩芬等认为当前中国农户的粮食种植规模还比较小，品种结构比较单一，实际上并不具备太大的粮食储备能力，由于小规模农户的粮食储备是在储粮期间缓慢释放到市场上，因此并不具备影响整个粮食市场的能力，但其同时也强调了农户粮食储备对于保障中国短时期的粮食数量安全，有效保护种粮农户积极性和保证中国粮食生产能力方面意义重大。[②]

5. 对于农户粮食储备补贴方面的研究

学者一般都支持应当给予户农户适当的补贴。邹彩芬认为我国投入了大量的资源来建设国有粮食储备库，而就我国目前的粮食储备结构而言，农户粮食储备所占比重较大，达到75%以上，但是却并未获得相应的政府资金支持和政策扶持，事实上，对于储粮大户给予适当的补贴，对于积极引导农户适时适量地吞吐粮食储备，调节粮食市场价格的大幅波动、防止粮商囤积居奇、趁机炒作粮价等反向行为都是十分有利的；[③] 匡远配也认为在分担国家粮食安全的责任方面，农户粮食储备的地位及其发挥的重要作用是不容置疑的，构建起系统完善的粮食储备补贴机制，在有效提高农户储备粮食的主动性和积极性，保证粮食储备的质量以及增强粮食储备宏观调控效率等方面意义深远。[④] 张红玉认为通过合理运用粮食储备补贴，可以创建一套创新性民间粮食安全储备模式。[⑤]

[①] 史清华、卓建伟：《农户粮作经营及家庭粮食安全行为研究——以江、浙、沪3省市26村固定跟踪观察农户为例》，《农业技术经济》2004年第5期。

[②] 邹彩芬、罗忠玲、王雅鹏：《农户存粮的经济效益及市场影响分析》，《统计与决策》2006年第5期。

[③] 邹彩芬、王雅鹏、罗忠玲：《民间粮食储备研究综述及其政策启示》，《乡镇经济》2005年第7期。

[④] 匡远配：《中国农户粮食储备补贴：理由和实现机制研究》，《粮食论坛》2008年第12期。

[⑤] 张红玉：《粮食储备补贴与我国民间粮食储备的有效利用》，《调研世界》2009年第4期。

（六）文献简要评述

通过对现有文献的研究与分析，可以得出以下结论：

首先，从研究内容来看，一是粮食储备的目标、规模确定方法、储备区域、品种布局以及调控效率等重要问题尚存在一定的争议性；二是对粮食储备政策及调控运行体系的专题研究较少，大量的文献涉及粮食储备规模、储备体系、储备的必要性、原因以及存在的问题等单个方面的研究，而没有将储备目标与调控政策制定有效的结合形成调控专题研究；三是仅限于对规模的确定，但是忽略了调控过程、路径的研究，缺少从调控效率的角度对规模研究进行反向验证，对于如何执行最优的储备调控政策尚缺乏关键性的技术指导；四是基于微观数据对农户粮食储备数量、结构、方式、动机、储备量损耗、行为变化等方面的研究不够充分，从定性和定量两个方面对农民的粮食储备行为进行的研究较少。其次，从研究方法来看，一是对于储备规模的测算方法或者存在一定的缺陷，或者受到数据的制约，需要进一步丰富实际可行的操作方法；二是对于储备目标的争议，需要有定量实证研究给予支撑。

总之，已有的文献一方面为本书奠定了一定的理论与方法基础；另一方面也提供了新的思路和视角。本书将在参考和总结学者们已有的研究基础上，采用系统研究的思路，对粮食储备政策与调控运行体系展开系统性多角度的研究，以粮食储备调控运行体系为专题，深入探讨两种粮食储备调控目标下的调控过程，调控效率、社会福利、成本效率及储备规模，以明确我国粮食储备目标及现行粮食储备管理存在的问题及演进趋势，并进一步对我国粮食储备层级、布局及体系进行科学的确定和系统研究，继而通过实地调查与查阅相关统计年鉴获取的相应数据对我国农户储粮行为的存在性、基本特征、储备量变化特征、储备的动机以及影响因素进行深入探讨，在研究视角与内容上有一定新意。另外在研究方法上，本书尝试运用实证分析方法对两种调控目标进行比较，在测算储备规模时提出以价格波动为依据进行测算。

三、研究思路

本书针对新古典主义学派与结构主义学派的争议焦点，在梳理国内外关于粮食储备理论的基础上，为新时期粮食储备政策与调控运行体系研究提出了一个系统的理论分析框架。本书在粮食储备理论的指导下，首先，分析我国粮食生产与需求的宏观区域布局，总结我国粮食储备体系的发展历程、现状、取得的成绩与不足。其次，基于博弈论的视角，对中央政府管理下的中央储备粮总公司、地方政府建立的国有粮储企业以及分散的种粮农户等粮食承储主体的行为进行深入探索。第三，从农户粮食储备对粮食供求以及市场粮价的影响两个方面阐述农户粮食储备与粮食安全的关系，并基于微观调研数据，结合统计年鉴获取的相应数据对我国农户储粮行为的存在性、基本特征、储备量变化特征、储备的动机以及影响因素进行深入探讨。第四，基于差额模型，本书运用波动指数法对我国不同调控目标下四种调节方案的粮食储备规模进行测算，从调控目标与调节方案两个维度进行比较验证，得出合理、适度的粮食储备量，考虑到消费者偏好因素以及粮食品种之间的一定程度上的不可替代性，为了避免结构上供需不均衡，本书还测算了分品种的储备规模。第五，运用阿尔蒙多项式变换法和广义最小二乘法对我国现行调控政策下的粮食储备调控效率进行实证分析，并深入探讨影响粮食储备调控的因素。第六，运用数理经济分析方法，在分析储备调控参与主体行为的基础上构建我国粮食储备调控理论模型，以我国稻谷市场为例，对不同调控目标下的储备调控过程进行模拟分析，并从成本效率、调控效率，以及生产者、消费者福利效应等方面对两种调控目标进行比较，以明确我国粮食储备目标的定位，选择合适的储备调控思路，提出既能保障粮食安全，又能降低储备成本的调控运行体系。在以上分析的基础上，最后，结合国外粮食储备的做法和经验，提出了进一步完善我国粮食储备政策及运行体系的政策建议。

四、研究方法及技术路线图

（一）研究方法

1. 理论与实际相结合的方法

本书从整体的论述结构体现了理论与实际相结合的研究方法。首先对粮食储备调控相关的理论进行了梳理与分析，在理论指导下提出了分析框架，对粮食储备政策与调控体系研究这一实际问题进行分析与评价，并据此提出政策建议。

2. 规范分析与实证分析相结合的方法

本书从新古典主义学派与结构主义学派关于粮食储备争论的焦点出发，在粮食储备理论的基础上构建粮食储备调控理论模型这一过程是按照规范分析的范式进行的。研究中对粮食储备调控效率、稻谷市场模拟调控以及粮食储备规模的计算等都运用了实证研究方法。

3. 比较分析方法

本书对两种不同的调控思路的成本、调控效果、社会福利以及储备规模等方面进行研究涉及大量的比较分析方法。

4. 数理经济分析方法

本书基于均衡、蛛网及宏观调控理论等粮食储备相关理论，运用数理经济分析方法对粮食储备调控参与主体的行为进行分析，构建粮食储备调控理论模型，据此对我国粮食储备调控目标与调控思路、方法进行实证分析。

5. 计量经济分析方法

本书通过运用阿尔蒙多项式变换法和广义最小二乘法对粮食储备变动量、粮食生产价格、粮食市场价格三者之间的关系进行分析，以探讨我国储备调控效率。

（二）技术路线图

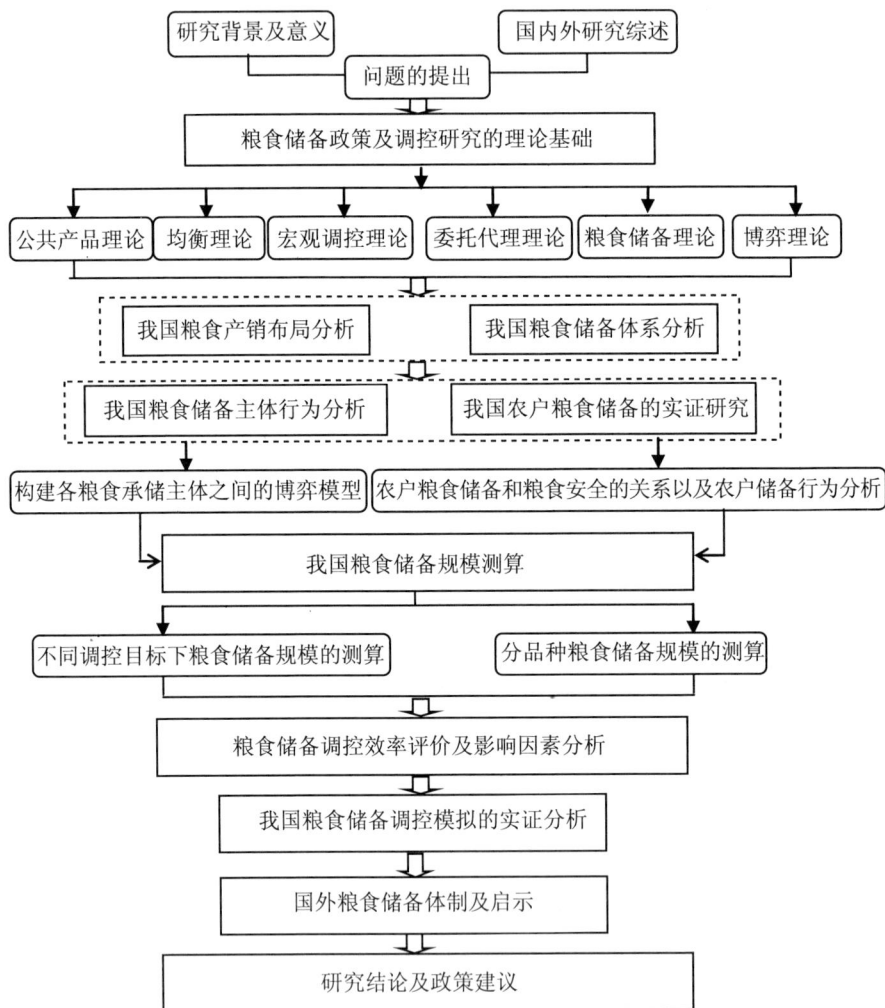

图 1.1　技术路线图

第二章　我国粮食储备政策与调控体系研究的理论分析框架

一、基本概念界定

（一）粮食安全概念的界定

20 世纪 70 年代发生了世界范围内的粮食危机。联合国粮农组织（FAO）于 1974 年 11 月在罗马召开世界粮食大会，提出粮食安全的概念是指"保证任何人在任何地方都能得到为了生存与健康所需要的足够食物"。此界定着重强调食物应在数量上满足人们的基本生存需要，提倡发展农业生产，以发展粮食生产为重点。随着时代的发展以及各个国家经济发展水平的不同，粮食安全的概念也在不断地丰富、完善和深化并被赋予新的内涵。

20 世纪 80 年代以后，发展中国家出现了粮食短缺的情况，而相反的是发达国家却存在着粮食过剩的情况，两种截然相反的情况形成了明显的对比，粮食安全的主要研究内容转变为如何提高贫困国家对粮食的购买力，从而保障贫困国家的粮食安全，缩小与发达国家之间的差距。随后联合国粮农组织又定义了粮食安全的新概念，提出粮食安全的目标应当为：保证所有人对于其所需要的基本食物，既具备购买力，又能在其需要的时候随时购买得到。新定义的粮食安全概念包括三部分含义：第一应保证粮食生产总量要足够多，第二要尽最大可能地稳定粮食市场供给，第三则要保证所有对粮食有基本需求的人都有能力获得粮食。随着各国经济发展水平的提高，人们的生活质量也随之提高，人们对粮食的需求也从总量需求逐渐转变为营养需求。

1996 年的《世界食物安全罗马宣言》又一次诠释了粮食安全的新内涵：实现粮食安全即达到这样一种状态，为满足人们积极和健康生活的膳食营养需要及饮食喜好，所有人不论在何时何地都应当具有在物质及经济上获得足够、安全和有营养的食品的能力。随着经济全球化的发展，全球化的概念也逐渐融入粮食安全的内涵之中，形成了"全球无边界的粮食系统"，同时强调在全球范围内保障粮食稳定供应的重要性。当前关于粮食安全的这一概念已经被联合国、世界国际组织和一些国家的政府机构及科研工作人员广泛认可并应用。随着粮食安全的内涵不断丰富并且由低到高不断演进，各国对于粮食安全的实现标准也在不断提高。

纵观粮食安全概念的演变，不难看出粮食安全概念是一个由低级到高级的动态发展过程，人们对粮食安全的理解是一个逐步认识和深化的过程，对于粮食安全的实现标准也在不断提高。

（二）粮食储备的含义与构成

粮食在生产和消费上具有时间和空间上的差异，粮食从生产领域到消费领域的过程当中需要经过购买、储存、加工运输和销售等各个流通环节，停留在流通领域的那部分粮食即被称为粮食储备，其作为衔接粮食生产和消费的重要环节，起着平衡粮食供给与需求的作用。粮食储备是一个较为笼统的概念，从数量角度来看，其具有"最低粮食库存"的含义。

根据粮食储备的目的以及功能的不同，厉为民等将粮食储备划分为结转储备、周转储备、缓冲储备、后备储备和战略储备几大类。[1] 缓冲储备或者结转储备来源于联合国粮农组织所定义的粮食储备，即在一个新的作物年度开始之后，能够从上年度的作物中得到的包含进口的粮食储备量。周转储备的提出是由于粮食生产的季节性和地域性与粮食消费的连续性之间存在着矛盾，为了克服这一矛盾保障粮食能够稳定且连续地从生产地和

---

[1]　厉为民、黎淑英：《世界粮食安全概论》，中国人民大学出版社 1988 年版，第 23 页。

进口地得到供应，然后流转到加工厂，最终到达消费者手中的储备。一般表现为流通领域中的粮食企业持有的库存，加工企业粮食库存以及在售和在途中的粮食等。而后备储备是指一国在其全部储备中扣除了周转储备和完全用于战略目的的储备之外的那部分储备，这部分储备主要用来平抑年际间粮食产量的波动，并且应付其他偶然性事件来保障粮食安全，政府是其存储的主体。在实际的粮食储备运作过程中，有时后备储备和周转储备的区分并不十分明确，但是二者都能够起到一定的缓冲作用。战略储备则是指国家在平时就有计划地储备一定数量的粮食来避免由于战争、自然灾害或一些突发性的事件而威胁到国家的粮食安全。

由于各国对战略储备的处理方式并不相同，因此关于粮食储备的概念范围也存在两种理解方式：第一种理解方式是指由联合国粮农组织定义确定的狭义的粮食储备构成：

$$粮食储备 = 周转储备 + 后备储备$$

第二种理解方式是考虑到一个国家可能还会因为战略目的的需要来确定一个储备水平，也就是战略储备，因此从广义上粮食储备体系的构成应表示成如下形式：

$$粮食储备 = 战略储备 + 周转储备 + 后备储备$$

我国对粮食储备的定义并不完全等同于国际公认的粮食储备的内涵。我国从 1990 年开始实行专项粮食储备制度，至 1998 年将储备用粮与商业经营性用粮进行分开管理，逐渐形成了包括后备储备（即专项储备）、战略储备、周转储备和大量分散的农户储备在内的比较完善的粮食储备体系，因此，我国粮食储备的构成为：

$$粮食储备 = 战略储备 + 周转储备 + 专项储备 + 农户储备$$

如果按照粮食储备的主体进行划分，则可将粮食储备分为政府粮食储备与社会粮食储备两种。社会粮食储备指的是农户及粮企所储备的一定数量的粮食。政府粮食储备是指为了平抑粮价波动、稳定粮食市场、调节粮食供求、抵御重大自然灾害以及其他紧急事件等情况由中央和地方各级政府建立的。政府粮食储备可以分为中央储备与地方储备两个层级，其中中央储备是指为了保障国家的战略安全，应对全国范围内的自然灾害或者其他各类突发性的事件，由国家财政拨款支持建立的粮食储备。地方储备则主要是为了应对地方局部范围内的自然灾害或者其他各类紧急突发事件，而由省级及省级以下的地方财政拨款建立的粮食储备。本书对粮食储备的研究即按照储备主体的划分来进行，包括中央储备、地方储备以及农户储备，不同主体的粮食储备虽然在规模、数量以及具体功能上有所差异，但都是国家粮食宏观调控体系当中的重要构成部分，对于调控粮食市场波动，保障我国粮食安全具有重要作用。

粮食储备的属性决定了国家储备粮要为粮食安全服务，但又必须明确粮食储备调控的粮食安全目标在概念内涵上与通常所说的粮食安全有很大的区别，即只能实现粮食安全保障的一部分。因此，粮食储备调控的安全目标有其独特性，即中央储备粮所保障的粮食安全仅限于短期的安全，并不能完全涵盖粮食安全的所有要求。受到粮食规模的限制，其发挥的作用无论是从消费者对象、消费者购买能力、粮食品质方面还是消费时间、地域方面都是有一定限制的。但是对于出现的随机、不确定的粮食突发事件，中央储备粮起到了很好的应急及缓冲作用，为采取其他措施赢得了充分的时间。

（三）粮食储备调控的概念界定

粮食储备调控既是粮食储备管理系统的重要内容之一，也是粮食储备管理的重要目标。本书所研究的粮食储备调控是指中央粮食储备管理系统中的物资保障要素，包括粮食储备调控目标分析，粮食储备规模的确定，储备粮吞吐时机、吞吐量的管理，以及如何有效发挥储备粮作用，平息粮食市场异动，实现粮食储备调控目标等内容。粮食储备调控研究的内容之间并不是孤立存在的，而是按照一定的方式联系起来，相互依存、相互制约、相互作用形成了一个完整的体系。首先，粮食储备调控目标并不是凭空确定的，而是在既定的政治、经济、社会、资源以及国家财力等外部环境的约束下，结合我国粮食市场的实际基础确定的；其次，储备调控路径是在目标的指导下设定的，也是实现调控目标的过程保障，什么时机释放或吞入储备粮，该吞入多少都是为了实现预计目标效果而定的；最后，储备规模是在已有的路径下，模拟估算得出的，也是实现调控目标的物质保障。总的来说，粮食储备调控体系，是在一定的外部条件约束下，为了实现储备调控目标，充分运用协调内部各要素间的关系，使粮食储备调控更加合理、科学化，不断提高调控效率，降低调控成本，减轻国家财政负担。

（四）粮食储备调控目标

粮食储备调控目标直接影响着调控路径的选择与决策，选择符合我国国情和粮情的调控目标，设计合理的储备调控路径，是有效发挥储备粮效用，保障粮食安全的起点。关于粮食储备调控的目标，在我国主要分为两大派：一派的观点是粮食储备的首要且唯一目标是保障粮食安全，若将粮食储备用于保障安全以外的目标，不仅加大了国家财政负担，而且会延迟市场价格发出"警讯"的正常时间，导致粮食市场在长期出现更剧烈的波动。[1] 粮食不安全主要是由于年度间供给的波动，因此储备调控政策的依据是常年实际产量与预期产量之间的差距程度。[2] 另一派的观点则认为粮食储备调控具有多目标性，如娄源功从专项储备粮的功能出发将调控目标设定为一个目标簇，粮食安全为主导目标，稳定生产者收入、平抑价格、提高效益等则是衍生目标；[3] 邓亦武、高帆等也认为粮食储备用于稳定价格是合理和现实的。[4] 基于此，提出储备调控的思路是确定粮食市场价格波动的上下限，通过吞吐储备粮将价格控制在安全带。两派观点的分歧在

---

①　钟甫宁、朱晶、曹宝明：《粮食市场的改革与全球化：中国粮食安全的另一种选择》，中国农业出版社 2004 年版，第 11 页。

②　马九杰、张传宗：《中国粮食储备规模模拟优化与政策分析》，《管理世界》2002 年第 9 期。刘颖、许为、樊刚：《中国粮食安全储备最优规模研究》，《农业技术经济》2010 年第 11 期。

③　娄源功：《基于国家粮食安全的专项储备粮规模研究》，《农业技术经济》2003 年第 4 期。

④　邓亦武：《粮食宏观调控论》，北京经济管理出版社 2008 年版，第 69 页。高帆：《中国粮食安全的理论研究与实证分析》，上海人民出版社 2005 年版，第 17 页。

于粮食储备是否应用于稳定价格、稳定农民收入等其他目标，这一争议的焦点也正是本书所要解决的主要问题之一。

二、粮食储备调控的理论基础

粮食储备调控研究是指政府运用具有公共物品属性的粮食储备对粮食市场的供求进行宏观关系调控的过程，以实现其政策目标。具体而言，政府应该选择怎样的时机，以最优的成本提供粮食储备，实现其政策目标等系列问题的解决都需要相关的理论支撑。本节将分别阐述公共产品理论、均衡理论、宏观调控理论、蛛网理论及委托代理理论对粮食储备调控研究提供的理论指导与分析范式。

（一）公共产品理论

根据公共经济学理论，社会产品分为公共产品和私人产品。萨缪尔森1954年在《公共支出的纯理论》（发表于《经济学与统计学评论》）一文中指出："纯粹的公共产品或劳务是这样的产品或劳务，即每个人消费这种物品或劳务不会导致别人对该种产品或劳务消费的减少。"公共产品或劳务是市场不能自发提供的，它具有与私人产品或劳务显著不同的三个特征：效用的不可分割性、消费的非竞争性以及受益的非排他性。而可以由个别消费者占有和享用，具有敌对性、排他性和可分性的特征的产品为私人产品；介于公共产品与私人产品之间的为准公共产品。公共产品，应由政府按非常的原则，经由国家财政预算直接拨款提供；纯个人产品，应由企业经过市场提供。对这类产品，国家在计划和价格的干预度方面应是最低的，并且它们的绝大部分应由市场机制来调节，财政补贴应基本退出这一领域。对于准公共产品，也应由企业通过市场提供，但政府对其产销的直接介入和干预是强有力的。指令性计划、价格限制和财政补贴等，应主要作用于这些产品。

公共产品理论认为：第一，公共物品具有"外部效应"。外部性是指某个人或企业的经济行为对他人或其他企业产生的正负影响，却没有为此而获得应有的报酬或承担应有的成本费用。换言之，外部性是指某一个体的经济行为以市场价格以外的方式影响他人福利的情形。公共产品具有非常强的正外部效应，投资者不能独占投资收益，非投资者可能分享投资收益。这种外部效应会引发"搭便车"现象，导致对公共产品或劳务的利用大于公共产品或劳务的供给，从而产生"公地悲剧"现象，也是政府干预社会经济生活时必须予以考虑的。第二，公共产品的性质为国家发挥经济职能提供了理论依据。公共产品的存在之处，必然是市场机制运行失效和私人经济难以存在的地方。公共产品的性质决定了私人提供的公共产品将无法按其价值收费，因此，公共产品的生产和消费问题不能由市场上的个人决策来解决，必须由政府承担。政府有哪些经济职能，如何运用职能进行宏观调控，就成为公共产品理论首先要研究的问题。西方财政理论认为，当代西方政府具有资源配置、公平分配和稳定经济三大职能。政府在履行这些职能时，主要限制在市场失效的范围内，针对市场失效所产生的效率损失、分配不公和经济波幅过大等缺陷，提供公共产品正是政府最主要的活动范围之一。第三，公共产品的主观价值衡量与公共供应。在边际效用价值论的指导下，公共产品理论以人们的主观效用为价值的标准，赋予了公共产品的主观价值，这使人们能够以统一的货币尺度去衡量对比公共产品的供应费用与所产生的效用间的关系。因而，解决公共产品供应所需费用的来源问题，为西方公共财政收支分析提供了核心理论。公共产品的供应不仅要考虑社会总资源的配置效率，还应考虑内部如何有效使用资源。对公共产品的供应决策和选择可以按照一致同意规则、多数规则，也可以按照成本模型和概率模型来选择。公共选择理论把政府本身理解为负责履行公共产品生产的特殊部门，其实质是建立在个人理性和个人选择基础上的。

粮食既具有私人物品的特点，又具有公共物品的特点。对于市场上出售的粮食而言，是一种纯粹的私人物品，具备竞争性、排他性和可分割性的特征。但是，国家粮食储备，却具有典型的公共物品特点。从粮食储备保障粮食安全、调控粮食市场的功能来看，具有明显的非竞争性与非排他性的特征。一个国家的每一位公民都有权利享受国家粮食安全的保障体现了其非排他性。但是，非竞争性是有条件的，当且仅当一国的粮食安全资源有充足的保障时，每追加一个享受这种安全的公民的边际成本才是零；而当粮食安全资源紧缺时，享受安全的公民之间无疑是有竞争性的。根据公共物品理论：第一，国家粮食储备存在很强的外部效应。粮食储备在长期的存储过程中，需要的成本费用高且损耗大，缺乏经济效益，但是可以增进全社会的福利，这决定了只能由政府提供。因此如果国有粮食企业在采购粮食的资金上要由银行贷款解决，则国家必须在支付贷款利息和其他费用补贴的同时，通过"储备基金"的方式承担储备粮运营、储藏、轮换等过程中的风险以及损失。此外，还可以依照公共产品收益区域的大小，分为全国性公共产品和地区性公共产品。全国性公共产品由中央政府提供，范围大小不同的地区性公共产品由不同层次的地方政府提供，几个地区共同受惠的公共产品主要由有关地区联合提供。第二，公共物品理论认为政府所提供的各种公共服务对于人们是有效用的。因此在对公共产品进行抽象分析时，边际效用论被认为是有价值的，并且也具有按货币计量的价格。也就是说国家粮食储备带来的效用是可以被计量的，比如通过价格波动与边际效用模型可以估算出不同粮食储备调控路径引起的社会效益变化。

（二）均衡理论

关于均衡的理论主要有瓦尔拉一般均衡理论、凯恩斯均衡理论和现代非均衡理论。

瓦尔拉一般均衡理论是以边际效用价值论为基础，从微观经济主体的行为出发，依照古诺的市场需求法则，利用更宽泛的函数形式建立了经济学上第一个关于市场交易的一般均衡经济模型。瓦尔拉认为，任何一种商品的价格都不能孤立地由自身决定，它必须与其他商品的价格发生关系，即任何一种商品的供求量不仅是该商品价格的函数，而且是整体价格的函数。市场行为人总是依据商品的价格信息作出商品交换的决定，当整个价格体系恰好使所有的商品都供求相等时，市场就达到了一般均衡。其观点包括：一是市场在均衡价格下处于均衡状态。即在瓦尔拉均衡状态下，整个价格体系恰好使所有的商品都供求相等，市场上既没有多余的供给，也没有多余的需求，所有市场交易人实现的实际供给等于其意愿供给，实际需求等于其意愿需求，市场在均衡价格水平下处于均衡状态，社会实现充分就业。二是市场价格机制具有自动调节市场供求均衡的功能。在完全竞争的市场条件下，市场供求关系会促使市场价格连续不断地变动，市场参与者会根据价格信号及各自的预算约束和市场约束条件相应地调整其需求或供给，最终可以获得使市场上需求与供给相等的均衡价格。三是均衡是稳定的。当市场处于均衡状态，就意味着稀缺的经济资源得到了充分利用，经济的所有部分都是协调的，整个经济处于稳定状态。

　　凯恩斯的均衡理论是在 20 世纪 30 年代爆发世界性的资本主义经济大危机的背景下产生的，提出有效需求理论的观点。凯恩斯认为生产过剩经济危机的根源在于经济自由运行下的有效需求不足，并从就业量、总产量、国民收入决定及其变动方面探究市场经济如何实现均衡状态，基于此提出了国家必须干预经济的结论。国家一般经济职能的中心内容是：国家通过制定有效的财政政策和货币政策指导消费倾向和引导投资，并使两者互相配合适应。国家干预的原则是：在总需求小于总供给时，由于需求不足，产生失业和经济萧条，国家应当刺激和扩大总需求。凯恩斯理论的价值在于有效地解释了总供给大于总需求下失业均衡的原因，并提出了实现充分就业均衡的对策。

　　现代非均衡学派主要从广义均衡，亦即非瓦尔拉均衡意义上来分析市场经济的运行。非均衡学派认为不管市场处于何种状态，只要这些状态能通过各种市场变量的数值调整，不断地聚敛于某一点，在这一点上，市场行为人根据各种市场信号实现有效需求与有效供给的一致，供求双方的相互作用为零，经济不再继续变动，则整个经济便处于稳定均衡状态。从有效供求的含义出发，得出现实的市场的均衡只是一种短边均衡的观点。运用有效需求和有效供给取代瓦尔拉一般均衡中的意愿需求和意愿供给的概念，使现代非瓦尔拉均衡理论具有更广泛的适应性。从市场供求不相等的现实出发，在重建市场非均衡的微观经济理论基础上，构造了宏观非均衡模型，有效地结合了宏观、微观经济学，为更好地研究市场经济运行提供了必要的分析范式与理论基础。它最重要的特点在于承认非均衡的现实性、价格调节的局限性和数量调节的必要性。

综上所述，从瓦尔拉的一般均衡理论到凯恩斯均衡理论再到现代非均衡理论在逐步接近现实的市场经济运行状态，更具指导意义。一方面阐述总供给与总需求的均衡实现机制，为本书构建粮食储备调控政策模拟模型奠定了理论基础；另一方面对构建现代市场经济内在要求的宏观调控体系，对制定粮食储备调控政策体系提供理论依据与方法指导。

（三）粮食宏观调控相关理论

宏观调控是商品经济发展的内在要求，同时也是市场经济高度发展到一定程度的必然产物。宏观调控是指在市场经济条件下，政府为了保证国民经济持续快速健康发展，主要运用间接手段，对一定范围内经济总体的运行进行引导和调节的过程。[①] 其特征表现在：第一，宏观调控的前提。是在市场起基础配置作用的条件下，针对市场经济存在的自发性、盲目性和不确定性等固有的缺陷而发挥的调控功能。第二，宏观调控的手段。以间接手段为主，运用经济政策、法律规范等工具进行利益调节与行为引导。第三，宏观调控的对象与终点。调控的对象是宏观经济运行中的经济总量，而不是具体的微观的个体经济与行为，是以总量平衡、结构调整与国家整体、长远利益为终点的。一个国家实行宏观调控可以对该国的市场经济运行形成有效补充，不仅能够弥补市场本身的缺陷，维护公平公正的市场秩序，还能协调局部与整体、宏观与微观的经济利益，促进社会的稳定发展。

粮食宏观调控则是指政府部门通过采用经济和法律等手段，从宏观上

---

① 邓亦武：《粮食宏观调控论》，北京经济管理出版社 2008 年版，第 93 页。

对粮食生产以及流通环节进行调节和控制，从而弥补市场缺陷，兼顾粮食生产主体和消费主体的利益，保证粮食供需总量和供需结构实现基本平衡，维护粮食市场的稳定运行，保障国家粮食安全。粮食宏观调控并非否定市场机制对于提高效率和资源配置方面的优势作用，而是为了更好地促进这种作用的发挥，粮食市场机制的发育水平和完善程度决定了政府粮食宏观调控的程度，两者之间并不是彼此替代的关系而是互补的关系，只有当粮食市场本身存在失灵的时候，才需要政府的宏观调控，从而确保市场高效配置资源机制的实现。政府对粮食市场干预的途径主要有两种：一是直接干预，如设立粮食最低收购价、给予一定补贴等方式；二是间接干预，采取丰富农户市场信息、提供价格指导等方式引导农户遵循市场规律，合理预期粮食价格，最终作出理性的生产决策行为。粮食储备作为政府调节粮食市场的重要手段，在粮食宏观调控中的作用主要体现在其能够发挥"蓄水池"的功能来调节粮食市场出现的供求失衡，从而稳定粮食的价格，避免"谷贱伤农"现象的发生。我国粮食流通体制自新中国成立以来经历了多种经济成分并存、自由购销体制时期，统购统销时期，合同订购、市场收购和价格双轨制时期，以及粮食购销市场化改革时期，是一个长期的、曲折的探索过程。2004 年至今，我国处于粮食市场化改革的新阶段。在现有的粮食流通体制下，市场利用其价格机制与竞争机制更为有效地对资源进行配置，以解决粮食供需矛盾。但是市场机制并不是完全有效的，若完全依赖于市场调节，则会使粮食这一弱质产业处于更为不利的境地，加剧粮食生产和经营的风险。只有配合必要的宏观调控，完善调控机制，才能克服市场固有缺陷，确保市场化粮食流通中的有效供给。

粮食储备是粮食宏观调控的重要方面和手段，也是粮食宏观调控体系的重要组成部分。其在粮食宏观调控中的重要作用表现为：一是调节粮食市场。粮食储备具有"蓄水池"的功能，在粮食供求失衡时，既可以稳定粮食价格又能有效防止"谷贱伤农"。二是调节年际间、地区间余缺，救灾备荒。

我国从 1990 年开始建立国家专项粮食储备制度，至 1995 年国家专项储备粮已经达到了预定的规模，国务院决定对国家专项储备粮管理制度进行改革，提出对国家储备的粮油实行垂直的管理体制，1998 年则进一步明确中央储备粮开始实行垂直的管理体制，到 2000 年，中国储备粮管理总公司由国务院批准成立，主要职责在于经营和管理中央储备粮。我国对粮食储备制度的一系列改革从体制上保证了政府调配与控制中央储备粮的权力，对于调节粮食供需、稳定粮食市场具有重要意义。但是政府如何在宏观调控理论的指导下，有效利用粮食储备这一介质，充分发挥粮食宏观调控作用，实现粮食总量供求均衡正是本书所追求的目标。

（四）农户经济学理论

鉴于传统经济学理论（企业经济理论与消费经济学理论）在分析小农经济行为方面存在一定的局限性，农户经济学理论便应运而生。农户作为一个研究单位主体，具有不可分的独有特征。农户既是生产者又是消费者，且它的生产、消费以及劳动力供给行为决策之间是相互影响、相互促进的。这种决策间的相关联性对政府政策有较大的影响作用，因此，必须以一个整体来分析农户的关联决策与政府政策的相互作用。

研究农户行为的理论分为几大流派。一是以俄国农业经济学家蔡亚诺夫（Chayanov A. V.）为代表的组织与生产流派。[1] 该流派产生于 20 世纪 20 年代末，其研究的侧重点在于分析农业经济结构与家庭农场生产组织等问题，提出的观点为：小农生产自给性高，刺激生产的动力为满足家庭消费需求，小农经济的生产决策行为是非理性的，其生产决定取决于家庭消费是否能够得到满足，而并不关注生产的成本收益率，是典型的"生存"派，坚守"安全第一"法则。二是理性小农流派，以美国经济学家舒尔茨（T. W. Schultz）为代表，该流派以传统农业特征为视角研究小农行为。[2] 与组织与生产流派的观点刚好相反，他们运用西方经济学对人的"理性"

---

[1]　Chayanov, A. V., *The Theory of Peasant Economy*, Madison: University of Wisconsin Press, 1986.

[2]　T. W. Schultz, *Transforming Traditional Agriculture*, The University of Chicago Press, 1964.

假设前提，认为农户与其他资本主义企业家没有区别，也是"经济人"，行为是完全理性的。基于此提出：农户会根据个人偏好与价值取向作出他们认为效益最大化的决策，他们使用的各种生产要素投资收益率很少存在不平衡的情况。三是历史流派。以黄宗智为代表，在1985年提出"拐杖逻辑"，认为中国小农家庭的收入是由农业家庭收入与非农佣工收入构成的，后者是前者的拐杖，这是对小农经济"半无产化"状态的形象描述。他结合中国的实际情况，指出在分析农户行为时，要结合传统经济理论，并阐述中国农民既不是恰亚诺夫式的生存生产者，也不是舒茨的利润最大追逐者。郑风田在研究"道义小农"与"理性小农"缺陷的基础上吸收西蒙的有限理性假说和新制度经济学派的制度变迁理论，提出小农经济的制度理性假说，认为农民的理性程度与制度是息息相关的，不同制度下农民的理性具有异质性。①

（五）农户粮食储备理论

农户粮食储备着眼于微观层面，是农户行为的一种，储备行为涉及农户生产与消费等方面。尽管不同流派提出的理论各有不同，农户经济理论的发展对研究农户的储备行为具有指引性的意义。

明确我国目前的农村经济发展的形态以及农户行为的特征，是正确运用农户经济理论的前提，我国农村经济发展正处于改革转型期，其经济结构具有阶段性的特征，总体上呈现由生存理性向经济理性转变的趋势，仍然存在内部的不均衡性，且不同地区存在一定的差异性。农户储备作为粮食储备体系的重要组成部分，农户的粮食储备行为一方面直接影响到农村甚至国家的粮食安全问题，另一方面政府的粮食安全政策、储备政策及农产品流通等政策也在一定程度上影响着农户储粮行为。因此，有必要在农户经济理论的基础上对农户粮食储备行为进行深入分析，以期通过合理的政策来积极引导农户采取符合国家粮食宏观调控政策方向的粮食储备行

---

① 郑风田：《制度变迁与中国农民经济行为》，中国农业出版社2000年版，第146页。

为，确保充分发挥农户储备本应具有的保障国家粮食安全的作用。

农户储备模型起源于对传统竞争性储备模型和农户模型的不断改进。

竞争性储备模型是最一般化的商品储备理论，该理论假定在完全竞争的市场条件下，用价格投机来解释私人储备行为。[1] 在这一理论基础上，当期期末的粮食储备水平也即下一期的粮食储备数量主要取决于农户对未来一期粮食价格的预期，其关系表达式为：$S_t = f(P_{t+1}) + u_t$，其中 S_t 表示本期期末农户计划的粮食储备量，P_{t+1} 表示农户对未来一期市场粮食价格的预期。也有学者认为这一理论预测并不适用于发展中国家，其原因在于完全竞争跨时期利润最大化的基本假设与发展中国家的农户行为是不相符的。[2]

农户模型是在农户经济学理论的基础上逐步发展起来的，根据农户生产、消费行为合一的特征，研究其生产、劳动力配置和消费决策间的相互影响，以及各种政策和外界冲击对微观农户行为影响的一个很小的一般均衡模型，农户同时扮演生产者与消费者两种不同的角色传统农户模型往往忽略农户储备，或者说假定农户粮食储备成本为零。农户模型在后期的发展中得到了逐步的改进，被引入价格、利润和健康等生产函数。[3] 随着农户模型的不断发展，其应用领域也延伸到宏观层次，用来分析政府政策对农户决策行为的影响，以及对系统外部其他行业的效应和整个宏观经济的影响。

农户储备模型是通过放宽竞争性储备模型的假定，将农户模型扩展到包含储备决策而逐步发展起来的，即将传统的农户模型扩展为考虑市场不完全的情况下包含储备决策的农户模型。雷卡欧文（Renkow）最早建立了包含储备决策的农户模型，研究表明在市场不完全的情况下农户储粮的动

① Peterson, H. H., W. G. Tomek, "How much of Commodity Price Behavior can a Rational Expectation Storage Model Explain?", *Agricultural Economics*, No. 33, 2005.

② Stephen, E., Barrett, C., *Incomplete Credit Markets and Commodity CarketingBehavior*, Working Paper, Cornell University Press, 2008, p. 138.

③ Inderjit Singh, Lyn Squire, John Strauss, *Agricultural Household Model: Extension, Application and Policy*, The John Hopkins Univercity Press, 1986, p. 46.

机主要有交易成本最小化或便利收益，同时由于市场不完全导致了农户粮食生产、销售和储备决策的合一性。[1] 但由于该模型中对农户是风险中立的这一假设并不符合现实，于是，学者们进行了模型改进，建立了风险规避型的农户储备模型。萨哈和斯特劳德（Saha and Stroud）建立了价格风险条件下的农户储备模型。[2] 帕克的农户储备模型则既考虑了交易成本又考虑了生产和价格形成的双重风险。[3] 农户储备模型随着时代在不断地发展，虽然并没有固定的模式，但不同学者对模型的不断丰富和完善，对于本书构建农户和农户以及农户和政府之间的博弈模型起到了重要的指导作用。

（六）博弈理论

博弈论有时也被称作对策论或者游戏理论，是建立在参与人双方均符合行为理性的假设基础之上，来研究理性决策者之间的冲突及合作，从而寻求稳定最优均衡策略的理论。博弈论通常能够从看似复杂的经济现象当中抽象出基本的数学模型，抓住经济现象的内在规律，有助于人们理解和认识经济现象的本质特征，从而作出科学合理的决策，无论对于企业的经营管理还是政府的政策制定，博弈论都具有重要指导意义。

博弈模型一般情况下可以分为合作博弈和非合作博弈两种类型。合作博弈通常只考虑单独某个参与者的可能行动，而非合作博弈通常要考虑到所有参与主体可能采取的联合行动，合作博弈注重团体的整体理性，博弈过程的公正以及公平性，结果很可能是有效率的；而非合作博弈更强调的是个体的理性，期望寻求个体的最优策略，博弈的结果有可能是有效率的，但也存在着低效率或者无效率的可能性。

① Renkow, M., "Household Inventories and Marketed Surplus in Semisubsistence Agriculture", *American Journal of Agricultural Economics*, No. 72, 1990.

② Saha. A., Stroud. J, "A Household Model of On - Farm Storage under Price Risk", *American Journal of Agricultural Economics*. No. 76, 1994.

③ Park A., "Risk and Household Grain Management in Developing Countries", *The Economic Journal*, No 116, 2006.

非合作博弈可以从两个层面划分。一是依据参与者的行动顺序，可划分为静态博弈和动态博弈。静态博弈是指参与主体可能同时采取行动也可能不同时行动，但后采取行动的参与者无法得知先行动那一方究竟采取了什么行动，因此作出的决策仅出于自身的考虑和对先行动者的猜测；动态博弈是指参与主体的行动具有先后之分，而后行动的参与者能够通过观察得知先行动一方所采取的行动，从而决定自身应采取的策略。二是依据参与者掌握的信息是否充分，根据每一个参与主体是否对其他所有参与主体的支付函数，行为特征以及战略空间具有充分的了解和认识，可以将博弈分为完全信息博弈以及不完全信息博弈两种类型。

策略博弈的定义：

策略博弈又称为标准型博弈，该博弈由三个要素构成：①参与博弈的游戏者名单（$I = \{1, 2, \cdots, i, i+1, \cdots, I\}$）；②每一个游戏者的策略单（$S_i = \{s_i\}$，$i = 1, 2, \cdots, I$）；③每一种策略组合所对应的游戏者的收益单，列出了该策略组合能够带给每一个游戏者的收益情况。

混合策略博弈即该策略规定了参与主体在给定信息的情况下遵循某种概率分布进行决策，随机地选择采取不同的行动，且参与主体所采取的行动并不是确切的唯一的策略；而仅仅只是其策略空间当中的一种概率分布。

混合策略定义如下：

对于游戏者 i 而言，他的一个混合策略是一个概率密度函数 $\sigma_i: S_i \to R$，这能够使所有的 $s_i \in S_i$，都满足 $\sigma_i(s_i) \geq 0$，同时 $\sum_{s_i \in S_i} \sigma_i(s_i) = 1$，这表明游戏者 i 的混合策略就是由 m 个密度函数构成，前提是如果游戏者有 m 个可供选择的策略才行。如果某个游戏者 i 只有两个策略供其选择，则该游戏者的混合策略就仅是 p 与（$1-p$）两种概率。对于 i 来说，所有的 σ_i 的集合记为 $M_i = \{\sigma_i\}$。

混合策略纳什均衡的定义如下：

若对于博弈当中所有的游戏者 i 而言，都有 $\sigma_i \in M_i$，同时 $u_i(\sigma^*) \geq$

u_i $(\sigma_i,\ \sigma^*_{-i})$, σ^* 即被称作一个混合策略的纳什均衡。

混合策略纳什均衡的求解定理：若一个混合策略的纳什均衡是 σ^*，对于每个策略 $s_i \in S_i$，当 σ_i 发生的概率不为负时，都满足 u_i (σ^*) $= u_i$ $(s_i,\ \sigma^*_{-i})$。该定理表达的含义是，如果混合策略存在纳什均衡解，那么当 s_i 发生的概率不为负时，游戏者选择其备选方案中的每一个纯策略 s_i 都是没有差别的。根据此定理，我们便可求解出混合策略的纳什均衡。

（七）蛛网模型

20 世纪 30 年代英国经济学家 N. 卡尔多提出的"蛛网模型"，又称"蛛网理论"，是一种动态分析方法理论。它用于考察生产周期长的商品价格波动对下一期产品的影响及由此产生的均衡变动。蛛网模型的两个基本假定是：①商品的本期产量 Q^s_t 决定于前一期的价格 P_{t-1}，即供给函数为：$Q^s_t = f\ (P_{t-1})$；②商品本期的需求量 Q^d_t 决定于本期的价格 P_t，即需求函数为：$Q^d_t = f\ (P_t)$。基于以上假定，蛛网模型可以表示为：

$$Q^s_t = -\delta + \gamma \cdot P_{t-1} \tag{2.1}$$

$$Q^d_t = \alpha - \beta \cdot P_t \tag{2.2}$$

$$Q^s_t = Q^d_t \tag{2.3}$$

式中，α、β、δ 和 γ 均为常数，且均大于零。由三个联立方程构成的蛛网模型是一个动态模型，进一步分析有：

将式 (2.1) 和式 (2.2) 代入式 (2.3) 可得：

$$-\delta + \gamma P_{t-1} = \alpha - \beta P_t \tag{2.4}$$

由此可得第 t 期的产品价格为：

$$P_t = \left(-\frac{\gamma}{\beta}\right) P_{t-1} + \frac{\alpha+\delta}{\beta} = \left(-\frac{\gamma}{\beta}\right) \left[\left(-\frac{\gamma}{\beta}\right) P_{t-2} + \frac{\alpha+\delta}{\beta}\right] + \frac{\alpha+\delta}{\beta}$$

$$= \left(-\frac{\gamma}{\beta}\right)^2 P_{t-2} + \frac{\alpha+\delta}{\beta}\left(1 - \frac{\gamma}{\beta}\right) = \cdots$$

$$= \left(-\frac{\gamma}{\beta}\right)^t P_0 + \frac{\alpha+\delta}{\beta}\left[1 + \left(-\frac{\gamma}{\beta}\right) + \left(-\frac{\gamma}{\beta}\right)^2 + \cdots + \left(-\frac{\gamma}{\beta}\right)^{t-1}\right]$$

$$= \left(-\frac{\gamma}{\beta}\right)^t P_0 + \frac{\alpha+\delta}{\beta} \cdot \frac{\left(-\frac{\gamma}{\beta}\right)^t - 1}{\left(-\frac{\gamma}{\beta}\right) - 1}$$

$$= \left(-\frac{\gamma}{\beta}\right)^t P_0 + \frac{\alpha+\delta}{\beta+\gamma}\left[1 - \left(-\frac{\gamma}{\beta}\right)^t\right] \tag{2.5}$$

在市场均衡时，有均衡价格 $P_e = P_t = P_{t-1}$，因此，由式（2.4）可得均衡价格为：

$$P_e = \frac{\alpha+\delta}{\beta+\gamma} \tag{2.6}$$

将式（2.6）代入式（2.5）可得：

$$P_t = \left(-\frac{\gamma}{\beta}\right)^t P_0 + P_e\left[1 - \left(-\frac{\gamma}{\beta}\right)^t\right]$$

$$= (P_0 - P_e)\left(-\frac{\gamma}{\beta}\right)^t + P_e \tag{2.7}$$

蛛网模型解释了商品的价格波动和产量波动的三种情况，分析式（2.7）可得：

第一种情况：当 $t \rightarrow \infty$ 时，若 $\frac{\gamma}{\beta} < 1$，则 $P_t \rightarrow P_e$。说明随着时间 t 的增加，如果 $\gamma < \beta$，则实际价格 P_t 将以越来越小的幅度围绕均衡价格 P_e 上下波动，最后逼近均衡价格，此种蛛网被称为"收敛型蛛网"。

第二种情况：当 $t \rightarrow \infty$ 时，若 $\frac{\gamma}{\beta} > 1$，则 $P_t \rightarrow \infty$。说明随着时间 t 的增加，如果 $\gamma > \beta$，则实际价格 P_t 将以越来越大的幅度围绕均衡价格 P_e 上下波动，最后无穷大地偏离均衡价格，此种蛛网被称为"发散型蛛网"。

第三种情况：当 $t \rightarrow \infty$ 时，若 $\frac{\gamma}{\beta} = 1$，则 P_t 为常数。说明随着时间 t 的增加，如果 $\gamma = \beta$，则实际价格 P_t 以相同的幅度围绕均衡价格 P_e 上下波动，既不进一步偏离，也不逐步逼近均衡价格，此种蛛网被称为"封闭型蛛网"。

粮食生产过程是自然与经济再生产过程的统一体，因此粮食供给的波动同时受自然因素与市场供求系统内部变化的影响。在一个动态经济系统中，商品的供求与价格之间存在着一种相互制约、相互影响的机制。而粮食作物生产周期长，生产决策受到上一期价格的影响，且生产活动开始后不易改变，市场价格对供求关系的自发调节存在明显的滞后性。再加上粮食作为基础消费品，存在较低的需求弹性与相对较高的供给弹性。因此，粮食市场的蛛网一般呈发散状，振荡剧烈，逐渐远离均衡点。由于粮食市场的这一先天缺陷，政府对粮食市场的调控成为了必然要求，也为粮食储备调控政策的实施提供了现实依据。

（八）委托—代理理论

20 世纪 30 年代，美国经济学家伯利和米恩斯因为洞悉企业所有者兼具经营者的做法存在着极大的弊端，于是提出"委托—代理理论"，倡导所有权和经营权分离。委托代理理论是指，资源和要素所有权人（称为委托人）想使资源和要素的使用人（称为代理人）按照自己的利益选择行动使用要素和资源以达到所有权人财富最大化而建立的一种契约关系或激励、约束关系。

政府粮食储备承担着全社会粮食安全供给的责任，政府粮食储备在实现既定的粮食安全目标前提下，使单位储备粮的成本支出最小，而不是政府粮食储备的成本与效益。因此，我国粮食储备制度应该打破国有粮食企业垄断经营储备粮的局面，鼓励各类企业经资格审定后进入储备粮经营业务，按照平等竞争原则，实施委托商业性质的仓储机构代理制度，以提高储备粮食的效率，节约人力物力财力等成本开支。储备粮的储存和保管引入市场机制，利用经济政策，引导、鼓励地方、部门、企业和社会投资于仓储设施，建立粮食仓储的委托代理制，使仓库建设和仓储制度逐步走向市场化，打破地域界限，彼此竞争，这样一来政府能够有效地降低粮食储备的监督成本和提高委托—代理效益，进而实现政府储备粮储存保管的低成本。

第三章　我国粮食产销布局分析

一、我国粮食的生产区域

（一）我国粮食生产的区域分析

粮食生产是粮食作物依靠自己的生理机能，在人类劳动的作用下从自然界获得所需能量并进行能量转换的过程，具有自然再生产与经济再生产复合统一的特点，因而在生产布局上也表现出既适应自然资源条件，又符合社会经济发展要求的一面。根据《中国统计年鉴》统计数据显示，2004—2014 年全国粮食播种面积由 101606 千公顷增加到 112722.58 千公顷，增加了 10.94%；产量由 46946.95 万吨增加到 60702.61 万吨，增加了29.3%。

　　1. 南北生产区域及布局

2004 年南方 16 省（市、区）粮食播种面积达 49135.98 千公顷，北方15 省（市、区）粮食播种面积 52470.06 千公顷，占全国粮食总播种面积的 51.64%，但北方地区产量只有 23269.28 万吨，占全国粮食总产量的49.56%，低于南方地区的 23677.67 万吨的粮食产量。但经过数年的调整，2014 年北方粮食生产无论是播种面积还是粮食产量，都已经全面超越南方地区。北方 15 省（市、区）以占全国总播种面积 55.48% 的 62543.76 千公顷的粮食播种面积，生产了占全国粮食总产量 55.74% 的 33835.29 万吨粮食，而南方地区的粮食播种面积为 50178.82 千公顷，产量为 26867.32万吨，当然，这一播种面积与产量都比 2004 年略有增加。

2. 东中西粮食生产及布局

2004 年东部 12 省（市、区）粮食播种面积 30143.30 千公顷，占全国粮食总播种面积的 29.67%，粮食产量为 15395.03 万吨，占比 32.79%；2014 年，东部地区粮食播种面积达到 31447.35 千公顷，占比为 27.90%，粮食产量为 18056.51 万吨，占比为 29.75%。可以看出，2004—2014 年，东部地区粮食播种面积与产量均有所增加，但是占比却都有所下降。

中部 9 省包含了 8 个粮食主产省份，这 9 个省份的粮食播种面积从 2004 年的 46975.37 千公顷、占比 46.23%，增加到 2014 年的 55516.08 千公顷、占比 49.25%；粮食产量从 2004 年的 21484.38 万吨、占比 45.76%，增加到 2014 年的 30775.88 万吨、占比 50.70%。其中，粮食播种面积增加了 18.18%，而粮食产量增加了 43.25%，增幅较为明显。

西部 10 省（市、区）2004 年粮食播种面积为 24487.37 千公顷，占比 24.10%，粮食产量为 10067.54 万吨，占比 21.44%；2014 年粮食播种面积为 25759.15 千公顷，占比 22.85%，产量为 11870.22 万吨，占比 19.55%。可以看出，2004—2014 年，西部地区无论是播种面积，还是粮食产量都有所增加，不过绝对量较小，此外，其占全国的比重均下降了。

（二）我国储备粮库布局的争议

国家储备粮库的布局对国民经济发展具有重要的战略意义。我国储备粮库主要分布在产区，这些地区粮库大约能占到总粮库的 3/4 左右，其余的粮库则分布在销区和其他地区。粮食储备要满足两个基本的要求：即在粮食供大于求时，要有利于把多余的粮食能够收储起来；在粮食供不应求时，要有利于向市场投放粮食和进行粮食的抛售。只有满足了以上这两方面的条件，粮食储备才有可能实现更高的效率。对于储备粮库应主要布局在产区还是销区一直存在着较大的争议，双方各持己见。主张储备粮库设在产区的一方认为：储备粮库放在产区有利于农民就近卖粮和储备粮的收购，由于粮食生产具有很强的季节性，因此，粮食收购也具有收购时间相对集中的特点，将粮库放在销区会大大地增加运输成本，而且考虑到我国粮食生产单位的分散性和农户生产规模的微小性，还得建立相配套的暂存库容，以便方便农民卖粮，这显然很不经济。而从抛售方便这个层面讲，粮食是一种全年均衡消费的商品，不需要在短时间内快速抛售，因此，如果在主产区把粮食收储起来以后，会有充足的时间在区域之间进行调运。支持储备库设在销区一方的观点是：粮库在销区可以保证使用时的时效性，以保证粮食供应的安全，将储备粮库设在销区的交通要道上，有利于快速运输，同时在产区只设置中转粮库即可。不管把储备粮存放在销区还是存放在产区，都不能同时满足在粮食供大于求时利于收购和供不应求时利于抛售这两个条件。然而这两个条件真正恰恰说明了粮食储备的作用和功能。在我国加入 WTO 后，进口粮食很明显对国内粮食的流向和流量产生了巨大冲击和影响并致其变更，进而对国家的粮食储备布局结构也产生了很大的影响。东南沿海及华东地区因为口岸便利，更多地依靠进口粮食，而对北方粮食主产区的依赖性渐渐减弱。因此，国家在建设储备粮库的同时还要充分考虑 WTO 新形势下我国形成的新的粮食流向动态格局，合理地构建全国范围内粮食储备和流通统一网络体系。

二、我国不同粮食作物的品种布局

在储备粮品种结构布局方面，国家储备粮库应根据各地区的粮食生产布局、粮食贸易流量和流向的变化以及当地居民的消费特点和习惯合理布局。

（一）稻谷的分布及供求格局

我国中部地区的稻谷品种，无论是播种面积还是产量都超过东、西部地区，其播种面积从 2004 年的 13645.86 千公顷、占比 48.08%，增至 2014 年的 16502.65 千公顷、占比 54.45%；而产量从 2004 年的 8640.14 万吨、占比 48.25%，增至 2014 年的 11203.42 万吨，占比 54.25%。十年内稻谷播种面积增加了 20.94%，产量提升了 29.67%。而且，稻谷年产量在 1500 万吨以上的六个省份中，有四个省份在中部地区，其中黑龙江的稻谷产量从 2004 年的 1130 万吨增加到 2014 年的 2251.05 万吨，增幅达 99.21%。而东部地区这十年内的稻谷播种面积与产量变化均不大，其中播种面积从 2004 年的 9834.21 千公顷、占比 34.65%，降至 2014 年的 9016.43 千公顷、占比 29.75%。产量的绝对量有所增加，但占比却下降了。从 2004 年的 5939.82 万吨增至 2014 年的 6115.41 万吨，占比从 33.17% 降至 29.61%。西部地区的变化也不明显，2014 年的播种面积与产量分别为 4790.79 千公顷和 3331.92 万吨。

在我国秦岭至淮河以南地区，居民主要以大米作为主要口粮，因此，在稻谷的储备布局方面，在该区域的国家储备粮库应该将稻谷作为主要的储备品种。长江中下游地区，包括湖南、湖北、安徽、江西、浙江等省份是我国稻谷的主产区，每年这些地区会产生大量节余的稻谷。华南大部分以及东南部沿海地区，包括广东、福建、上海等粮食主销区，由于居民食物结构以大米为主，因而对稻谷的需求量大，加之改革开放以来在工业化、城市化冲击下，稻谷生产逐步弱化，因而稻谷短缺现象较为严重，并且短缺量在逐年递增；加之这一区域近距沿海港口码头，稻谷进口量也呈逐年递增趋势，因此，加大和加强这些地区稻谷的储存量将有利于控制我国粮食的进出口的规模及数量；位于长江中下游地区和东南沿海地区具有完全消费性质的大中型城市，也应把稻谷作为主要储存品种，因为这些城市居民的口粮消费调查结果显示，有 60%—65% 的口粮消费是选择稻谷。不同区域的居民的消费习惯刚性很强，一般不易改变，这就意味着在这些区域小麦、玉米对大米的替代性很小。所以，市场上一旦发生稻谷供应缺口较大时，很难用其他品种的库存粮食来替代稻谷并平抑市场波动。另外，我国东北部盛产水稻且每年剩余量逐年增加，因此，也应加大稻谷在该地区的储存规模。

（二）小麦的分布及供求格局

2004 年中部地区小麦播种面积为 8948 千公顷，占比 41.38%，产量为

3898.81 万吨，占比 42.4%；2014 年小麦播种面积为 10341.49 千公顷，占比 42.97%，产量为 5616.79 万吨，占比 44.50%。这十年间，播种面积与产量均有所增加，但占比变化不大。东部地区的小麦播种面积从 2004 年的 6974.9 千公顷增加至 2014 年的 8513.65 千公顷，增加了 22.06%。小麦产量由 2004 年的 3424.89 万吨，增至 2014 年的 4978.54 万吨，增幅达 45.36%。西部地区 2014 年的小麦播种面积相比 2004 年有所下降，由 5703.06 千公顷降至 5214.27 千公顷，但是产量却有所增加，从 1871.48 万吨增至 2025.51 万吨。根据以上分析我们可以说小麦的播种面积与产量仍然是中部地区较为突出。

在我国秦岭淮河以北地区及黄河流域，居民的主要口粮是小麦，因此，在这些地区国家储备粮库应该将小麦作为主要储存品种。同时这一区域内的河南、山东以及江苏北部在内的多个省区是我国小麦的主产区和主销区，该区域小麦呈辐射状向我国东北、西北等地供给。因此，我国在小麦的储备布局方面，在华北、西北和东北部分地区应将小麦作为主要的储备粮品种，且这些地区小麦生产剩余量较大，粮食储备更应加强对小麦的储备收购。在小麦供给的辐射区域内，一些省份如山西、陕西、辽宁、甘肃、青海、吉林、黑龙江、北京、内蒙古、天津等地小麦短缺较为严重，应更加注重小麦的储存，保证小麦市场供应平稳，确保粮食安全。从我国粮食生产与消费的长期均衡水平来看，我国小麦供给偏紧，需要靠进口补充，华北、华南和东北地区是净进口小麦的主要流向地，这也意味着大连、深圳、天津、湛江、黄埔等口岸将是小麦进口的主要集中点，因此，有必要加大这些地区的小麦储存规模和运输能力，以稳固我国小麦市场。

（三）玉米的分布及供求格局

2004—2014 年，东部地区玉米播种面积与产量均有所增加，但是占比却都下降了。该地区 2004 年玉米播种面积为 8136.45 千公顷，占比为 31.98%，2014 年面积为 10236.14 千公顷，但是占比降至 27.57%；产量由 2004 年的 4339.29 万吨增至 2014 年的 5616.25 万吨，占比却从 33.33%

降至26.04%。中部地区的玉米生产优势依然较为突出，玉米播种面积与产量均有提升，其中播种面积从2004年的11612.81千公顷增至2014年的19339.66千公顷，占比从45.64%升至52.10%；产量由2004年的6010.67万吨增至2014年的11893.15万吨，占比由46.13%升至55.15%。西部地区同东部地区一样，播种面积与产量都有小幅增加，但占比降低。其中播种面积从2004年的5696.41千公顷增至2014年的7547.59千公顷，占比由22.39%降至20.33%；产量由2004年2678.75万吨增至2014年的4055.24万吨，但占比从20.56%降至18.81%。

玉米的消费具有多用性，在粮食供给不充足时，它是居民重要的口粮，当人们的膳食结构从吃饱向吃好转化时，它又是重要的饲料用粮及工业原料和生物质能源原料。因此，玉米的消费区域分布主要与畜牧业布局和加工业布局有关。为此玉米储备布局应更多地考虑生产布局这一因素和消费多样性这一因素。在内蒙古及东北的辽宁、黑龙江、吉林三省玉米产区，黄淮海地区的河南、河北和山东，西部地区的新疆和陕西，都应将玉米作为国家储备粮的重要品种，因为这些地区既是我国玉米的主要产区，也是我国畜牧业发展的主要基地，近些年的玉米剩余量不仅较大，而且有逐年增长的趋势。

另外，在出现玉米供应缺口较大的南方地区也应加大玉米的储备。受饲料需求和加工需求的影响，南方大部分地区都出现玉米紧缺，广东、四川、湖南、湖北、江西、江苏、福建、浙江、安徽、广西和上海玉米缺口每年都在100万吨以上，并有不断增大的趋势。另外，我国玉米的主产区和短缺区都相对集中，且两者距离较远，几乎穿越了从东北的黑龙江、吉林到西南的广西、四川，从西北的新疆到东南地区的上海的整个中国。再者，自我国加入WTO后，由于东南沿海从国外进口玉米更具有近距港口码头的便捷优势，因而自东北流向南方的玉米数量大幅减少，而玉米产区出口至韩国、日本及俄罗斯等地玉米的量有增加趋势，在未来，"北粮南运"与"南进北出"并存的局面会代替如今单一的"北粮南运"流通格局。由此看来，国家储备粮对玉米的储存布局应顺应流通格局的变化和适应新的区域供求平衡局势，在内蒙古和东北三省应同时加强省内及其边境口岸的玉米储备库的建设，对于东南沿海和华东地区等玉米短缺区域，玉米的供应主要靠海外进口，因此，在东南部沿海口岸也应加强玉米周转储备库的建设。

从各主要粮食作物的品种布局来看，我国主要粮食作物区域化专业布局已初步形成。水稻主产区集中在秦岭至淮河以南地区、长江流域及南方的广大地区，水稻总产量在长江中下游地区占有绝对重要位置；小麦主产区集中在秦岭淮河以北地区的黄河流域，小麦总产量在华北地区占有绝对重要位置；玉米主产区集中在东北三省、黄淮海地区的河南、河北和山东，西部地区的新疆和陕西，从总产量来看，华北地区和东北地区占有重要位置。

三、我国粮食的产销布局

随着近些年中国粮食的连年丰收，国内粮食供应不足的状况得到明显改善，总量平衡有余，但地区失衡问题日益凸显。产区粮食安全状况相对良好，但由于深加工和工业用粮等因素影响，粮食消费需求显著增加，部分销区和产销平衡区粮食产需缺口有扩大的趋势。粮食主产区和粮食主销区关系不协调和供求矛盾较大，区域之间的供求关系不稳定。当粮食丰收，全国粮食供求形势呈现供大于求时，主销区为了节约储粮成本和减轻地方政府的财政负担，一般不愿意储备和多购粮食，致使主产区的粮食不能顺利调出，造成粮食积压，农民卖粮难；当粮食遇灾减产和歉收，全国粮食供求形势呈现供不应求时，主产区政府为了保证本区域的粮食安全，或者希望等到市场粮食涨价以后获取更多的利益，一般都会控制粮食调运到主销区，造成主销区粮食供应紧张。因此，积极探索理顺产销区关系，协调粮食主产区和主销区矛盾和在主产区和主销区进行储备粮合理布局，确保粮食供需平衡，保障国家粮食安全是当前中国农业发展和粮食储备体系建设优化中亟待解决的问题。

（一）我国既有粮食产销布局状况分析

中国地域辽阔，地区间农业生产条件与发展水平千差万别，根据自然条件、耕作制度、种植业结构以及外部经济发展环境等方面的区内相似性和区际差异性，中国粮食生产可大致分为东北地区、黄淮海地区和长江中下游地区三个主要区域。这些粮食主产区耕地面积占全国的65%，粮食产量占全国的70%以上，提供的商品粮占全国的80%以上。这三大地区是我国的粮食主产区，在粮食产销格局中属于供给方，是粮食安全和产销矛盾平衡的基础核心区域。

我国的粮食消费相对集中于东南沿海经济发达地区和京津地区，主要包括北京、天津、上海、浙江、江苏、福建、广东和海南八个省市。这些省区内粮食消费需求量大于生产总量，近年人均占有粮食都在340千克以下，如上海市2010年人均粮食占有量仅162.7千克，产需平衡能力较低，要从外地调入粮食补缺。消费主要以口粮为主，工业用粮、饲料用粮增长较快，并且呈刚性增长趋势。在粮食消费形态上，体现为粮食的直接消费量相对较低，且呈现逐年下降趋势，取而代之的是食品加工和饲料用粮等间接粮食消费量的急剧增加。

中国粮食产销基本平衡区主要包括山西、陕西、甘肃、青海、宁夏、贵州、云南、重庆和西藏九个省、市自治区。这些省区粮食余缺量较少，近年人均占有粮食一般为310—399千克，基本能自给。从总量上看这些地区的粮食产销总量基本平衡，但因为要与其他省区进行一些品种调剂和少量的余缺调剂，因而在区域性粮食产销格局中同样具有不可忽视性，并且这些地区存在大量的区域内粮食物流。

（二）我国粮食产销布局中的安全隐患

1. 粮食产销区分布错位，流通压力大，利益矛盾协调难

由于自然资源禀赋不同、经济发展速度不同和经济发展的路径不同等原因，致使我国的粮食主产区和主销区呈现明显的错位分布的特征。粮食主产

区主要分布在自然资源相对丰裕的经济欠发达地区；粮食主销区主要分布在自然资源相对不足，但经济相对发达的地区、人口相对密集、粮食消费需求量相对较大的经济发达地区。这种粮食产销区的错位分布，使得国家层面上的粮食安全宏观调控、从产区向销区调运粮食成为必然。据不完全统计，目前全国每年的粮食流通量高达1.7亿吨，相当于全国粮食总产量的1/3要进入流通环节，其中跨省区之间的粮食流通量约为7000万吨。如此大的流通量不仅给交通运输带来了巨大的压力，而且对储粮设施、运粮工具都提出了更高的要求，同时也为推进粮食的市场化改革带来了障碍。因为市场调节主要是利益调节，当前粮食主销区一般经济发达，人们收入多，富裕程度高，而粮食主产区一般相对贫穷和落后，与粮食主销区差距大，主产区的政府和群众往往把贫穷落后的原因归结于由于过多地承担了国家粮食安全责任方面，常常要求国家政府给予更多的粮食生产补贴或者希望能够从粮食主销区转移财富给予主产区，否则就会从利益保护的角度出发，弱化粮食生产，减少粮食供给和调出，从而加大了粮食的区域平衡矛盾。

2. 粮食主产区生产资源和要素供给日益弱化，有逐步向产销平衡区退缩和向主销区演化的趋势

由于历史的原因和经济发展速度与路径不同的原因，我国的粮食产量增长中心逐步北移西进，产销区与格局不断发生变化。如20世纪90年代初，浙江省的粮食产量还大于湖北省，对国家的商品粮贡献也多于湖北省，是典型的粮食主产区，而现在已经演变成了主销区；我国的粮食产量增长中心也从20世纪80年代的长江中下游地区逐步向松嫩平原地区、黄淮海平原地区转移。粮食产销区域格局的变化和主产区的退缩，使得主产区保证全国粮食安全供给的压力日益增大。但是，主产区的粮食生产资源要素供给和环境条件却正在日益弱化、恶化。一是主产区为了赶上经济发达地区的发展步伐，下一步都将进入工业化和城市化的快速推进期，转移耕地、水、劳动力、资本等资源要素于工业和城市成为历史的必然；二是我国区域粮食生产中的水土资源匹配不好，华北平原、黄淮平原等北方产区有土地但缺水，长江、淮河以南地区水多但土地少，整体来讲我国是一个淡水资源相对缺少的国家，

人均水资源仅为世界平均的 1/4，而粮食生产区位的转移，我们要在干旱缺水的北方生产、增产粮食，其资源的供给不足是不言而喻的；三是受经济利益的影响，主产区的农业劳动力大量向外转移，艰苦低收的粮食生产劳动力危机不期而至，粮食生产积极性下降、粮食播种复种指数降低和资源功能发挥不充分、粮食生产以自给为目标和商品量减少已成为不争的事实，使我国粮食安全存在产能不足的隐患。

3. 粮食主销区逐步扩大，主销区的粮食供求缺口逐步扩大，给区域粮食产销平衡带来了更大的压力

据统计我国粮食主销区 1998 年只有 14 个省区，到 2002 年扩大为 17 个省区，同时，主销区的产销缺口日益扩大，目前北京、天津、上海、浙江、福建、广东、海南 7 个主销区的粮食自给率都低于 50%。分析其原因，一方面是这些地区的粮食生产资源日益减少，粮食播种面积减少很猛，据不完全统计，在全国粮食播种面积大幅度下降的 2002 年，有北京、上海、广东等 8 个粮食主产省区的粮食播种面积下降更多。2002 年与 1998 年相比，全国粮食播种面积下降 8.7%，而 8 个主销区省市区下降 24.1%；全国粮食产量减少 10.8%，8 个主销区省市区减少 23.2%；8 个主销区的粮食缺口也随之从 1998 年的 200 亿千克增加到 2002 年的 400 亿千克。目前这种趋势不但不会逆转而且会愈演愈烈。另一方面的原因是受利益的诱惑，这些地区的人口增长很快，外来人口越来越多，广东省的有关人士曾经炫耀广东省的改革开放之路说，广东吸引了全世界最有钱的人来广东投资，吸引了全中国最缺钱的人到广东打工就业，所以，广东的耕地减少快、人口增长快的局面短期内很难改变，粮食的产销缺口必然逐年增大。粮食产销缺口的扩大，给区域粮食供求平衡带来了压力，一是来自于流通仓储条件建设的压力，二是来自于工业化、城市化进程中粮食生产资源及要素保护的压力，是粮食安全的新隐患。

（三）我国粮食产销协调布局的构建

粮食产销区的协调布局是平衡产销矛盾、保证粮食安全的重要方面，

应从以下几个方面入手，加强引导和科学规划。

1. 充分发挥比较优势，实现粮食主产区布局区域化

根据主产区的土地资源和气候状况，按照粮食分布种植规律，采取区别差异性和归纳共同性的方法，确定粮食种植经营的方向和品种，如在长江以南地区和长江中下游地区，要以布局水稻、保护耕地面积为主，在长江以北地区要以布局小麦、玉米为主，加大农田水利基本建设的力度，在发挥市场导向的同时，利用国家政策合理调配农业资源，加强产销区合作，促使主导品种的区域化、规模化的形成，如在东北建立以饲料产业为销售对象的玉米生产区；在河南、河北、安徽建立以供应城市宾馆、饭店，服务市民为主的优质小麦生产区等。

2. 提倡产前产后结合，实现产销经营一体化

通过入股、入会、入社等形式，把家庭经营和粮食生产与粮食市场销售及加工紧密结合起来，形成多种形式横向、纵向的生产、收购、加工、销售一体化的粮食经营组织体系。把分散的小规模粮食生产通过一定的组织形式转变为大规模的专业化生产，从事粮食专业化生产、规模化生产的合作社或企业，应根据市场需求专门生产某种粮食，其种子、化肥、农机、收割、保险由龙头企业或专门公司完成，以便获得专业化、规模化经营效益和培育特色粮食产业链，为粮食产销布局的协调奠定基础。

3. 开发西部，实现西部地区粮食自给

西部地区光能资源和土地资源丰富，具有很大的粮食增产潜力，如果这一地区能够实现粮食自给，将会大大减少粮食流通成本。因此，应着力加强西部地区的粮食生产。一是要针对西部地区光照条件好、水资源相对缺乏的资源条件，积极配套建设农田水利工程，改善水资源供给条件，保证粮食稳产、高产；二是根据其畜牧业发达、饲料粮需求量大的特点，积极布局增产潜力大、饲用性能强的玉米生产；三是根据其人口居住分散、粮食生产丰歉年波动大的特点，积极鼓励农户粮食储备，必要时应该给予农户以储粮技术的指导、储粮条件建设的支持和适当的粮食储备补贴。

第四章　我国粮食储备体系分析

粮食储备是维护国家粮食安全的重要内容，是政府进行粮食价格调控和保证经济、社会平稳运行的基础条件。中国是世界第一人口大国和粮食生产大国及粮食消费大国，一旦发生缺粮事件和出现粮食价格异常波动情况，将会因蝴蝶效应而引发巨大的社会震荡和风险。我国从中央到地方已经建立起粮食储备制度，对保护农民种粮积极性，调节粮食市场供求，确保国家粮食安全，发挥了积极的作用，对国民经济持续快速健康发展产生了深刻的影响。

一、我国粮食储备制度的历史演进

粮食储备制度是政府利用储备调控粮食供求，保障粮食安全的重要手段，是国家维护政权稳定、实现社会安定的重要战略。我国粮食储备的历史悠久，历朝历代均将建设粮食仓储设施、筹集粮食作为稳定政权的中心工作。自新中国成立后，我国粮食储备制度逐渐步入规范化的发展道路，回顾这段历程，可以分为四个阶段。

（一）新中国成立初期，粮食储备平抑市场巩固政权阶段
（1949—1952 年）

1949 年，新中国成立，由于政治经济形势不稳定，人民政权面临着各种反对势力的破坏，无良资本家又囤积居奇，不断抬高商品价格，粮食市场一日三价。为保障大城市的粮食供应，稳定粮食价格，党中央和人民政

府通过调用政府储备粮干预市场。数据显示，1950—1952 年三年间，粮食市场总交易量的30% — 40% 是政府储备粮。政府利用储备粮调控粮食市场打击了投机行为，有效平抑了粮食价格，稳定了社会，为新政权的巩固奠定了坚实的基础。1952 年，随着农业生产的逐渐恢复，粮食生产得到发展，中央政府建立起较为稳定的粮食储备量以调剂市场与救灾之用。

（二）人民政权巩固后，粮食储备制度建立发展阶段（1953—1990 年）

随着新中国政权的稳定，新生的人民政府艰难地渡过了社会的恢复与重建阶段，进入新政权的建设时期，各项政策、法规与制度也逐步建立。1953 年，中共中央通过了《关于实行粮食的计划收购与计划供应的决议》，国家严格控制粮食市场，实行粮食计划供应，因而不再需要储备粮平抑价格。为应付自然灾害或突发事件，政府开始着手建立专门的国家粮食储备。1955 年，中央政府从粮食周转库存中划出部分粮食储备作为国家备荒储备粮，并将其命名为"甲字粮"。"甲字粮"的粮权属于国务院，由国家计委等有关部门下达计划，国营粮食企业承担储备任务。1958 年，中央政府提出了"丰年多储存，平年少储存"的粮食储备原则。由于国家政策失误，当年农业生产遭到严重破坏，粮食大幅度减产，以往积累的粮食储备被用于弥补粮食收支缺口，粮食储备规模迅速减小。1962 年，中共中央通过了《关于建立粮食工作的决定》，同时，鉴于国内国际环境的局势变化，中央政府专门设立了为应对战争的军用"506"战略储备粮，该种粮食储备平时不得动用，战争时期需经中央军委和国务院同时下令方可调用，粮食的日常管理工作由国家粮食储备部门负责。自此，我国粮食储备的功能除了应付灾害和饥荒之外，还增加了应付战争的功能。1963 年，中央政府基于三年困难时期饥荒的严重影响，要求基层农村集体组织建立粮食储备以保障灾荒年份本集体居民的口粮需求。这部分集体粮食储备的粮权属于农村集体，可以由国家粮食部门代生产队进行保管，或者接受国有粮食部门的指导。自此，我国计划经济时期的粮食储备制度基本建立起来（见图4.1）。

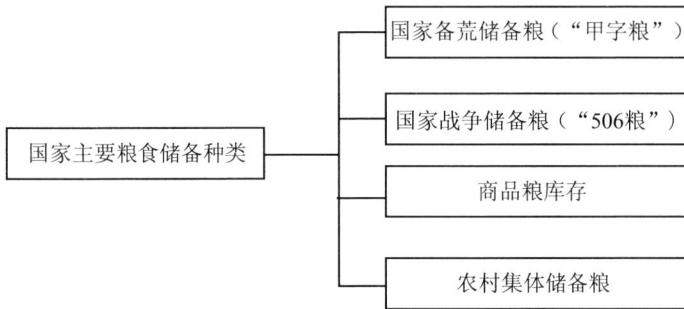

图 4.1　计划经济时期我国主要粮食储备构成

在此阶段，国家粮食储备总量随着国家政治经济形势而波动变化。在三年困难时期和"文化大革命"时期，国家粮食储备为保障国民粮食供给，促进国民经济发展发挥了不可替代的作用。1978 年以后，随着农村家庭联产承包责任制的实行，农业生产得到恢复，国家粮食储备规模迅速扩大起来。

（三）改革开放后，粮食储备制度变革发展阶段（1990—1999 年）

改革开放后，农民的生产积极性得到了极大的提高，以粮食为代表的主要农产品产量大量增加，困扰我国多年的粮食短缺状况得到了有效改善。然而，粮食大幅增产也带来了新的问题，1983—1984 年，粮食大丰收，"卖粮难"成为农民必须面对的新难题。由于政府缺乏粮食专项储备体系，农民增产的粮食无主可售，"增产不增收"严重挫伤了农民的种粮收益。对此，政府扩建了粮食储备库，并推进粮食市场化改革，采取有效措施保护农民的种粮积极性。

1990 年，粮食生产再次获得大丰收，政府为增强对粮食市场的宏观调控能力，避免"谷贱伤农"局面的再次出现，开始着手对粮食储备制度进行改革，以建立一种能够调节粮食生产的波动性、季节性与粮食消费的稳定性、长期性之间矛盾的后备储备体系。同年，中央建立了粮食专项储备制度，并成立国家粮食储备局。国家粮食储备局是国务院直属机构，由商业部代管，其主要工作是调节粮食市场供求，平抑粮价波动，管理中央粮食后备储备。该部分专项储备粮权属于国务院，具体储备任务由地方粮食部门负责。1990—1994 年期间，国家粮食专项储备的收购量由 175 亿千克增加到 250 亿千克，截至 1994 年年底，国家专项储备量达到了预期的规模。

1995 年，国务院颁发了《关于粮食部门深化改革实行两条线运行的通知》，该文件要求粮食主产区建立地方储备，且储备规模应等同于 3 个月以上的粮食销售量，粮食主销区应建立等同于 6 个月粮食销售量的地方储备，以实现地区间的粮食平衡，调控地区粮食市场，保障粮食市场供求的基本稳定。同年，在全国农村工作会议上，国务院提出要实行"米袋子省长负责制"，进一步突出了地方政府在应对局部粮食危机中的责任。随后，各省都建立了一定规模的粮食储备，且一些地、县级也相应建立起储备粮。自此，我国初步形成了中央、省、地县三级粮食储备制度，国家粮食储备由此前的国有粮食企业单一管理模式向国家粮食储备局（中央）和国有粮食企业（省与县级）多级管理模式转变，粮食储备的目标更加丰富。

这种粮食储备制度有效缓解了农民卖粮难的困境，提高了农民收入，保护了农民的种粮积极性。但是，改革并不彻底，没有对政策性粮食业务与经营性粮食业务进行明确划分，而在国家粮食专项储备体系中，储备主体（中央政府）与储备任务的具体承担者（地方粮食部门）之间存在着委托代理关系，地方粮食部门具有较强的道德风险行为倾向。当市场粮食过剩，中央政府要求地方粮食部门以保护价收购余粮转作国家专项储备粮食时，地方粮食部门乘机将原本库存的议价粮间接转化为国家专项储备粮食指标，而并没有按量收购农民手中余粮，导致保护价政策并没有发挥出稳定粮价，增加农民收入的作用；当市场粮食短缺，中央政府要求地方粮食部门抛售库存时，地方粮食部门则为了自身利益，进行逆向操作，在抢购粮食的同时乘机抬价销售存量，粮价下降时，更是低价亏本抛售粮食，导致粮食价格加速下跌。1990—1998 年间，当粮食市场出现波动时，中央政府的粮食调控政策处于"调而不控"的状态，国家专项粮食储备的功能没有得到有效的发挥。

（四）新世纪以来，粮食储备制度深化改革阶段（2000 年至今）

随着我国粮食流通体制改革的进一步推进，市场经济的深入发展对我国粮食储备制度提出了更高的要求。为有效解决粮食专项储备制度中存在的委托代理问题，确保国家粮食储备数量、质量安全，保障国家粮食调控政策的执行力度与效果，国务院对粮食专项储备制度进行了改革。2000 年年初，原国家粮食储备局改组为国家粮食局和中国储备粮管理总公司。其中，国家粮食局负责全国粮食流通宏观调控具体业务，是中央储备粮的行政管理机构，中国储备粮管理总公司（简称"中储粮总公司"）负责对中央储备粮的人、财、物进行垂直管理，属于大型国有独资企业，对国务院负责，其管理的粮食属于中央政府。同年 10 月，各省（自治区、直辖市）所属粮食局将中央储备粮的管理业务移交给中储粮分公司。2003 年，国务院颁布《中国储备粮管理条例》，进一步明确了中央储备粮的计划、储存、监督检查的责任。2005 年，粮食最低收购价政策开始启动，中储粮作为主要的执行主体，其职责范围增加了平抑粮价波动，保障种粮农民利益的责任。目前，我国已经建立起以中央粮食储备为主导，省级粮食储备为重要内容，地县级粮食储备为补充，兼顾战略储备、后备储备与商业化储备多元化目标的粮食储备体系。

二、我国粮食储备制度的运作机制

（一）中央粮食储备管理制度

中央储备粮是国家调控粮食市场的重要物质手段，是关系国家经济安全的重要战略物资。中国储备粮管理总公司（简称"中储粮总公司"）受国务院委托，具体负责中央储备粮（含中央储备油，下同）的经营管理。不断提高中央储备粮的管理水平和经济效益，对国民经济的持续稳定发展具有重要作用。

1. 中国储备粮管理总公司基本情况

中储粮总公司是大型国有企业。它是经国务院批准，在原国家粮食储备局部分职能机构和所属部分企事业单位基础上组建的大型国有企业。中储粮总公司由中央管理，属于涉及国家安全和国民经济命脉的国有重要骨干企业，在国家计划、财政中实行单列。中储粮总公司实行总经理负责制，总经理为公司的法定代表人。中储粮总公司的注册资本为166.8亿元。

中储粮总公司负责中央储备粮的经营管理，实行自主经营、自负盈亏。包括中央储备粮的收购、存储、运输、加工、销售及相关业务。①负责中央储备粮的收购、存储、调运、销售及进出口业务；②负责中央粮食储备库（以下简称"直属库"）建设和设施维修、技术改造，提高仓储能力；研究、开发和推广应用先进科学技术，提高粮食保管、运输的科技水平；③负责管理、拨付、统筹使用中央储备粮费用补贴并进行监督检查，加强财务核算，降低管理成本；④对所属企业的国有资产行使出资人权利，对其国有资产进行管理和监督，并相应承担保值增值的责任。

中储粮总公司对中央储备粮实行垂直管理。根据经营管理的需要，总公司在粮食主产区和主销区设立若干个分公司。分公司根据总公司的授权委托，负责管理辖区内的中央储备粮和直属库。经国务院同意，中储粮总公司划转上收一定规模的直属库，统一管理其领导班子、财务和国有资产。直属库是独立核算、自负盈亏的法人实体。中储粮总公司除充分利用直属库存储中央储备粮外，还委托一部分地方粮库和社会仓库代储中央储备粮。

目前，总公司设9个部、22个分公司和4个子公司，上收及划转251个直属库。直属库分布在除西藏以外的30个省（区、市），初步形成了中央储备粮垂直管理体系的基础。

2. 中央储备粮管理体制的特点

第一，两级法人、三级架构，从体制上保证了中央储备粮管理的政令畅通。国务院组建中国储备粮管理总公司，对中央储备粮实行垂直管理，

实现了中央储备粮管理由分级管理变为"总公司—分公司—直属库"两级
法人、三级架构、层级负责的垂直管理体制（见图4.2），理顺了中央和地
方的利益关系，从体制上保证了中央储备粮管理的政令畅通。"两级法人"
分别是中国储备粮管理总公司和中央储备粮直属粮库及其他直属企业。
"三级架构"是指中储粮管理总公司、中央储备粮直属粮库及其他直属企
业和代表总公司负责辖区内中央储备粮油管理工作的中储粮分公司。

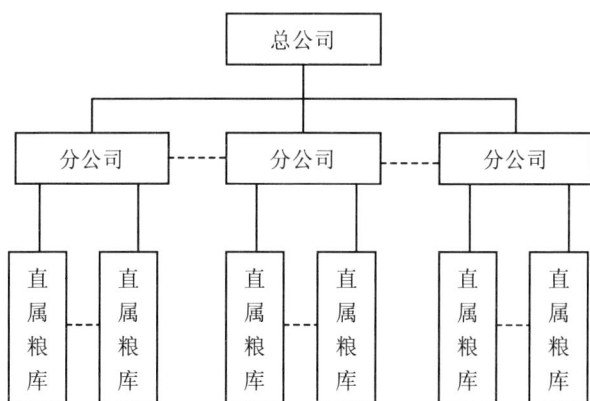

图4.2　两级法人、三级架构体制

第二，管理成本降低，宏观调控效率提高。垂直体系用仅占全国粮食
购销企业1%的职工，经营了国有粮食企业18%的收购量，管理或监管着
全国25%的库存粮食，严格控制了费用预算并不断降低管理成本，减轻了
中央财政的压力。

第三，布局趋于合理，库存质量提高。垂直体系建立后，着重解决了
中央储备粮保管中存在的库点分散、超期储存、品种结构不合理的矛盾和
问题，使中央储备粮存储库点由近12000个压缩集并为1600个，轮换的中
央储备粮数量达到总量的90%，产区储备库存比重上升16个百分点，小
麦和大豆库存量分别增加32%和170%。中央储备粮布局趋于合理，库存
质量达到储备制度建立以来最好水平，品种结构不断调整改善，较好地满
足了市场需求，保障了国家的粮食安全。

第四，直属库储存与代储库储存并存。目前，由于直属粮库的仓容设施有限，中央储备粮储存主要有两种方式：一种是由中央储备粮直属库直接储存，另一种是中储粮公司经过资格认定确认一批中央储备粮代储库，负责代理保管和轮换中央储备粮油。目前，从总体来看，中央储备粮直属库点少、代储库点多。以湖北省为例，辖区除现有 7 个直属库储存中央储备粮外，还有 60 个代储库点分布于全省 16 个市、州。60 个代储库储存粮食 127 万吨，占全省中央储备粮的 57%。作为承储储备粮的承贷主体，代储企业是法律上的所有权主体。委托代储行为实质上是代储企业让渡粮食的使用权（粮权）来换取利费补贴。

第五，轮换方式多样，注意高抛低收。包括先轮出后轮入、边轮出边轮入和先轮入后轮出等方式，其中以先轮出后轮入为主。垂直体系建立后，在轮换中央储备粮中注意把握节奏和时机，"高抛低收"，均衡、有序地进行轮换，发挥了中央储备粮对市场粮价的引导和调节作用。

第六，配套财政金融政策。一是中央储备粮费用（包括利息、保管费、轮换费用等）实行包干政策，由中储总公司包干使用，轮换盈亏自负。补贴资金由总公司按季逐级拨补到直接承担中央储备粮储存和保管的粮食企业。二是储备粮轮入所需资金由中国农业发展银行提供贷款解决。储备粮轮出回笼的销货款归还贷款。

（二）地方粮食储备管理制度

地方储备粮是中央储备粮的必要补充，它具有地域优势特点，在保证地域性的粮食安全和调控粮食市场中发挥着越来越重要的作用。健全地方储备粮体系也是粮食流通体制改革的一项重要内容。

1. 地方储备粮体系基本建立，库存品种以稻谷、小麦为主

（1）已建地方储备粮初具规模

2003 年 11 月，国务院提出"销区按保持 6 个月，产区按保持 3 个月的销量标准"充实地方储备的要求，地方储备规模仅在一年内就增加 650万吨。根据统计，截至 2004 年年底按照国家政策要求测算，全国应建立地

方储备粮规模 3860 万吨（原粮），各地政府结合当地实际情况拟建立地方粮食储备规模 3670 万吨，已落实地方储备粮计划 3240 万吨，占拟建规模的 88%。实际执行 2825 万吨，计划执行率达 87%（见表 4.1），其中，北京、天津、上海、福建、海南、江西、湖北等省（市）全部落实了储备计划，广东省落实储备粮计划和入库数量均比拟建规模增加 24 万吨。

表 4.1　地方储备粮规模及计划执行情况

单位：万吨

	应建规模		拟建规模		落实计划		执行计划	
	小计	占应建总规模（%）	小计	占拟建总规模（%）	小计	占拟建规模（%）	小计	占落实计划（%）
全国	3860		3670		3240		2825	
销区	1090	28	1150	31	1180	102	1050	89
产区	1930	50	1780	49	1400	78	1170	84
平衡区	840	22	730	20	660	90	610	92

资料来源：国家粮食局统计资料。

（2）各地地方储备粮计划下达方式各异

总体分为三种方式。一是定数量、定品种、定成本的"三定"方式；二是定数量、定品种的"两定"方式；三是只定储备规模数量，品种由企业按照市场需求调剂，成本要等入库后核定的"一定"方式。到 2004 年年底，在已下达的储备粮计划中，采取"三定"方式的有 2340 万吨，占下达计划的 72%；从区域分布情况看，粮食产区和平衡区主要采用这种方式。采取"两定"方式的有 485 万吨，占下达计划的 15%，主要是销区采用这种方式。采取"一定"方式的有 256 万吨，占下达计划的 8.6%，北京全部采用这种方式，浙江、广东、云南、陕西的部分市县采用这种方式。

（3）地方储备粮库存品种以稻谷和小麦为主

截至 2004 年年底，稻谷库存量为 1352 万吨，占地方储备粮库存总量 48%；小麦库存量为 1222 万吨，占库存总量 43%；玉米库存量为 251 万吨，占库存总量9%。粮食主产区以当地粮源作为主要储存品种,主销区以当地主要消费品种为储存重点。此外,为增强粮食市场宏观调控能力,确保应急供应粮食,北京、上海、广东、福建、河南等省市已建立成品粮储备。

2. 以省级储备为主,以市县级储备为补充

(1) 地方粮食储备的层级不同

为落实粮食"省长负责制",发挥地方政府对粮食宏观调控作用,各地建立了以省级储备为主,以市县级储备为必要补充的地方储备体系。到2004年年底,全国除黑龙江省以外其他29个省(自治区、直辖市,下同)均建立了地方储备粮(见表4.2)。其中建立三级(省、市、县)地方粮食储备的有21个省,占已建立地方粮油储备省的73%;建立两级(省、市或市、区县)地方粮食储备的有6个省,占21%;建立一级(省级)地方粮食储备的只有吉林一个省。全国有1070个市县建立了市县级储备粮,占全国行政市县(333个地市,2861个县市)的33.5%。

表4.2   地方储备粮体系建设分布情况

类型	省份
三级	广东、江苏、江西、山东、安徽、四川、陕西、云南、甘肃
两级	北京、天津、上海、重庆、青海
一级	吉林

资料来源:国家粮食局统计资料。

(2) 从总量上看,省级储备粮与市县级储备粮基本持平

在地方储备粮库存中,省级储备粮库存为1533万吨,占地方储备粮库存总量的54%,市县级储备粮库存为1292万吨,占地方储备粮库存总量的46%。各地省级储备粮库存占本地区地方储备粮库存总量50%以上的有北京、上海、天津、海南、江西、重庆、甘肃、宁夏等15个省(市、区),占30%以下的有浙江、内蒙、山东、河南、贵州等省(区)。产区省级储备粮库存数量占地方储备库存总量的41%,销区占37%,平衡区占22%。

（3）市县级储备粮规模不断扩大，贷款余额持续增加

各地按照国家有关"充实地方粮食储备"的要求，大部分省层层分解计划规模任务，使市县级储备规模增幅较大。2004 年年底，市县级储备规模占总规模的比例较上年增加 13 个百分点。同期市县级储备粮贷款比年初增加 77.3 亿元，地方储备粮贷款余额比年初增加 68％。市县级储备按计划规模仍有扩大的空间。

（4）地方储备政策多种多样

各级地方储备实行分级负责管理，省、市、县级储备分别由本级政府负责管理。到 2004 年年底，已经制定地方储备粮管理办法的有 23 个省（市、自治区），占建立地方储备省的 79％；制定市县级储备粮管理办法的有 368 个市县，占建立地方储备市县的 34％。各省地方储备政策多种多样，同一省内各市、县级地方储备管理政策也不完全相同，形成了"一省一策"或"一省多策"的复杂局面。如承储资格的确定，由过去政府有关部门认定转为认定和招标确定并存；计划下达方式由过去"三定"（定成本、数量、品种）转为"三定""两定""一定"并存；财政补贴方式由过去地方财政据实全额补贴转为据实全额补贴、定额包干补贴并存；轮换方式由过去相对静态的均衡轮换转为均衡轮换、滚动轮换和动态轮换并存；收储、销售环节由过去单一计划管理转向计划管理与引入粮源招标、拍卖竞争机制并存。随着粮食市场化改革和粮食企业改制的不断深入，地方储备粮油管理政策（以当地财政状况为主要因素）将在现有情况下不断变化和创新。

3. 代储管理为主，轮换方式多样

（1）地方储备粮储存管理有集中管理和代储管理两种方式，以代储管理为主

全国只有 38％的省（市）实行了集中管理，其余全部实行由国有粮食购销企业或改制后的其他粮食企业代储管理。到 2004 年年底，全国有 11 个省（市）成立了省级储备粮管理公司，占已建立地方储备省的 38％；有 237 个市县成立了市县级储备粮管理公司，占已建立地方储备市县的 22％。其中，广东和广西两省组建的市县级储备粮管理公司个数占市县级组建总

数的51.9%。地方储备粮承储企业为3486个,承贷企业为3294个,占承储企业的94%。其中省级储备粮承储企业为988个,占承储企业总数的28%,承贷企业为890个,占省级储备粮承储企业的90%。

(2)承储资格的确定有政府有关部门认定和招标确定两种方式,以认定为主

全国除广东省外基本都采用政府有关部门认定承储资格的方式。广东省采用招标确定承储资格的方式。这种方式又分为国有企业招标和非国有企业招标。对国有企业招标,是通过对竞标企业的入库投标价格、仓库条件、保管素质和安全生产等方面进行综合分析比较,确定承储库点和价格,并由企业自行采购粮食。广东省2004年新增省级储备粮以及珠江三角地区都采用这种方式。对非国有企业招标,是政府确定品种、数量,通过招标确定包干补贴标准,承储企业(加工厂)保证在承储合同的有效期内,每天库存符合国家规定品质的粮食数量不得少于政府确定的承储数量前提下,承储的粮食可用于经营周转,由此产生的盈亏由承储企业自负。

(3)地方储备粮轮换采用多种方式,大体分为两类

一类是按轮换前后库存成本划分,可分为成本不变和成本变化两种方式。截至2004年,实行轮换前后成本不变的地方储备粮库存有1897万吨,占库存总量的67%,产区主要采用这种方式。实行轮换前后成本变化的地方储备粮库存有840万吨,占库存总量的30%,销区主要采用这种方式。另一类是按轮换时库存量和时间划分,可分为均衡轮换、滚动轮换、动态轮换三种方式。均衡轮换(属于传统轮换模式)是按计划保持每年轮换库存总量的20%—30%,全国有67%的地区采用此方式;滚动轮换是按计划在规定期限内保持库存储备规模不变,部分库存可进行多次轮换;动态轮换是每天要保持储备规模不变,由厂库合一加工车间和招标承储的加工企业或委托加工企业进行轮换。销区主要采用此方式。

4. 财政据实全额补贴与未据实全额补贴并存,以据实全额补贴为主

(1)地方储备粮补贴主要采取两种方式

一是实行财政据实全额补贴方式,即地方储备粮的利息(按同期贷款

利率据实计算）、费用（参照中储补贴标准按粮食每年每千克 0.08 元）、价差亏损、损失损耗等全部由地方财政据实给予补贴。这种补贴方式充分体现了"谁储备、谁补贴、谁承担风险"的原则。到 2004 年年底，实行财政据实全额补贴的地方储备粮库存有 1910 万吨，占现有地方储备粮库存总量的 68%。其中省级储备粮库存有 1010 万吨，占实行财政据实全额补贴地方储备粮库存量的 53%，占省级储备库存量的 66%。产区、产销平衡区、部分销区多采用这种方式。二是未实行财政全额据实补贴的地方储备粮库存有 915 万吨，占现有地方储备粮库存总量的 32%。在未实行财政据实全额补贴中又分为两种情况。①实行定额包干补贴，即地方财政对地方储备粮利费、价差亏损、损失损耗等视当地财政状况，按一定标准按年包干给企业，企业自负盈亏。各地补贴标准高低不同差异较大。如福建省的省级储备粮补贴标准为 130 元/吨·年；广东佛山市县级储备粮平均补贴386 元/吨·年（此标准为比较高的）；湖北省级储备粮补贴标准80 元/吨·年；山东济南市市级储备粮食费用补贴标准 30 元/吨·年；辽宁沈阳市市级储备粮食补贴标准 60 元/吨·年。②少数地区只对地方储备利息费用给予补贴，对价差亏损、损失损耗等补贴没有明确规定，主要在甘肃、云南等省份。

（2）财政补贴到位滞后

2004 年度地方储备粮应收各项补贴 58.8 亿元。各地补贴拨补时间规定按月或按季拨补，但实际每个时点都有欠补，有的在年底一次拨补到位，有的到次年才能拨补到位。到 2004 年年底，各项补贴累计欠补 2.07亿元（其中利费 1.03 亿元，价差亏损 1.04 亿元），主要是补贴拨补时间滞后造成的。如广东省 2004 年年底的 1.23 亿元欠补资金在 2005 年 3 月份才全部到位。另外，部分地区财力紧张，对价差亏损无法一次全部弥补到位，大部分是先承诺后消化。如辽宁价差亏损欠补 910 万元，全部是丹东市 2003 年抛售市级储备粮所形成的价差亏损，市财政无力一次消化，并承诺逐年弥补价差亏损。从补贴到位情况看，销区（广东省除外）均已及时足额到位。产区累计欠补 4539 万元，占 22%。平衡区欠补 3216 万元，占欠补总额的 15.5%。

5. 地方储备粮资金来源渠道多元化，以农业发展银行贷款为主

（1）地方储备粮资金来源渠道多元化

近年来，一些企业自有资金、财政储备基金、财政资本金、粮食风险基金等已参与了地方储备粮经营。主要有以下三种方式：一是经营效益较好的企业将自有资金直接用于储备粮的购进。广东、江苏、浙江、上海等主销区，企业经营效益较好，资金充足，为减少贷款利息支出，将自有资金投入储备业务经营，用于收购储备粮食或提前归还其占用的储备贷款。二是根据地方政府下达的储备计划，企业直接将自有资金形成的商品库存划转为地方储备。如陕西粮食企业将自有资金所形成的 6350 吨商品粮库存划转为省级储备粮。三是各级储备基金形成地方储备粮库存和财政资本金形成的地方储备粮库存。如山西现有地方储备粮库存占用各级储备基金高达 1.9 亿元，天津由财政资本金形成的地方储备粮库存占全部市级储备粮的 68.6%。今后，各种资金参与储备业务经营将会越来越多。

（2）农业发展银行贷款是地方储备粮资金来源的主渠道

截至 2004 年年底，全国地方储备粮贷款余额为 413.8 亿元，地方储备粮轮换贷款余额为 4.5 亿元。第一，地方储备粮贷款结构比较合理，贷款质量较好。在地方储备粮贷款余额中，省级储备粮贷款 224.9 亿元，占地方储备粮贷款余额的 54%；市县级储备粮贷款 188.9 亿元，占地方储备粮贷款余额的 46%。粮食销售应收补贴占用贷款 5.82 亿元，其中，市县级占 66%。粮食陈化库存占用贷款 4 亿元，其中省级占 95%。收息率基本达到 100%。贷款的物资保证率为 97.5%。第二，地方储备贷款占农业发展银行有物资保证贷款的比例不断增加。2004 年年底，地方储备贷款余额占中国农业发展银行有物资保证贷款余额的 15%，比上年提高 3 个百分点。随着粮食市场化改革的不断深入，主销区粮食购销贷款呈现规律性下降，地方储备贷款已成为主销区农业发展银行最主要的业务，贷款量及所占比例呈不断增长趋势。如 2004 年年底，广东省地方储备贷款余额占贷款总额 53.39%，比 2003 年年底提高了 14.21 个百分点。第三，地方储备粮贷款

对象不断扩展。随着粮食市场化改革和减轻地方财政负担的需要，地方储备粮贷款对象将由单一的国有粮食企业逐步发展为各种所有制的粮食企业。如广东省东莞市于 2004 年 8 月份将 1.2 万吨大米储备规模，采用公开招投标的方式确定 21 家民营粮食加工企业承储。招标确定的定额补贴标准为 200 元/吨·年，一年的补贴支出为 240 万元由市财政负担。按照过去计划管理规定的补贴标准计算，一年财政要支出 614 万元的补贴资金，是东莞市目前财政补贴资金支出的 2.56 倍，现在每年能节约财政资金 374 万元。第四，地方储备粮贷款管理政策逐步完善。各地农业发展银行分支行根据地方储备粮贷款管理办法，结合当地实际，分别制定了地方储备粮贷款管理办法实施细则或工作意见，细化了贷款管理原则，明确了贷款审批权限，对承贷企业信用等级和轮换风险准备金的建立提出了具体要求。

（3）少数企业主要是东部经济发达地区的部分企业建立了地方储备轮换风险准备金

到 2004 年年底，全国共有 18 个省市的 219 个承贷企业建立了储备轮换风险准备金，占全部承贷企业的 6.6%，占承储企业的 6.3%。累计存入金额 6984 万元，风险准备金余额 4955 万元，主要集中在东部经济发达地区。其中：江苏 63 个企业已建立，其余额为 2198 万元；广东 44 个企业已建立，其余额为 813 万元。

（三）粮食储备制度中不同层级间利益矛盾分析

我国粮食储备是国家储备、地方储备、企业储备与农户储备多层级的储备体系，各储备主体之间既相互联系，又存在利益冲突。具体表现在以下几方面。

1. 国家储备与地方储备间的利益矛盾

中央储备粮体系与地方粮食部门的矛盾，主要集中在双方对地方粮食流通企业组织资源、商品粮源管理权和控制权的争夺上。这个问题在粮食主产区比较突出，而在市场化改革比较彻底、商品粮源匮乏的粮食主销区，这类矛盾和摩擦则相对较少。中央储备粮公司与地方粮食部门的关系，本质上反映了中央政府与地方政府在粮食事权上的关系。中央、省（区）实行两级调控制度，各自在实施调控的范围和任务等粮食事权的划分方面，在理论上似乎是清楚的，但实践中却很模糊。原因在于经过三十多年的改革开放，对建立适应社会主义市场经济需要的粮食流通体制的目标、原则、任务比较明确，但对如何实现既定目标、完成建立新体制任务的途径却往往不甚清楚。一些粮食主产省政府在与中央政府的"博弈"中采取了对自己最为有利的策略，将自己的粮食事权责任限定在"提高粮食综合生产能力"的范围内，省级储备粮规模保持在国家规定的最低限度，全力支持中央储备粮体系在本区域做大做强，从而顺理成章地将粮食保护、粮食流通风险交由中央承担（托市收购、最低保护价收购），这是一种极其聪明的博弈策略。但是，如果各省都这样做，那么我国的粮食宏观调控管理体制将逐渐形成事实上的中央一级调控，粮食调控的责任和风险将全部集中到中央政府，粮食流通管理体制也将发生一系列变化。

2. 国家储备与企业储备间的利益矛盾

粮食储备在整个社会中除了包括农民自储和国家专储外，还存在国有和私营粮食经营企业的周转储备、养殖企业的原料储备以及居民口粮储备等储备形式。然而由于其他储备粮和国家储备粮在目标上表现出的差异，在应对粮食价格波动时所作出的反应却不尽相同，有时甚至是完全相反的逆向操作。例如，当粮食价格预期将要上扬时，国家储备粮将会大量抛售以抑制粮食价格大幅上扬；而粮食经营企业将会大量削减粮食出售量，待价格上涨后再高价售出，争取利益最大化。同样，当粮食价格将要下跌时，国家专储会大量吞入余粮来维持粮价稳定；而企业则纷纷抛售粮食，实行逆向操作，保全自身利益。

3. 地方储备与地方储备间的利益矛盾

我国目前尚未形成粮食统一买卖的大市场，然而粮价水平在全国范围内却是大致趋同的，这是由于粮食买卖不受地区限制，在各地区间频繁流动。于是粮价的波动会由于这种不受限制的流动得以在整个大的区域甚至是全国进行扩散。因此，仅仅依靠某一地区的粮食储备来调控粮价显然是不现实的，它的调控作用对于影响粮价波动趋势无异于杯水车薪。地方政府显然意识到动用本地区粮食专项储备不足以平抑天下粮价，于是，很多地方政府选择采取逆向操作的方式，这样虽然自身从中获益，却违背了整体调控政策的要求。这种只顾当地利益的行为同样发生在执行保护价收购粮食的过程中。个别地区按照国家政策采取保护价收购，而另一些地区却按照市场粮价进行收购，这必然会导致按保护价收购的地区粮食越收越多，因为那些不按保护价收购的地区的粮食会流入到此，使其收购负担加剧，从而也开始懈怠于国家调控政策，产生恶性循环。如果地方之间达成默契，都按照国家调控要求的保护价进行收购，以上问题是完全可以避免的。因此，地方与地方的利益冲突和地方与国家的利益冲突不可孤立来看，如果可以妥善处理好地方与国家的关系，那么地方之间的利益冲突也会相对减少。

三、我国粮食储备取得的成绩与不足

（一）我国的粮食储备取得的成绩

1. 粮食储备设施条件不断改善，储备能力不断增强

1992 年国务院批准当时的商业部《利用世界银行贷款改善粮食流通基础设施建设》的报告，先后投资 76.28 亿元，建立了铁路中转粮库 64 个、农村吸纳粮库 161 个，具有粮食专用码头及粮库的内河港口 6 个、海港 2 个、服务性机构 7 个，使粮库仓容增加 437 万吨，散粮港运吞吐能力扩大 1500 万吨。1998 年中央政府决定利用国债资金建设中央垂直粮库，先后分三批进行建设，共投入专项国债资金 343 亿元，在全国建设了 1130 个粮库，形成了 5565 万吨的仓容。经过以提高粮食储运水平为目的的机械化粮库项目建设、以利用外资推动发展为目的的世界银行粮食流通项目建设和第三批国家专项储备粮库项目建设，粮食储备、运销基础设施条件大为改善，到 2002 年年底，全国共建设粮库项目 2301 个，投入资金 402.2 亿元，共新建了 6000 多万吨的有效仓容。再加上"八五"期间国家投资建设的

500 万吨粮库，地方投资建设的 500 万吨粮库，利用农发行贷款建设的 1500 万吨简易粮库，目前掌握在国家手中的有效库容大约为 8000 万吨，如果再加上粮食物流企业自筹资金建设的粮库，粮食加工企业投资兴建的原粮库，粮食经纪人私建的收纳粮库，估计我国粮库仓容超过 2 亿吨。

2. 粮食储存保护的科技水平显著提高

现代科学技术在粮食储备中得到积极推广。全国累计开发出二十多项粮食"散装、散运、散卸、散存"的"四散"储运新技术，大型粮库基本实现机械化作业，建立了粮食仓储技术标准体系，开发出 75 项具有自主知识产权的粮食储藏安全保障以及快速检测关键技术。与此同时，通过引进国外先进的储备粮库和粮食运输工具设计理念、粮食储运管理信息系统、技术装备、省力节时的自动化控制系统和先进适用的储粮仓型，初步形成了现代化粮食储备系统。到 2007 年全国粮食储备总库容中约 80% 库容可以实行散装储存；浅圆仓、立筒仓等便于散粮装卸周转的仓储容量已经达到 3410.7 万吨，占有效仓储容量的 11.9%，仓房的密闭、保温、隔热性能大大改善，储粮科技水平明显提高。

3. 粮食储备结构更加合理

首先是在储备了相应的大米、小麦、玉米三大粮食品种外，还储备了一定数量的大豆、食用植物油，形成了较好的粮食品种储备结构；其次是除在粮食主产区建立了众多的国家粮库，储备了大量的粮食外，还在粮食主销区、自给区安排了足够的国家粮食储备，形成了较好的粮食储备区域布局结构；再次是除国家储备粮食外，还鼓励粮食加工企业、粮食物流企业及农民群众建库储备粮食，形成了国家专项储备、企业周转储备、农户丰裕择机储备的不同所有制粮食储备主体结构。为通过库存调节有效地调节粮食供求和粮食价格起到了积极作用。

（二）粮食储备调控体系存在的问题

尽管我国粮食储备调控体系建设成绩斐然，在粮食安全供给中起到了积极作用。但是，我们也应该看到我国粮食储备及价格调控中存在的问题。

1. 对粮食储备重要性的认识程度较低

长期以来，我国粮食储备坚持中央和地方两级储备，中央储备资金投入早已被列入到中央财政预算之中，但地方储备并没有引起地方政府的足够重视，一些地方政府官员误以为粮食流通和供给进入市场之后，市场可以解决一切问题，因而储粮意识淡薄，对储备粮的重要性认识不足，不把粮食储备资金列入本级政府的财政预算之列，尤其是在县一级政府重视程度很差。储备制度不健全，储备粮资金利息补贴不到位，以致地方政府的粮食储备有名无实。

2. 粮食储备的区域布局不尽合理

我国粮食储备的区域布局不合理，产区储量大，销区储量小，产区和销区之间因利益摩擦而往往影响粮食安全供给。尽管我国在历史上曾提出和执行过米袋子省长负责制，要求地方政府对当地的粮食安全负责；曾组织过粮食产销区对接，鼓励销区政府在产区建设粮源基地和增强粮食储备能力，但是由于受本位主义思想的束缚和储备成本利益所限制，当前的粮食储备仍然大部分集中在主产区。如全国第一的产粮大省河南省就集中了全国近10%的储备库容，而全国第一粮食消费大省广东省的储备库容仅有近1000万吨，占不到全国储备库容总量的3%，以致每到突发性粮食安全事件发生时，从产区向销区调运粮食成为政府处理应急事件的首要任务和压力。同时在三大品种的布局上与产销市场和交通运输脱节，不少地方出现轮出时当地没有销路，轮入时又要从产区组织粮源，增加轮换成本，并形成较大的轮换亏损。

3. 粮食储备轮换与市场脱节严重

粮食储备轮换与市场脱节主要表现在两个方面。首先，作为储备粮轮换的载体——粮食市场体系很不健全。区域性批发市场的功能和价格指导作用未充分发挥，场外交易大于场内交易；产销区的衔接多在企业一对一的方式中进行，价格的随意性较大；电子商务、栈单交易也刚刚开始，期货市场的发育和运作还处于发展初期，这就使储备粮轮换的"阳光交易"

受到极大的阻滞。其次，现有的轮换报批机制仍带有浓厚的计划经济色彩，层层审批后往往失去"商机"。在实际运作过程中，有时应作为区域性国家储备粮整体操作进行统一购进销出的，未能很好地协调形成对市场的正面推动力；有时应由承储企业决策的，束缚又太多，使承储企业错失良机。反映在承储企业的微观层面，一是信息不灵，为突击完成轮换计划，有时很难保证入库粮食质量；二是习惯于现金买卖，难免有暗箱操作之嫌；三是在轮换经营队伍中，既缺乏适应市场的经营骨干，更缺乏适应现代市场高级交易形式的专业人才。

4. 储粮基础设施仍显落后

尽管从 20 世纪 90 年代后期，国家投入了大量的资金，有效地改善了粮食仓储基础设施和运输条件，但是，目前设备简陋的平房仓和楼房仓在储备库容中所占的比重仍然很高，机械化作业能力强、省力、节时的圆筒仓型仍显匮乏，并且无论主产区还是主销区的一些重要港口、铁路站段和大型粮库集中布局区，为粮食调运专门建设的粮食中转设施不足，粮食快速接转、装卸中转能力严重不足，能够节约运输成本和人力的散粮运输工具落后，一旦发生市场异常波动和突发性、灾难性紧急需粮事件，粮食调运困难，到港、到站接转、装卸运输能力较差，直接影响政府对粮食市场及粮食安全的宏观调控能力。加之落后的包粮储备运输成本高，损耗大，全国性的粮食物流体系尚未形成，以致粮食的储备和流通直接影响粮食供给安全。

5. 以农户储备为代表的基层粮食储备管理落后

农户储备条件差，手段落后、损失多、批量小、品种杂、管理难度大。尽管农户粮食储备具有能有效弥补国家粮食储备库容量和储备能力不足、占用财政资金过大、委托代理储备企业违规操作出现的库存粮食账实不符、陈化粮不能及时轮换，且成本较低、离市场较近，在紧急情况下能快速释放等特点。但是，由于农户储粮大多借助家庭住房的闲置空间，采用简易的囤储、袋装、堆放方式，因而技术相对落后，易受虫蚀、霉变、鼠害，每年因此遭受的损失率约为 8%—12%，有些地方高达 30%。据抽样调查测算，全国每年仅农户储存粮食损失达 150 亿—200 亿千克，造成的经济损失为 180 亿—240 亿元，农户粮食储备损失严重。同时，农户储备粮食生产什么储存什么，结余多少储存多少，在品种和数量方面具有很强的不确定性，品种杂，单个农户的储存批量小，为国家调拨运输和宏观管理带来了不少困难。

6. 多元化粮食储备主体导致国家粮食宏观调控难度增大

由于粮食储备主体多元化，各主体往往从自身利益的角度出发，影响国家宏观调控和粮食调运的目标实现。我国每年粮食总产量约 5 亿吨，国家储粮约占 1/4，企业商业性周转储备大体也占 1/4，其余的一半为农户储备。这种多元主体参与收储粮食的格局，一方面打破了中储粮独家垄断政策性临时收储业务的格局，另一方面有利于解决农民的卖粮难、保障农民收入、提高农民种粮积极性等问题。但是，从产权理论和经济人理论可知，当企业拥有了区别于集体所有权的私人所有权时，必然会利用各种市场机会来实现自身的利益最大化，一旦粮食供应稍显紧张而趋向粮价上涨，企业必然会大肆囤积粮食，追求超额利润，这就可能导致原本紧平衡的粮食市场出现巨大的供给缺口或者价格异常波动。2010 年夏粮收购时节，因俄罗斯宣布禁止小麦出口，世界粮食呈现价格上涨趋势，在我国的河南、安徽等小麦主产区就出现了中储粮、中粮等多家企业抢购粮食、农民惜售暂储待价的局面。加上国家失去了部分粮食所有权，无法通过托市收购、顺价销售等措施来调控市场，直接影响储备粮对市场供求的调控能力和粮食安全。因此，在粮食收储问题上是采取国家委托中储粮独家收购还是放开市场允许多方收购是一个具有争议的两难问题。

第五章　我国粮食储备主体行为分析

博弈论可以揭示众多经济问题内在规律和根源，帮助人们认识经济现象，分析经济关系从而进行科学决策，无论对于企业的经营管理还是政府的政策制定，博弈论都有重要的指导意义。本章从博弈论的视角出发，对中央政府管理下的中央储备粮总公司、地方政府建立的国有粮储企业以及分散的种粮农户等粮食承储主体的行为进行深入分析，在合理假设前提下，分别构建了农户与农户之间的有限理性进化博弈模型、地方政府与农户之间的动态重复博弈模型以及从粮食市场买方和卖方分别建立的中央储备粮总公司和地方国有粮储企业之间的完全信息静态模型、完全信息动态模型和混合策略博弈模型。

一、中央政府与地方政府之间的博弈研究

本章对中央政府和地方政府的博弈分析基于对中央政府管理下的中央储备粮管理总公司和地方政府建立的国有粮食承储企业行为的研究，二者分别代表了中央政府和地方政府的利益，构成了本章博弈的双方主体。

（一）粮储企业博弈模型基本假设

粮储企业之间博弈模型的基本假设如下：①博弈过程当中的参与人只有粮储企业甲和粮储企业乙，双方都是理性的"经济人"，会充分考虑到自身所面临的情况，同时能够考虑到双方决策主体之间的相互作用和可能产生的相互影响并在此前提下作出符合理性的策略选择；②博弈双方都以

利润最大化为其目标，会选择使其收益最大化的策略；③博弈双方的信息是完全的，两粮储企业对自身及对方的支付函数、行为特征和策略空间都具有确切的了解和认识；④博弈的两粮储企业抛售的粮食为同质同类的，并且粮食的单位成本、成本的随机增量都相同。

由于粮储企业向市场吞吐储备粮的过程中充当的角色不同，进行决策的出发点和对粮价调控的机理不同，因此本书将在博弈论视角下，从粮储企业充当粮食市场的买方和卖方分别构建博弈模型进行研究，探讨粮企逆向操作问题形成的根本原因及其对策。

（二）粮储企业作为粮食市场卖方的博弈模型构建

当粮食价格上升并处于较高水平时，粮储企业应当抛售储备粮，增加市场上的粮食供给，充当粮食市场卖方，对于这种情况本书运用典型的研究厂商的博弈模型来进行分析。根据博弈双方决策的时序性分别构建完全信息静态模型和完全信息动态模型来进行对比研究。

1. 完全信息静态模型

完全信息静态模型的构建需要在基本假设的基础上补充假设：①博弈双方进行静态博弈，并且将粮食抛售量作为决策变量；②粮储企业双方相互独立并且同时作出关于各自粮食抛售量的决策。

当粮食价格上涨时，粮储企业应当抛售粮食，假设甲粮企和乙粮企各自抛售的粮食数量分别为 Q_1 和 Q_2，两粮储企业的利润分别为 π_1 和 π_2。

粮食市场总供给量：$Q = Q_0 + Q_1 + Q_2$ （5.1）

粮食市场的出清价格 P 是粮食总供给量 Q 的函数：

$$P = P(Q) = a - bQ \qquad (5.2)$$

C 为单位成本。甲乙粮储企业各自的利润函数：

$$\pi_1 = Q_1 P(Q) - CQ_1 = -bQ_1^2 - (bQ_0 + bQ_2 + C - a)Q_1 \qquad (5.3)$$

$$\pi_2 = Q_2 P(Q) - CQ_2 = -bQ_2^2 - (bQ_0 + bQ_1 + C - a)Q_2 \qquad (5.4)$$

二者的利润函数当偏导数为 0 时取得极大值，这时可以求解出两粮储企业对于对方粮食抛售量的反应函数：

$$
\left.\begin{array}{l}
\dfrac{\partial \pi_1}{\partial Q_1} = -2bQ_1 - bQ_2 - bQ_0 + a - C = 0 \\[3mm]
\dfrac{\partial \pi_2}{\partial Q_2} = -2bQ_1 - bQ_2 - bQ_0 + a - C = 0
\end{array}\right\} \tag{5.5}
$$

$$
Q_1 = \frac{a - C - bQ_0 - bQ_2}{2b} \tag{5.6}
$$

$$
Q_2 = \frac{a - C - bQ_0 - bQ_1}{2b} \tag{5.7}
$$

进而求解得到静态博弈下的纳什均衡（Q_1^*，Q_2^*）：

$$
Q_1^* = Q_2^* = \frac{a - C - bQ_0}{3b} \tag{5.8}
$$

此时市场均衡价格为 $P_1^* = \dfrac{a + 2C - bQ_0}{3}$ （5.9）

2. 完全信息动态模型

完全信息动态模型需要在基本假设的基础上补充假设：①博弈双方进行动态博弈，粮食抛售量作为决策变量；②甲企业为领导型企业，率先作出粮食抛售量决策，另一方乙企业为追随型企业，在做决策时已经观察到了对方的决策。

甲、乙粮储企业各自的利润函数：

$$
\pi_1 = Q_1 P(Q) - CQ_1 = -bQ_1^2 - (bQ_0 + bQ_2 + C - a)Q_1 \tag{5.10}
$$

$$
\pi_2 = Q_2 P(Q) - CQ_2 = -bQ_2^2 - (bQ_0 + bQ_1 + C - a)Q_2 \tag{5.11}
$$

当甲企业宣布了自己的粮食抛售量决策，对于乙企业来说，Q_1 就是一个给定的量，因此，乙企业面临的问题是使收益 π_2 最大化：

$$
\max\{ -bQ_2^2 - (bQ_0 + bQ_1 + C - a)Q_2 \} \tag{5.12}
$$

由式(5.12)可以得到乙企业利润极大化的一阶条件：

$$
\frac{\partial \pi_2}{\partial Q_2} = -2bQ_2 - bQ_1 - bQ_0 + a - C = 0 \tag{5.13}
$$

得到追随者乙企业的反应函数：

$$
Q_2 = \frac{a - C - bQ_0 - bQ_1}{2b} \tag{5.14}
$$

当甲企业知道自己选择了 Q_1 的产量后乙企业选择 $Q_2 = \dfrac{a - C - bQ_0 - bQ_1}{2b}$ 的产量,甲企业将会选择一个最可能实现自己利润最大化目标的 Q_1 去影响乙企业的反应函数。

此时,甲企业面临的问题变为:

$$\left.\begin{array}{l} \max\{-bQ_1^2 - (bQ_0 + bQ_2 + C - a)Q_1\} \\[2mm] s.\,t.\ Q_2 = \dfrac{a - C - bQ_0 - bQ_1}{2b} \end{array}\right\} \tag{5.15}$$

甲企业利润极大化的一阶条件:

$$\frac{\partial \pi_1}{\partial Q_1} = -2bQ_1 - \frac{C - a + bQ_0}{2} + bQ_1 = 0 \tag{5.16}$$

求解得到纳什均衡 (Q_1^*, Q_2^*):

$$Q_1^* = \frac{a - C - bQ_0}{2b} \tag{5.17}$$

$$Q_2^* = \frac{a - C - bQ_0}{4b} \tag{5.18}$$

此时市场均衡价格为:

$$P_2^* = \frac{a + 3C - bQ_0}{4} \tag{5.19}$$

3. 完全信息静态模型和完全信息动态模型的结果比较

甲、乙粮储企业进行静态博弈时抛售的粮食总量为 Q',对应的市场均衡粮价为 P_1^*:

$$Q' = \frac{2(a - C - bQ_0)}{3b} \tag{5.20}$$

$$P_1^* = \frac{a + 2C - bQ_0}{3} \tag{5.21}$$

甲乙粮储企业进行动态博弈时抛售的粮食总量为 Q'',对应的市场均衡粮价为 P_2^*:

$$Q'' = \frac{3(a - C - bQ_0)}{4b} \tag{5.22}$$

$$P_2^* = \frac{a + 3C - bQ_0}{4} \tag{5.23}$$

比较甲乙粮储企业静态博弈和动态博弈时使收益最大化的粮食抛售总量可得：$Q' < Q''$，$P_1^* - P_2^* = \dfrac{a + 2C - bQ_0}{3} - \dfrac{a + 3C - bQ_0}{4} = \dfrac{P_0 - C}{12} > 0$，所以，$P_1^* > P_2^*$。

以上研究表明，在完全信息静态模型下，各粮企处于同等地位，同时作出粮食抛售决策；在完全信息动态模型下，由中央储备粮管理总公司充当领导者，率先宣布粮食抛售计划，其他地方粮企作为跟随者制定抛售计划。两种模型结果相比较，完全信息动态模型下对粮食价格高位运行的调控效果更好，能使中储粮和地方粮企抛售的粮食总量更多，从而使粮价下降的幅度更大，稳定粮食市场价格的作用更明显。

（三）粮储企业作为粮食市场买方的博弈模型构建

当粮食价格下跌并处于较低水平时，粮储企业应当收购粮食，充当粮食市场买方，但粮企作为买方收购粮食并不是用来消费而是用来储备，粮企的收益可以用储备粮潜在的价值增量来衡量，因此，本书将首先建立价值增量模型来研究博弈双方的利益与自身及对方收购量的关系，在此基础上进一步建立博弈模型来研究粮储企业策略选择问题。

1. 储备价值增量模型

假设甲乙粮储企业的决策变量是粮食收购量。甲乙粮储企业原有储备量分别为 Q_1 和 Q_2，市场上粮食的供给量为 Q_0，对应的均衡价格为 P_0：

$$P_0 = P（Q）= a - bQ_0 \tag{5.24}$$

甲乙粮储企业买入的粮食量分别为 q_1 和 q_2，此时市场上粮食的供给量为 $Q_1 = Q_0 - q_1 - q_2$，对应的均衡价格为 P_1：

$$P_1 = P（Q）= a - bQ_1 = a - b（Q_0 - q_1 - q_2） \tag{5.25}$$

C 表示粮储企业的购买成本，储备成本和管理成本等，随储备量的增加而递增：

$$C = kQ^2 \tag{5.26}$$

在甲乙粮企实施收购决策前，甲企业的储备粮价值为：

$$\pi_1 = (Q_1 P_0 - kQ_1^2) \tag{5.27}$$

在甲乙粮企实施收购决策前，乙企业的储备粮价值为：

$$\pi_2 = (Q_2 P_0 - kQ_2^2) \tag{5.28}$$

甲乙粮企实施收购决策以后，甲企业的储备粮价值为：

$$\pi'_1 = (Q_1 + q_1) P_1 - k (Q_1 + q_1)^2 \tag{5.29}$$

在甲乙粮食实施收购以后，乙企业的储备粮价值为：

$$\pi'_2 = (Q_2 + q_2) P_1 - k (Q_2 + q_2)^2 \tag{5.30}$$

现以甲企业作为分析对象，由于甲、乙企业地位对等，因此分析结果对乙企业同样适用。

粮企 1 实施粮食收购决策后所带来的价值增量为 $\Delta\pi_1$：

$$\Delta\pi_1 = \pi'_1 - \pi_1 = (Q_1 + q_1) P_1 - k (Q_1 + q_1)^2 - (Q_1 P_0 - kQ_1^2) \tag{5.31}$$

结合式（5.24）和式（5.25），化简整理得：

$$\Delta\pi_1 = (b - k) q_1^2 + (bQ_1 + P_0 + bq_2 - 2kQ_1) q_1 + bQ_1 q_2 \tag{5.32}$$

讨论 $\Delta\pi_1$ 随 q_1 的变动情况，需要分两种情形：

①当 $b - k \geq 0$ 时，$\Delta\pi_1$ 存在最小值，之后随着 q_1 的增加而无限增加，与实际经济含义不符，故舍去；

②当 $b - k < 0$ 时，$\Delta\pi_1$ 存在最大值 $\max\Delta\pi_1$，即 $\Delta\pi_1$ 先随着 q_1 的增加而增加，当 q_1 增长到某个水平 $\Delta\pi_1$ 达到最大之后，$\Delta\pi_1$ 开始随着 q_1 的增加而下降。

这种情况具有实际经济含义，即当粮食收购量达到某一水平后，随着管理和储备成本的大幅增加，当其增长速度大于储备价值增量的增长速度以后，企业的价值增量开始减小。

进一步求解 $\max\Delta\pi_1$，得：

$$\max\Delta\pi_1 = \frac{b^2 q_2^2 + 2b \left[a - b (Q_0 + Q_1) \right] q_2 + \phi}{4 (k - b)} \tag{5.33}$$

其中 ϕ 代表不含 q_2 的一系列常数项之和，因对此处研究无影响，故省略。

令 $P' = a - b \ (Q_0 + Q_1)$，因价格不可能为负，所以 $P' > 0$。

因此 $q_2 \geq 0$ 时，$\dfrac{\partial \max \Delta \pi_1}{\partial q_2} = \dfrac{b^2 q_2 + bP'}{2 \ (k - b)} > 0$，所以 $\max \Delta \pi_1$ 是 q_2 的递增函数。

由以上模型结果可知，当粮食价格过低时，粮储企业本应通过收购粮食，增加储备来托高粮食均衡价格，但粮企收购粮食会面临着储备成本和管理成本增加，储备价值增量随着自身收购量的增加呈现先递增后递减的规律，当收购量达到某一水平，价值增量取得最大值后，继续增加收购量将导致企业价值增量的下降，此时，企业将不愿增加收购量；另一方面，由于企业自身价值增量的最大值是对方企业收购量的增函数，对方企业增加收购会使得粮价上升，于是本企业可以在不增加储备成本的情况下分享粮价上升的好处，而对方企业反而因多收购而承担更多的储备成本，价值增量下降。

上述研究证明了粮企的收益与自身及对方收购量之间的内在数学关系，这将成为下文构建策略博弈模型中定义博弈双方收益函数的理论基础。

2. 混合策略博弈模型

混合策略博弈包含三个要素：①参与博弈者的名单，本模型博弈者是粮储企业甲和粮储企业乙；②每一个参与者的策略单，本模型甲乙企业可选择的粮食收购量为 a 或 b，且 $a < b$；③每一个策略组合所对应的收益单，本模型将博弈者的收益函数定义为：当二者的收购量相同时，收益为该收购量的 k 倍减去该企业的收购量；当二者收购量不同时，收益为二者收购量中最小的那个收购量的 k 倍减去该企业的收购量再加上一个较小的增量 θ，且满足 $a + \theta < b$，$k \geq 2$。

在此定义下，满足了前文所证明的本企业的收益与自身及对方企业的收购量的关系：

①如果两企业的收购量相等，则各自的收益是相同的；②如果两企业同时增加收购量，则两企业的收益都会增加；③如果只有自己增加粮食收购量而对方企业不增加，则自己成本的增加大于收益的增加，收益会下降，对方的成本没有增加但是可以享受价格上升带来的好处，所以对方的收益反而会上升。

因此，本书构建的粮储企业甲与乙之间博弈收益矩阵如表 5.1 所示。

表 5.1　粮储企业甲与乙间的博弈收益矩阵

		粮储企业乙		
		策略 L：收购量 a	策略 R：收购量 b	概率值
粮储企业甲	策略 L：收购量 a	$(k-1)a,\ (k-1)a$	$(k-1)a+\theta,\ ka-b+\theta$	γ
	策略 R：收购量 b	$ka-b+\theta,\ (k-1)a+\theta$	$(k-1)b,\ (k-1)b$	$1-\gamma$
	概率值	ϕ	$1-\phi$	

对粮储企业甲和乙来说，每种决策下收益的大小是其选择策略的基础，四种结果对应的收益大小比较如下：$(ka-b+\theta)<(k-1)a<(k-1)a+\theta<(k-1)b$。

在这个阶段性的同时博弈里，没有唯一的纳什均衡解，而是存在两个纯粹策略的纳什均衡：$(L,\ L)$ 和 $(R,\ R)$，对应收益分别为 $[(k-1)a,(k-1)a]$ 和 $[(k-1)b,(k-1)b]$，(R,R) 纳什均衡中甲和乙的收益均大于 $(L,\ L)$ 均衡时二者的收益。

在完全信息情况下，当甲得知乙将采取 L 策略时，甲基于自身收益最大化考虑，也会选择采取 L 策略；当乙选择 R 策略时，甲也同样会选择 R 策略。所以甲不存在占优策略，甲的最优策略将取决于 B 的策略选择。同理，企业乙也不存在占优策略，乙的最优策略将取决于甲的策略选择。这表明现实中粮储企业甲和乙都会面临选择的困惑。这时甲和乙都可能以一定的概率选择 L 策略或 R 策略，从而实现其收益的最大化。这个最优的概率组合，就是他们混合博弈的纳什均衡。

假定甲企业选择 L 策略的概率是 γ，而选择 R 策略的概率是 $1-\gamma$。乙

企业选择 L 的概率是 ϕ，选择 R 策略的概率是 $1-\phi$。对甲企业而言，选择 L 策略的期望效用为：

$$U(L) = (k-1)a\phi + (ka-a+\theta)(1-\phi) \tag{5.34}$$

选择 R 策略的期望效用为：$U(R) = (ka-b+\theta)\phi + (k-1)b(1-\phi)$ \hfill (5.35)

令 $U(L) = U(R)$，得到：$\phi = \dfrac{(k-1)(b-a)-\theta}{k(b-a)-2\theta}$ \hfill (5.36)

同理，对乙企业而言，可以得到 $\gamma = \dfrac{(k-1)(b-a)-\theta}{k(b-a)-2\theta}$ \hfill (5.37)

因此，甲企业和乙企业该混合策略的纳什均衡是：

$$\sigma_{甲}^{*} = \sigma_{乙}^{*} = \left(\frac{(k-1)(b-a)-\theta}{k(b-a)-2\theta}, \ 1-\frac{(k-1)(b-a)-\theta}{k(b-a)-2\theta} \right) \tag{5.38}$$

由于 $b > a > 0$，$k \geq 2$，$\theta > 0$，根据不等式性质可知：

$$\phi = \gamma = \frac{(k-1)(b-a)-\theta}{k(b-a)-2\theta} > \frac{(k-1)(b-a)}{k(b-a)} = 1-\frac{1}{k} \geq \frac{1}{2} \tag{5.39}$$

因此，甲和乙企业选择 L 策略的概率均大于选择 R 策略的概率。

甲和乙企业最终实现纳什均衡 (L, L) 的概率为 $\phi^2 = \gamma^2 > \dfrac{1}{4}$，要高于实现纳什均衡 (R, R) 的概率 $(1-\phi)^2 = (1-\gamma)^2 < \dfrac{1}{4}$。

模型结果证明了在没有外界干预博弈过程的情况下，甲和乙企业选择 L 策略的概率高于选择 R 策略的概率。这样进行博弈更可能的结果就是双方企业都选择收购量较少的 L 策略，在 (L, L) 均衡下，双方的收购量都为较低水平的 a，粮价还未上升到理想的调控目标，不能达到调控粮价的最佳效果。

3. 引入政策补贴 ω 后的混合策略博弈模型

为使博弈双方有可能选择 (R, R) 均衡，需要引入一个常量 ω，ω 可以认为是国家对粮食收购量相对较多的企业实施一定的政策补贴，这将影响博弈双方的决策收益，进而影响最终的均衡选择。引入政策补贴 ω 后粮储企业甲与乙间博弈收益矩阵如表5.2所示。

表5.2 引入政策补贴 ω 后粮储企业甲与乙间的博弈收益矩阵

		粮储企业乙		
		策略 L：收购量 a	策略 R：收购量 b	概率值
粮储	策略 L：收购量 a	$(k-1)a,(k-1)a$	$(k-1)a+\theta,ka-b+\theta+\omega$	γ
企业	策略 R：收购量 b	$ka-b+\theta+\omega,(k-1)a+\theta$	$(k-1)b+\omega,(k-1)b+\omega$	$1-\gamma$
甲	概率值	ϕ	$1-\phi$	

下面求解这个博弈的混合策略纳什均衡解，对甲企业而言，选择 L 策略的期望效用为：

$$U(L) = (k-1)a\phi + (ka-a+\theta)(1-\phi) \tag{5.40}$$

选择 R 策略的期望效用为：

$$U(R) = (ka-b+\theta+\omega)\phi + (kb-b+\omega)(1-\phi) \tag{5.41}$$

令 $U(L) = U(R)$，得到：

$$\phi = \frac{(k-1)(b-a)-\theta+\omega}{k(b-a)-2\theta} \tag{5.42}$$

同理，对乙企业而言，可以得到：

$$\gamma = \frac{(k-1)(b-a)-\theta+\omega}{k(b-a)-2\theta} \tag{5.43}$$

由该公式可得出，当政策补贴 ω 的值越大，各个粮储企业选择较高收购量的概率也就越大，为使 (R,R) 均衡成为企业甲和乙的最终选择，则 ω 应当满足：

$$\phi = \gamma = \frac{(k-1)(b-a)-\theta+\omega}{k(b-a)-2\theta}=1，即：$$

$$\omega = b-a-\theta \tag{5.44}$$

当政府的补贴水平满足条件 $\omega = b-a-\theta$ 时，策略 R 不仅是甲企业的占优策略，同时也是乙企业的占优策略，最终的博弈均衡是 (R,R)，双方的收购量都为较高水平的 b，在供求关系作用下会使当前过低的粮价上升到一个较高水平，有助于最终实现国家调控粮价波动、稳定粮食市场的目标。

（四）粮储企业逆向操作问题的对策分析

1. 调控高粮价

中储粮总公司应充分发挥"领导者"作用，影响粮企对粮价的预期。粮价过高，粮企应充当粮食卖方，抛售粮食以达到降低粮价的目的。此时，管理经营中央储备粮的中储粮总公司应发挥"领导者"作用，率先作出抛售粮食的决策，这会改变地方粮企对未来粮价走势的预期，认为粮价会继续飙升的可能性很小，待价而沽将具有较大风险。因此，地方粮企会选择追随"领导者"的抛售行为，这样博弈的结果相比双方同时决策而言，使粮价降到了更低的水平，对过高粮价的调控效果更明显，而地方粮企在对未来粮价的预期下既可能实现自身收益最大化目标，同时也履行了国家调控粮价政策的要求，囤粮惜售的逆向操作行为得到遏制，粮食储备对粮价的调控会形成良性循环。

2. 调控低粮价

国家应根据粮企实际收购量给予一定的补贴支持，通过改变粮企收益来影响其决策选择。粮价过低，粮企应充当粮食买方，通过收购粮食达到托高粮价的目的。但在无外界干扰的自然博弈过程中，粮企基于自身收益最大化角度考虑，会选择收购量较少的策略，此时粮食储备对高粮价的调控效果大打折扣，若国家给予收购量多的粮企以满足一定条件的补贴，改变粮企的收益，形成正向激励，使执行粮储调控政策成为其企业人收益最大化目标下的最优策略选择，则会从根本上规避粮企的逆向操作问题。最终实现托高粮价的调控目标。在对粮企实施补贴的过程中应当"先有量，后有补"，只有粮企切实完成了预定的收购计划时才能得到相应的补贴，这样可避免一些粮企获得了国家储粮补贴，却不服从国家的粮食储备调拨要求的情况。

3. 对参与粮食储备的企业加强管理，增强粮食储备的调控能力

一方面，对国家储备粮补贴的发放和储备企业资格的审定，一定要实现信息化，进行现代化的信息监管，确保粮食储备对市场的调控效果；另

一方面，要进一步理顺国家和地方粮食储备的关系。导致粮储企业行为与储备粮运作目标出现相异性的重要原因之一在于国家粮食储备的多层性。我国粮食储备体系分为中央、省、县等多个层次。由于中央与地方、地方与地方之间存在利益的相异性，因此在粮食储备中经常出现地方粮食部门的实际操作与中央背离。因此，为了保障储备粮运作的实际效果，应逐步扩大中央储备粮在粮食储备中的比例，缩小地方储备粮的比例，取消县级地方储备粮，建立以中央储备为主体，省级储备为辅助的粮食储备制度。建立中央与地方储备粮购销储备协调机制，地方储备粮的购销运作接受中央的指导和监督，杜绝逆向购销操作，确保国家对粮食的主动权。[①]

二、政府与农户之间的动态重复博弈研究

（一）博弈模型的基本要素

①参与博弈的游戏者名单：政府和农户。本模型的构建只考虑单个农户和政府之间的博弈情况。②每一个游戏者的策略单：政府的策略集合定义为 s_g｛给予粮食补贴，不给予粮食补贴｝；农户的策略集合定义为 s_f｛储备粮食，不储备粮食｝。③博弈的次序：动态博弈的顺序最先从政府决策开始。④每一个策略组合所对应的收益单：即为政府与农户各自的收益函数。

（二）博弈模型的构建

政府与农户之间的博弈情况用博弈树的形式表现出来的结果见图 5.1。

1. 政府的相关收益分析

政府的收益函数为 $g_i = u(s_i) - ts_i$，u 为政府实现粮食安全的效用，与储备粮食的总量相关，可看作是关于粮食储备量的函数，s_i 为农户的粮食储备量，t 为政府根据粮食储备量支付给农民的补贴率。

不论政府是否给予农户补贴，农户选择不储备粮食时，$s_i = 0$，政府就

---

①　王芳、程桦：《国家粮食储备制度存在的问题与对策》，《粮食科技与经济》2005 年第 6 期。

没有利益，也没有成本，政府的收益 g_i 均为 0。

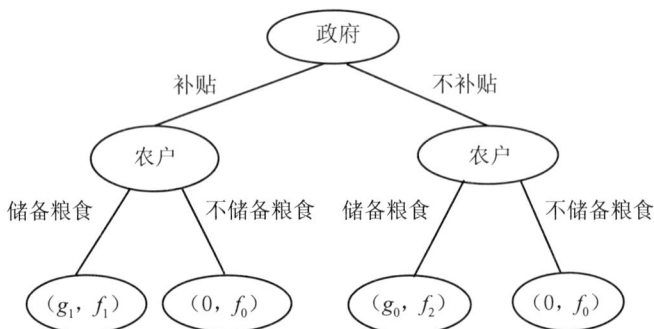

图 5.1　政府与农户之间的博弈

政府给予农户补贴的情况下，农户选择储备粮食量为 s_1，政府的收益为 $g_1 = u(s_1) - ts_1$。

政府不给予农户补贴的情况下，农户选择储备粮食量为 s_0，政府的收益为 $g_0 = u(s_0) - ts_0$。

由于政府的补贴金额是农户粮食储备量的函数，在政府补贴政策的激励下农户的粮食储备量要高于无补贴的情况，虽然补贴政策会给政府带来一定的成本，但从保障粮食安全的角度上来讲，政府在实施补贴情况下的总收益 g_1 应大于政府不实施补贴政策下的收益 g_0，即 $g_1 > g_0$。

2. 农户的相关收益分析

农户生产的粮食除了用于当年自身消费的剩余粮食，根据用途可分为两部分，一部分用于直接销售，另一部分用于粮食储备。

假设农户当年除用于自身消费剩余的粮食总量为 s_i，其中用于直接销售的粮食量为 s_i^1，用于储备的粮食量为 s_i^2，p_0 代表当期的市场粮食价格水平；p^* 代表农户预期的下一期市场粮食价格水平；由于涉及跨期决策问题，所以用 r 代表贴现率；c 是农户储备粮食时产生的储备成本，是农户粮食储备量的函数。

农户的收益函数分为两部分，当期出售的粮食带来收益 $f_i^1 = p_0 s_i^1$，有政府补贴的情况下，当期未出售的用于储备的粮食能带来的预期收益的现

值为 $f_i^2 = ts_i^2 + \dfrac{p^* s_i^2 - c(s_i^2)}{1+r}$；无政府补贴的情况下，当期未出售的用于储备的粮食能带来的预期收益的现值为 $f_i^2 = \dfrac{p^* s_i^2 - c(s_i^2)}{1+r}$。

现在讨论农户的收益情况：

不论政府是否给予农户补贴，农户选择不储备粮食时，农户的收益为把可支配粮食总量 s_0 全部在当期销售出去的收益 $f_0 = s_0 p_0$。

政府给予农户补贴情况下，农户可支配粮食总量中用于直接销售的粮食量为 s_1^1，储备粮食量为 s_1^2，农户的收益为 $f_1 = f_1^1 + f_1^2 = s_1^1 p_0 + ts_1^2 + \dfrac{s_1^2 p^* - c(s_1^2)}{1+r}$。

政府不给予农户补贴情况下，农户可支配粮食总量中用于直接销售的粮食量为 s_2^1，储备粮食量为 s_2^2，农户的收益为 $f_2 = f_2^1 + f_2^2 = s_2^1 p_0 + \dfrac{s_2^2 p^* - c(s_2^2)}{1+r}$。

（三）模型求解及分析

1. 农户对于未来粮食价格水平的预期不满足理性预期的假设

预期价格水平 $p^* \neq p_0(1+r)$，$f_0 = s_0 p_0$，$f_1 = s_1^1 p_0 + ts_1^2 + \dfrac{s_1^2 p^* - c(s_1^2)}{1+r}$，$f_2 = s_2^1 p_0 + \dfrac{s_2^2 p^* - c(s_2^2)}{1+r}$，此时无法比较 f_0，f_1 和 f_2 之间的大小关系，即无法确定农户最终的决策结果。

2. 农户对于未来粮食价格水平的预期满足理性预期的假设

在此情况下，预期价格水平 $p^* = p_0(1+r)$，此时 $f_1 = s_0 p_0 + ts_1^2 - \dfrac{c(s_1^2)}{1+r}$，$f_2 = s_0 p_0 - \dfrac{c(s_2^2)}{1+r}$，$f_0 = s_0 p_0$。

很明显，只要当 $ts_1^2 > \dfrac{c(s_1^2)}{1+r}$，即政府对粮食储备的补贴值 ts_1^2 大于农户由于储备粮食而产生的成本的现值 $\dfrac{c(s_1^2)}{1+r}$ 时，$f_1 > f_0 > f_2$。

当 $f_1 > f_0 > f_2$ 时，该广延型博弈的策略表达式如下：

政府的策略为：（补贴，或不补贴）。

农户的策略为：第一，无论政府是否给予补贴，农户都会选择储备粮食；用（储备，储备）表示。第二，当政府给予补贴时，农户选择储备；当政府不给予补贴时，农户选择不储备粮食；用（储备，不储备）表示。第三，当政府给予补贴时，农户选择不储备粮食；当政府不给予补贴时，农户选择储备；用（不储备，储备）表示。第四，无论政府是否给予补贴，农户都会选择不储备粮食；用（不储备，不储备）表示。

表 5.3　政府与农户之间的博弈

		农户			
		（储备，储备）	（储备，不储备）	（不储备，储备）	（不储备，不储备）
政府	补贴	(g_1, f_1)	(g_1, f_1)	$(0, f_0)$	$(0, f_0)$
	不补贴	(g_0, f_2)	$(0, f_0)$	(g_0, f_2)	$(0, f_0)$

在 $g_1 > g_0$，$f_1 > f_0 > f_2$ 的情况下，即政府实施粮食补贴政策时对于保障粮食安全带来的收益高于不实施补贴政策时政府的收益，同时在政府实施补贴时农户储备粮食的收益要高于农户自发情况下不储备粮食的收益，进一步高于政府不给予补贴时农户储备粮食的收益。此时，对于任意参与人，给定对手的策略，在他的最优策略对应的支付下面画一条横线，对均衡的策略组合而言，相应的数字栏中有两条下划线，所以本博弈共有三个纯策略纳什均衡，它们分别是：① {补贴，（储备，储备）}；②{补贴，（储备，不储备）}；③{不补贴，（不储备，不储备）}。

根据反向归纳法，可以得到该阶段动态博弈的子博弈完美纳什均衡：{补贴，（储备，不储备）}，即政府选择实施补贴政策，而理性的农户在政府决策补贴的情况下选择进行粮食储备。

（四）研究结论

1. 当农户对于未来粮食价格水平的预期满足理性预期的假设

在此情况下要实现鼓励农户积极储备粮食的政策目标需要满足的条件

是：政府对粮食储备的补贴值要大于农户由于储备粮食而产生的成本的现值，从而使得在政府实施补贴时农户储备粮食的收益要高于农户自发情况下不储备粮食的收益，进一步高于政府不给予补贴时农户储备粮食的收益。政府通过补贴政策对农户收益产生影响，使得最终的均衡策略是政府给予农户补贴，理性的农户将在政府补贴的情况下选择积极储备粮食，进而实现增加粮食储备、保障粮食安全的目标。

2. 当农户对于未来粮食价格水平的预期不满足理性预期的假设时

在此情况下农户对未来粮食价格水平的预期会影响到农户对于粮食储备问题的跨期决策，若预期未来粮食价格水平将升高，则农户倾向于储备更多的粮食以便在未来获得更多收益，这将使得当前粮食市场供给减少，粮价水平进一步上涨；若预期未来粮食价格水平将下跌，则农户倾向于抛售粮食以便在当期获得更多收益，这将使得当前粮食市场供给增加，粮价水平将进一步下跌。由此可见，农户对未来粮食价格的非理性预期往往使得农户在粮食储备问题上采取的行动与国家粮食储备宏观调控政策的方向相反，从而进一步加剧了粮食市场价格的波动。此时，政府一方面应采取一定措施来引导农户形成对粮价的合理预期，另一方面应通过补贴政策来影响农户决策的收益水平，避免农户由于非理性预期而带来的反向操作行为。

三、农户与农户之间的有限理性进化博弈研究

（一）博弈模型的基本要素

包括：①参与博弈的游戏者名单：农户群体当中两两农户之间的随机配对组合。②每一个游戏者的策略单：{储备粮食，不储备粮食}。③每一个策略组合所对应的收益单：即农户群体中随机配对博弈的支付函数。

假设政府基于保障国家粮食安全的角度根据农户储备粮食的数量发放相应的储备补贴，在此情况下农户 A 和农户 B 都采取积极储备粮食的行动，此时农户的收益包括保障未来家庭粮食消费安全带来的收益，未来粮

食价格上涨可能带来的收益以及政府的储备补贴三部分；若其中一方采取了积极储备粮食的行动，而另一方不储备粮食，则储备粮食一方的收益将大于不储备任何粮食，将粮食全部用于当期销售的那一方；若双方都不储备粮食，则国家粮食储备总量减少，这使得国家粮食安全和农户家庭的粮食消费安全均受到影响，农户也无法获得政府的补贴，此时农户的总收益必然小于上述两种情况下的收益水平。

（二）博弈模型的构建

首先构建农户和农户之间随机配对组合博弈的支付矩阵，见表5.4。

表5.4   农户之间的博弈模型和其支付矩阵

博弈策略和收益		农户 B	
		储备	不储备
农户 A	储备	$(M/2，M/2)$	$(M，N)$
	不储备	$(N，M)$	$(N/2，N/2)$

M 表示积极储备粮食的农户有可能得到的预期总收益。N 表示农户完全不储备粮食，将粮食全部用于当期销售时的预期总收益。若农户 A 和农户 B 都积极储备粮食，则双方共同分享收益 M，各自的期望收益为 $M/2$，如果双方都选择不储备粮食，则双方的期望收益均为 $N/2$。若其中一方积极储备粮食，而另一方不储备粮食，那么积极储备的农户将独享收益 M，不储备的农户将独享收益 N。模型假设 $M > N$，这表示积极储备粮食的预期总收益大于完全不储备粮食的预期总收益。

（三）模型求解

对上文建立的有限理性进化博弈模型的求解过程分为以下几个步骤：

首先设农户群体当中采取积极储备粮食这一策略的农户所占比例为 x，因此选择不储备粮食策略的农户比例为 $1 - x$。通过构建博弈双方的支付矩阵可以得到：$a = M/2$，$b = M$，$c = N$，$d = N/2$，策略博弈双方的期望收益和群体的平均收益根据博弈进化理论的计算公式分别表示如下：

由 $u_1 = x \cdot a + (1-x) \cdot b$，$u_2 = x \cdot c + (1-x) \cdot d$ 和 $u = x \cdot u_1 + (1-x) \cdot u_2$ 可以得到选择积极储备粮食的农户的期望收益：

$$u_1 = x \cdot (M/2) + (1-x) \cdot M = M - x \cdot (M/2) \quad (5.45)$$

选择不储备粮食的农户的期望收益：

$$u_2 = x \cdot N + (1-x) \cdot (N/2) = N/2 \cdot (1+x) \quad (5.46)$$

农户群体的平均期望收益为：

$$u = x \cdot u_1 + (1-x) \cdot u_2 \quad (5.47)$$

根据进化博弈的微分方程（也被称为"复制方程"）：

$$\frac{\mathrm{d}x}{\mathrm{d}t} = x \cdot (u_1 - u) = x [u_1 - xu_1 - (1-x) u_2]$$

$$= x (1-x) [x (a-c) + (1-x) (b-d)] \quad (5.48)$$

（简记作 $F(x) = \mathrm{d}x/\mathrm{d}t$），可以得到农户群体之间博弈模型的复制动态方程：

$$F(x) = \mathrm{d}x/\mathrm{d}t = x (u_1 - u)$$

$$= x (1-x) [x (a-c) + (1-x) (b-d)] \quad (5.49)$$

$$= x (1-x) [(M-N/2) - x (M/2 + N/2)]$$

令 $F(x) = 0$ 便可求解出复制动态方程的稳定点，也被称为不动点，表明在复制动态过程当中采取积极储备粮食这一策略的博弈方比例 x 处于一个稳定不变的水平，该博弈模型的三个稳定点分别为：①$x^* = 0$；②$x^* = 1$；③$x^* = (b-d) / (a-b-c+d) = (2M-N) / (M+N)$。

（四）模型结果分析

模型求解得到的稳定点 $x^* = 0$ 和稳定点 $x^* = 1$ 均表明农户群体当中的成员更倾向于选择同样的策略，这一过程对应着完全理性博弈情况下的纯策略均衡，即农户群体趋向于选择都积极储备粮食或者都不储备粮食。稳定点 $x^* = (2M-N) / (M+N)$ 则意味着在农户群体当中的成员们通常会依据一定的比例选择采取不同的策略，该过程对应着混合策略情况下的纳什均衡。对于稳定点 $x^* = (2M - N) / (M + N)$，要使农户群体中采取积极储备粮食策略的比例 $x^* = 1$，则 M 和 N 需要满足条件 $(2M - N) / (M + N) = 1$，即 $M = 2N$，在此条件下，博弈双方的最优策略选择为{储备粮食，储备粮食}。

（五）研究结论

博弈模型的结果带给我们两点启示：

一方面，表明种粮农户对于是否积极储备粮食这一问题的决策上面存在着明显的趋同特征，单个农户易受到其他农户行动的影响，若其他农户采取积极储备粮食的决策，该农户也倾向于积极储备粮食；若其他农户不储备粮食，则该农户倾向于追随群体行为也选择不储备粮食。农户的储粮行为有着极大的模仿性和趋同性，使得粮食供给的变化趋势相同，证明了确实存在着"共振效应"。对粮食储备政策制定者来讲，为维持一定的粮食储备总量，鼓励农户积极储备粮食的意义重大，由于农户在粮食储备决策上的趋同特征，可以优先鼓励少部分积极储备粮食的农户，只要有部分农户率先行动，便会对其他农户产生带动和辐射作用，从而实现以少数带动多数，最终提高农户的粮食储备总量，实现保障国家粮食安全的目标。

另一方面，表明政府可以通过影响农户的收益水平来影响农户的策略选择。储粮农户的收益包括保障未来家庭粮食消费安全带来的收益，未来粮食价格上涨可能带来的收益以及政府给予的补贴三部分，前两部分收益难以具体衡量，但第三部分的收益水平可以由政府来调控，政府可通过改变对储粮农户的补贴水平来直接影响农户的收益水平进而影响农户的最终决策。为鼓励农户积极储备粮食，政府应当加大对农户储备粮食的补贴力度，使积极储备粮食成为农户理性决策下的最优选择。关于补贴的具体水平，根据前文的假设及模型，应使得农户积极储备粮食的收益水平是其不储备粮食收益水平的两倍方可使积极储备粮食成为农户的最优策略。

第六章 我国农户粮食储备的实证研究

本章以我国农户粮食储备调查的数据为基础，分析我国农户粮食储备的相关问题。对于农户储备的研究不能局限于简单的描述性研究，重要的是寻找农户储粮的动机、决定或影响农户储粮行为的各种因素，并深入研究农户储粮行为对我国粮食市场的影响程度，政府才能更加有针对性地制定相关的储备政策以有效指引农户储备，将农户储备更好地纳入我国粮食储备体系。本书在农户经济理论的指导下研究我国农户经济行为的差异性，我国农户在整体上呈现出由生存理性向经济理性转变的趋势，但依然存在内部非均衡性。在此基础上结合农户储备理论框架，运用向量自回归模型（VAR）、脉冲响应函数以及方差分解来分析我国农户储粮特征，储备动机及影响因素，实证研究农户储备对我国粮食市场的冲击力度。

一、我国农户粮食储备对粮食市场影响的实证研究

（一）近年来粮食市场供求及农户储粮现状

本部分研究选取的指标主要有年初粮食结存、当年粮食收入、当年粮食支出以及年末农户粮食结存，指标数据均来自历年《中国农村住户调查年鉴》（鉴于统计年鉴的变更，数据只能获取 1985—2010 年期间），均指千克/人，其中极少部分年限的数据通过"年初农户粮食结存＋当年粮食收入＝当年粮食支出＋年末农户粮食结存"以及函数估计得到。粮食价格指数来自历年《中国统计年鉴》，这里以粮食零售价格指数反映粮食价格，

并用商品零售价格指数剔除物价变动的影响。

表6.1　基本数据

年份	年初粮食结存（千克）	当年粮食收入（千克）	当年粮食支出（千克）	年末粮食结存（千克）	粮食价格指数（1978＝100）
1985	238.7	531.4	506.0	264.2	96.5
1990	363.8	640.1	574.9	428.9	91.0
1991	357.3	616.9	568.3	405.9	96.1
1998	333.9	746.9	607.4	473.5	168.4
1999	473.5	750.9	619.4	605.0	167.3
2000	605.0	576.2	688.2	493.0	153.0
2001	493.0	678.8	669.8	502.0	156.6
2002	502.0	706.0	680.0	528.0	156.4
2003	528.0	639.7	661.7	506.0	160.0
2004	506.0	686.8	646.8	546.0	196.9
2005	546.0	726.5	737.5	535.0	198.1
2006	535.0	742.5	752.0	525.5	201.0
2007	525.5	724.7	734.1	516.1	206.0
2008	516.1	779.0	794.9	500.2	208.2
2009	500.2	831.8	829.9	502.1	227.7
2010	502.1	856.0	680.0	678.0	236.5

资料来源：历年《中国农村住户调查年鉴》。

　　综观近年来农户存粮情况，1998—2003年，农户存粮总量持续增加；2004年农户存粮数量首次出现下降；2005年出现恢复性反弹，户均存粮数量达到近550千克。2006年小幅下降，2007年继续了2006年的小幅下降趋势，但户均存粮数量仍保持在550千克左右。调查户通过市场（包括其他渠道和大型企业）出售的粮食总量已占84.9%，较2002年增长了26.1%。2006年至2007年间，全国平均农户户均出售粮食数量增加，存粮略有减少；由于售粮数量增加和价格提高，农民售粮收入有较大幅度的提高；大型龙头企业和饲料加工企业收购份额增加，在粮食市场中作用日益增强。

近年来，我国粮食生产连年丰收，农户家庭储存的粮食每年约 2500 亿千克，约占当年全国粮食总产量的 50%。根据国家粮食局调查，2007 年、2008 年、2009 年全国农户年末储粮数量分别为 2457.5 亿千克、2538 亿千克、2678.5 亿千克。以 2009 年为例，当年粮食总产量 5308 亿千克，年末农户储粮库存 2678.5 亿千克，约占当年粮食总产量的 50.5%。据国家统计局统计，目前全国共有乡村户数约 2.5 亿户，其中种粮和存粮农户约占 85%，即 2.1 亿户。13 个主产区共有 1.57 亿农户，占全国农户的 63%；2009 年年末农户储粮 1945 亿千克，约占全国同期农户储粮总量的 73%，粮农户均储粮约 1380 千克；其中东北地区等粮食主产区粮农户均存粮数量更大，如黑龙江、吉林等省户均存粮接近 5000 千克。2010 年，我国粮食总产量高于预期，全年粮食总产量达到 54641 万吨，比上年增加 1559 万吨，增长 2.9%，粮食增产幅度高于"十一五"时期的年平均水平。13 个粮食主产区粮食产量为 41185 万吨，占全国粮食总产量的 75.4%；增产 1475 万吨，占全国增产总量的 94.6%。特别是东北及内蒙古增产的粮食最多，对全国粮食增产的贡献率达到 89.4%。

我国是一个储粮大国，粮食年产量和常年储存量均居世界首位，各级政府的粮食储备有较为完善的仓储设施和技术保障，在保证国家粮食安全方面发挥着重要作用。与此同时，我国还有二分之一以上的粮食储存在农户手中，这些粮食的储藏安全也是国家粮食安全的重要组成部分。目前我国农户数量多、规模小，自产自销比例高，大量的粮食分散储存在各地农村。部分地区的温度较高、湿度较大，农村储藏条件较差、技术水平落后、农户储粮方式简陋、农村储粮服务体系不健全、面向农户储粮知识的普及与宣传不够，使得储存在农村的这部分粮食易发霉、生虫和被鼠啮，损失约 6%，个别地区仅害虫所造成的重量损失就达 10% 左右。这不仅影响农民的收入，而且直接威胁到我国粮食储备安全。因此，搞好农户粮食的安全储藏，重视农户的粮食储藏，改善储藏条件，提高农户储粮技术水平，减少储粮损失，就相当于开发了"无形粮田"，增加了粮食产量，提高农民收入，既是利国利民的好事，又是保证国家粮食安全的大事。

（二）农户粮食储备对粮食市场供求的影响

根据对新古典储备理论、结构主义储备理论的梳理以及历年研究文献，粮食储备不仅具有应急和战略储备的功能，还是国际调控粮食市场的重要物质手段，国家要想保护农民的种粮积极性，除了对农民进行补贴之外，还要对市场价格进行调控。而调控的重要手段就是通过粮食库存改变市场的供求状况来达到预期调节的目的。可以得出：粮食储备的变动必然会通过供求市场的均衡来影响粮食市场价格，即"粮食储备—粮食供求—粮食价格"。同样，在分析农户粮食储备对粮食市场的影响，也是通过"农户粮食储备—市场供求—粮食价格"传导机制进行。

在农户储粮对粮食市场的供求影响方面，农户储粮数量的连年增加在一定程度上缓解了我国粮食总供给的压力。目前我国形成粮食供给的来源主要由三部分组成——粮食的生产量、粮食的净进口量、年际储备粮数量的变动。中国粮食储备是由后备储备、周转储备、农户储备构成的社会储备体系，后备储备和周转储备属于国家库存部分。农户粮食储备的上升，无疑会缓解中国粮食总供给的压力，在一定程度上减轻了粮食供给风险。

农户储备粮食对粮食市场的潜在的巨大作用，如果利用得当，可以起到很大的平抑市场波动的作用。否则，控制不当的话，也会对市场起到巨大的冲击作用，会加剧粮食市场的不稳定和波动。农户年底的储备粮食中，大部分是为了当年度之内的各种消费，包括口粮饲料、种子、国家定购任务、市场出售等，余下的部分是结转储备。农户结转储备的部分价格弹性很小。这是因为，农户结转储备的最主要目的是粮食安全。同粮食安全相比，多出售一点粮食的收入对绝大多数农民来说的意义要小得多。

长期以来，中国农户自身粮食需求，主要依靠自身储备而不是依赖市场来获得，这种传统实际在相当程度上减轻了粮食供给风险。近年来，在国家粮食库存缩水的同时，年末农户人均粮食储备粮保持在500千克左右，对于缓解中国粮食总供给的压力具有重要作用。但是，目前全国粮食的统一市场还未形成，缺粮区和余粮区之间还未形成正常的贸易关系，一旦粮食供应偏紧或者消费者形成粮食紧张预期的话，主销区更可能会出现市场价格剧烈波动、市场粮食供应紧张的局面，主销区粮食安全要承受更大的压力。

（三）　农户粮食储备对市场粮价的影响

理论上，粮食供求状况的变化是影响粮食市场价格波动的基本面。在市场经济条件下，粮食价格波动是市场供求矛盾运动的结果，是由粮食供求总量失衡、结构失衡等原因所引起的。通常而言，粮食价格的波动主要取决于粮食供给量的变化，会随着粮食供给量的增减而出现反向变动。本书在研究农户粮食储备对粮价的影响时，主要通过粮食供求来进一步分析，如粮食库存对粮价的影响。粮食库存是存量指标，年度结转库存不同方向变动构成流量意义上新增供给或需求：特定年份结转库存增加等于该年度库存需求增长。结转库存减少表示实际供给上升。因而即便供给需求增量大体平衡，即便长期供求关系不存在特别问题，如果特定时期粮食库存低于某种意义上的均衡水平因而补充库存对粮食需求增长很快，粮食价格仍会面临较大上涨压力。

农户粮食储备的"市场供求—粮食价格"：如果农民认为未来市场的粮食供给充足，他将减少生产来降低储备或是通过增加向市场售粮来降低储备。如果市场粮价高于生产成本并能获得预期的利润，他将增加向市场的售粮数量；如果市场粮价接近或低于粮食生产成本，他一般不会向市场售粮，而是减少生产。同时，对未来粮食价格的预期也是与对未来市场供给紧密联系在一起的，供给增加，粮食价格自然就会下降，供给减少，粮食价格就会上升。

从图6.1可分析得出，我国农户人均粮食支出与粮食市场价格两者之间呈正相关关系，即当粮食市场价格较高时，农户会增加对粮食的支出，年末粮食储备则会相应的减少，但是农户粮食储备变动数量的变化趋势如何呢？为进一步判断农户粮食储备变动数量（CS）对粮食市场价格（P）的影响，本书对农户粮食储备变动及粮食市场价格两个变量进行 Grange 因果关系检验。检验结果显示（见表 6.2），两者之间不存在 Grange 因果关系。为了进一步验证该结论，本书对两变量进行了简单的回归，回归方程 P 值为 0.8334，因此接受原假设，认为两变量之间确实不存在线性相关关系。

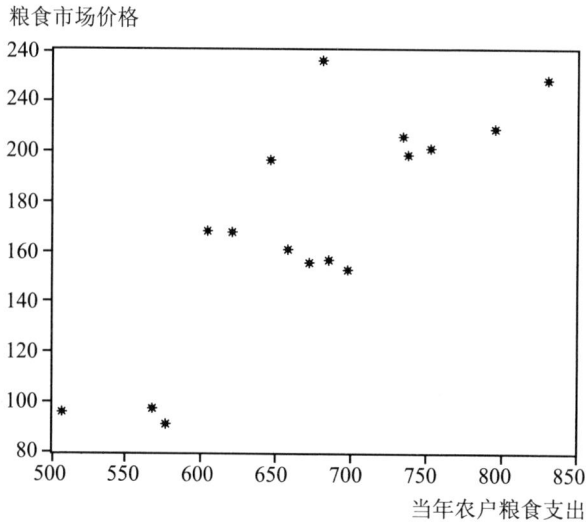

图 6.1　我国农户人均粮食支出与粮食市场价格的变化

表 6.2　Grange 因果关系检验

原假设	F 统计量	自由度	P 值
P 不能 Grange 引起 CS	0.2449	2	0.7878
CS 不能 Grange 引起 P	0.3552	2	0.7104

粮食价格并不是影响农户粮食储备行为的原因，即农户储备变动的最主要的目的并不是粮食价格，而是粮食安全。同粮食安全相比，多出售一点粮食的收入对绝大多数农民来说的意义要小得多。图 6.2 进一步论证了该结论。

20 世纪 80 年代粮价先降后升形成第一个波动周期。90 年代前中期经历第二个波动周期。粮价在 1995 年达到高峰后进入第三个波动周期，随后7—8年持续下跌,直至2003年年底才开始反弹。粮价在2005年前后波动调整,过去一年多又显著上涨。2007年9月3种谷物平均价格为1.8元/千克,接近1995年7—8月达到的1.92元/千克最高值,之后均是稳步上升。与此同时,我国人均农户粮食储备变动量逐渐减小,即储备量越来越趋于平稳,这与我国近几年年末农户人均粮食储备粮保持在500千克左右现象一致。即使粮食价格有逐渐升高的趋势,但是农户人均粮食收入与支出依然呈现平稳趋势,说明粮食价格的变动对农户粮食储备的行为影响极小,市场粮食价格不是农户决定储粮行为的主要因素。

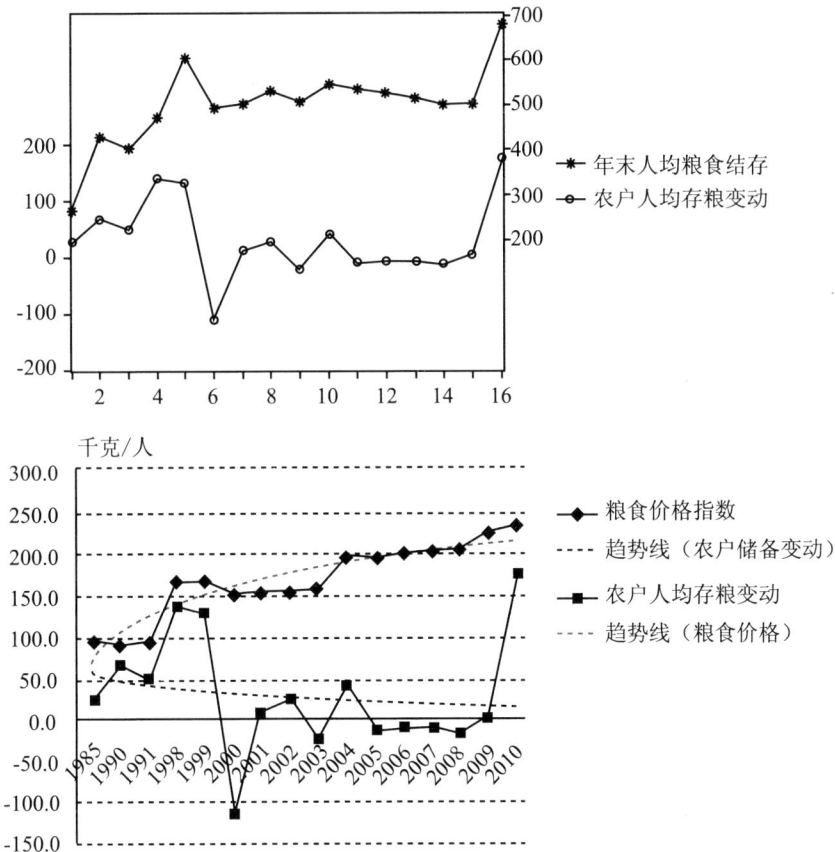

图6.2　我国农户人均存粮变动数量与粮食市场价格的变化

虽然粮食价格对农户粮食储备的行为影响微乎其微，但是反过来看，农户粮食储备的行为对粮食价格的作用却是潜力很大。由于我国粮食供给者的结构特点以及市场特点，粮食市场价格具有较大的灵敏性，即使是一个相对与总储备粮并不大的供给数量的变化也会引起市场价格很大的变化。另外，我国农民"价涨时惜售，价跌时争相销售"会进一步加剧粮食市场波动，配合其模仿性和趋同性的市场供给行为，常常会对价格产生极大的影响。尽管我国连续实现粮食丰收，但是农户粮食储备近几年始终保持在人均 500 千克左右，国内粮食供求也始终处于紧张平衡状态。农户粮食储备的下降，将可能导致国内粮食出现短缺，粮价也将面临严重上涨压力。

二、我国农户粮食储备行为实证研究

按照市场供求理论，粮食总供给波动可以通过粮食储备进行缓冲和调控。农户粮食储备是我国粮食储备体系的重要组成部分，也是构成粮食供给的一个重要因素，同样也能起到储备所具有的稳定作用，从而分析农户粮食储备行为对于我国粮食市场的安全意义重大。历年文献主要是从定性的角度对我国农户粮食储备过去和现在的延续状况及最新信息资料来分析其储备行为，没能很好地运用农户粮食储备相关的客观数据。本节借鉴其定性分析，在此基础上依据问卷调查整理得到的统计数据建立数学模型，并采用通过检验的数学模型来客观分析农户粮食储备的行为特征。

本处分析所用的数据来自 2010—2011 年间对我国主要产粮大省进行的农户粮食储备的调查问卷，总计调查 500 户农户，其中有效问卷 452 份，无效问卷 48 份。问卷内容主要涉及调查农户所在地及人口数、我国农户粮食产量及储备量、储备种类、储粮原因、粮食储备变化方向及影响因素、粮食储备政策影响、农户对粮食储备政策建议等方面。本部分研究将对收集的数据处理后进行统计分析以及计量经济学建模包括脉冲响应函数分析及方差分解，以得出我国农户粮食储备行为的相关结论。

（一）我国农户粮食储备行为的特征分析

农户粮食储备指在粮食年度末即新粮未收获前（4—5 月）农户手中实际拥有的，包括口粮、种子、饲料用粮和可售余粮等在内的各种原粮的总和。对于大部分主产区农户来说，4—5 月份刚好是上一粮食年度末，但新粮尚未开始大规模收获时节，这一期间农户手中余粮的多少，更能恰当反映农户粮食的消费习惯以及农户储备的动机、对粮食安全关注程度、对风险的偏好程度。

1. 农户粮食储备行为分析

调查数据显示，有 396 户农民在过去六年内有储粮行为，占被调查农户的 87.6%，另外 56 户农民则表示没有粮食存储，日常所需粮食皆从市场购入。在存储粮食的 396 户农民中，储备的粮食能够保证口粮需求且有富余的有 250 户，占总数的 63.2%；储备的粮食能够刚好保证基本口粮需求的有 94 户，占总数的 23.7%；储备的粮食不能保证口粮需求且需要从市场上购入粮食的有 52 户，占总数的 13.1%（见表 6.3）。因此，农户储备粮食的行为具有普遍性，绝大多数农户都有储粮行为，且大部分能满足生活需求。

表6.3　不同粮食储备数量的农户户数分布

储备粮食数量	保证口粮需求且有富余	保证基本口粮需求	不能保证口粮需求	合计
户数（户）	250	94	52	396
比重（%）	63.2	23.7	13.1	100

2. 农户粮食储备数量变化分析

对过去六年有储粮行为的农民进行的进一步调查显示，396 户农民中，有 92 户农民的粮食储备数量越来越多，占总数的 23.3%；有 221 户农民的粮食储备数量基本保持不变，占总数的 55.8%；有 83 户农民的粮食储备数量越来越少，占总数的 20.9%（见表 6.4）。调查数据表明，近年来，我国农民的粮食储备数量基本保持稳定状态。

表6.4　不同粮食储备数量的农户户数分布

储备粮食数量变化	越来越多	基本不变	越来越少	合计
户数（户）	92	221	83	396
比重（%）	23.3	55.8	20.9	100

图6.3反映的是农户粮食储备总量的变化。核密度曲线显示，近几年我国农户粮食储备量几乎没有波动，表现在图形中四条曲线比较吻合，农户储粮行为表现为持续一致的特征。从偏移度分析，2007年较2005年向右弱微移动，说明2007年农户粮食储备量增加了；2010年与2009年的核密度曲线比较几乎没有发生偏移，说明农户储备粮保持不变。从峰度分析，2005年曲线较2007年更陡峭，2010年较2009年平缓，我国农户粮食储备量的分布先集中后分散，之后再集中再分散，但大致分布在500—1000千克之间。

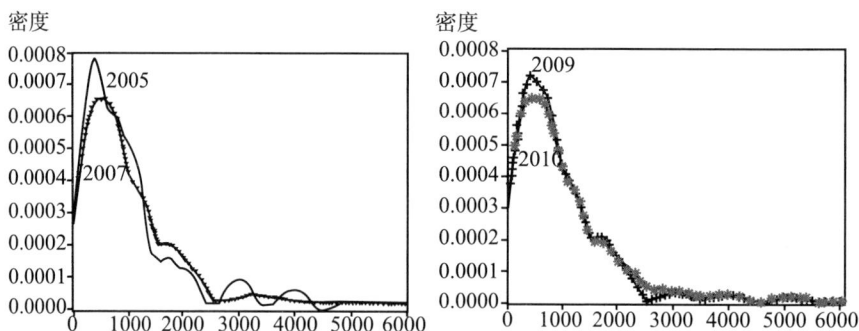

图6.3　历年农户粮食储备量分布

3. 农户粮食储备动机分析

农户粮食储备动机主要包括了满足家庭成员基本口粮需求，防范自然灾害、确保粮食安全需求，满足生产性消费需求，满足销售支出需求以及其他需求等。

第一，满足家庭成员基本口粮需求。指农户维持自身（全体家庭成员）基本生活消费，即口粮需要。中国农民主要依赖自身储备，而不是依赖市场来获得口粮供给。农户口粮需要是必不可少的基本生存需要，其需求量与农户的家庭规模及结构有密切关系。从调查的农户情况来看，有81.4%的农户认为储备粮食主要是为了满足家庭成员的口粮需求，可知口粮安全是农户储粮行为的最主要动机（见表6.5）。

表6.5　农民储备粮食的动机分析

储备粮食数量	满足家庭成员的口粮需求	出于自然灾害的考虑	为了出售储备粮获得周转资金	其他需求	合计
户数（户）	322	30	34	9	396
比重（%）	81.4	7.6	8.7	2.3	100

第二，防范自然灾害、确保粮食安全需求。粮食对于农户来说是不可替代的非常重要的特殊商品，其生产受经济政策和自然条件的影响较大，具有明显的季节性和生产的不稳定性。我国是一个粮食生产大国，但也是一个自然灾害频发的国家。当出现自然灾害极可能导致粮食大幅减产，对农户的粮食安全构成威胁，这使得农户需要维持一定粮食储备水平以保证家庭粮食安全。在本次调查的农户中，7.6%的农户储备粮食是出于自然灾害的考虑（见表6.5），尤其对于户主年龄超过60岁的农户来说，其在确保家庭粮食安全方面关注更大，这些农户由于青年时代有过挨饿的经历，目前在粮食充裕的情况下更有防患于未然的意识。

第三，满足生产性消费需求。出于路径依赖和生活的需要，农户很少会从农业生产行业完全转出劳动力来从事其他行业，因此，种子用粮也是粮食储备中必备的部分；同时，中国农户有兼业经营的传统，非专业种植户的农户在从事粮食生产的同时，也会从事畜禽的养殖，这些农户饲养家禽牲畜的饲料一般是靠自己储备。农户生产性储备粮的需要量和家庭劳动力就业状况有一些关系。在调查的农户中，仅有一小部分农户存有饲料用粮，而其余大多数农户则通过向粮食市场购买来满足该部分需求。

第四，满足销售支出需求。对于以销售粮食为家庭主要收入来源的农户来说，其对粮食价格关注程度较高，当市场粮食价格波动较大，或者粮食价格普遍上涨的时候，农户选择先将粮食储存起来。普遍"惜售"心理也是农户存粮的一个原因。本次对农户储备粮食的动机调查中，8.7%的农户储粮是为了出售储备粮获得周转资金以应付变现的需要，此外，剩下2.3%的农户储粮则是满足其他需求，如满足农户与农户之间粮食借贷、"物物"交换以及社交等需求（见表6.5）。

可见，农户粮食储备的基本动机是出于农户本身粮食安全的考虑。中国农民收入普遍偏低的特点，农村社会保障制度的不健全，以及农业生产中不稳定的自然气候条件的共同作用，使农户对自己采取储备粮食这一手段来保证自身的粮食安全给予了高度的重视。尽管农户粮食储备具有占用资金少、缓解国家粮食库存容量不足等作用，但是农户真正为增加粮食市场供给而进行储备的粮食所占比例很少，绝大部分农户粮食储备用于满足家庭一年左右粮食消费需求，多余粮食在一个粮食年度内售出，因此，为了鼓励农户存粮，充分利用民间"粮仓"，政府部门还应当制定配套优惠鼓励措施。

（二）我国农户粮食储备行为的影响因素分析

农户的粮食储备行为会因循一定模式，但这一模式也并非一成不变，尤其在外部经济环境发生变化后农户会作出适当反应。根据已有的研究成果，[①] 理论上影响农户粮食储备行为的因素有很多，但实际研究中主要探讨的影响因素主要有以下四方面：

1. 农户粮食产量

粮食产量是农户粮食储备行为的前提和基础，一般认为粮食产量越高，农户粮食销售和储备量都会相应增加，但是，有研究表明这种相关关系是非线性的，即随着产量的增加，储备增加的比例可能会下降。粮食产量对农户储备究竟有无影响，影响程度如何都需要进一步的实证分析来

---

① 柯炳生：《中国农户粮食储备及其对市场的影响》，《中国农村观察》1996年第6期。

探究。

2. 粮食市场价格

包括现时市场粮食价格及对未来市场价格的预期，价格可能是对农民粮食储备行为最直接也是最重要的影响因素。但是，农户对市场供求信号的反应也具有盲目性，比如在粮食供给趋紧、粮食价格上升时，农户也可能增加存粮，惜粮惜售；而当粮食供给充足、粮食价格较低时，农户可能增加粮食的抛售，以免粮价进一步下跌带来损失，即可能存在卖跌不卖涨的价格投机情况，从而加剧粮食市场动荡。

3. 农户收入水平

收入对农民储备粮食行为可能有着不同方面的影响。一方面，一些农户尤其是部分低收入农户，在收入增长时其家庭粮食储备规模会相应增加，因为他不必在家庭开支的压迫下而出售粮食；而另一方面，对于另外一些高收入农户来说，收入提高后会降低其粮食储备，因为其从市场上购买粮食的能力和信心会得到加强。因此，收入的变化对农户粮食储备的影响究竟朝哪个方向变动还有待于进一步的实证研究。

4. 气候和耕作制度

自然气候条件影响着农作物的产量，进而可能对农户的粮食储备情况产生影响。南方每年收获两季，收获季节之间间隔短，农户保证粮食安全需要的储备数量要少于北方；南方比北方气候潮湿，稻谷的保存期也远短于北方。

在本书的研究中，调查问卷里设计了三个问题来分析影响农户储粮行为的主要因素，包括产量变化、粮食市场价格、收入水平、口粮需求变化、气候耕作制度、其他因素如粮仓容量等。本部分选用脉冲响应函数考察 2005—2010 年我国农户粮食储备量和各因素之间的动态影响，通过方差分解进一步分析各因素在解释粮食储备量变动时的相对重要性。

各变量在 5% 的显著性水平下存在协整关系，表明所选的变量与粮食储备量的变动之间具有长期的均衡关系。本书建立七个变量的 VAR（3）模型以后系统整体检验结果较好。对 VAR 模型进行稳定性检验，模型所有根的模都小于1，都落在单位圆内，因此该 VAR 模型是平稳的。用 White 异方差检验法对模型残差检验，Chi – sq 为 6012.553，Prob 为 0.0000，显示无残差相关性。可以对该模型进行脉冲响应函数和方差分解分析。

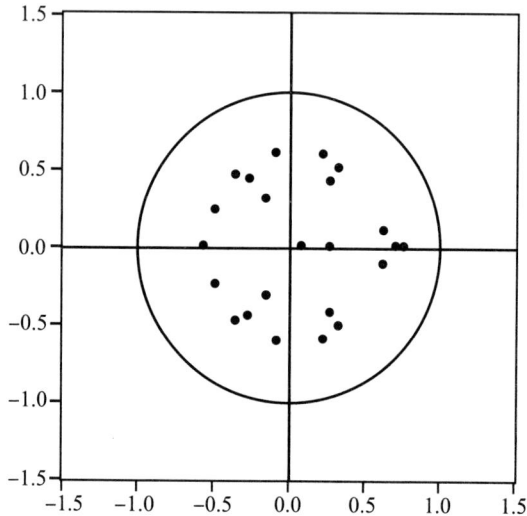

图6.4　残差检验结果

脉冲响应图纵坐标为单位冲击引起的波动（以百分比表示），横坐标表示波动持续时间，即一个单位的冲击引起的波动经历一个周期要多少时间；实线表示响应函数曲线，两条虚线代表正负两倍标准差的置信带。本书采用广义脉冲方法得到各脉冲响应函数图。

图6.5 中，给予粮食储备量一个标准差的冲击后，其脉冲曲线在前三期快速下降，之后小幅波动，在第六期以后基本保持接近零的位置。表明粮食储备量因某种条件影响而增加，经过一段不太长时间刺激效应便开始逐渐减弱直至消失。说明粮食储备量本身是平稳的，即农户的粮食储量是相对稳定的。

图6.6 中，农户粮食储备变动量对四个变量，即产量变化、粮食市场价格、收入水平、口粮需求变化的一个标准差信息冲击的初始反应为零。对产量变化的一个标准差冲击的反应值在第一期达到最大为 5.6%，之后

响应逐渐趋于零；对粮食市场价格的一个标准差冲击在第三期的响应值为
8.9%。粮食储备变动量对产量变化冲击的反应快于市场价格冲击的反应。
农户粮食储备变动量对收入水平、口粮需求变化的一个标准差信息冲击呈
现相反的反应，表现在前四期。当给收入水平一个正冲击后，储备变动量
在前四期会减少且上下波动，这表明收入水平的某一冲击也会给粮食储备
带来反向的冲击，在四期后影响消失。当给口粮需求一个正的冲击后，粮
食储备对该冲击有正向的反应，在第三期响应值达到最大为 5.0%，累计
反应为 13.2%，表明受某一因素影响农户口粮需求增加时，也会拉动农户
粮食储备的增加。

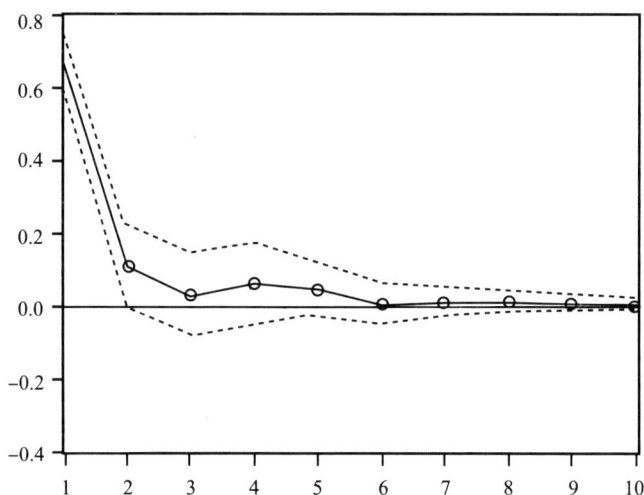

图6.5 农户粮食储备量对自身冲击的反应

横向比较各最大响应值可知，给各变量一个标准差冲击后，农户粮食
储备变动量对粮食市场价格的反应最大为 8.9%；横向比较累计响应值，
农户粮食储备变动量对粮食产量变化的累计响应值最大为 21.1%。也说明
在当期的储备变动量决定因素中，产量变化、市场价格的影响虽然相对大
一些，但仍不足以主导农户对粮食的储备量变动。

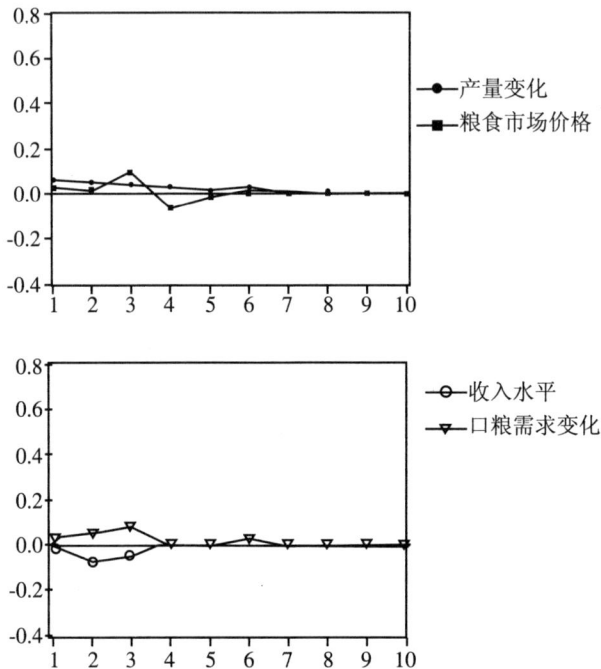

图6.6　农户粮食储备量对各因素冲击的反应

脉冲响应函数描述的是 VAR 模型中的一个内生变量的冲击给其他内生变量所带来的影响，而方差分解是通过分析每一个结构冲击对内生变量变化（通常用方差来衡量）的贡献率，进一步评价不同结构冲击的重要性。因此，方差分解给出对 VAR 模型中的变量产生影响的每个随机扰动的相对重要性的信息。

本部分利用方差分解分析各个因素对农户粮食储备量变动的贡献程度。分析显示，农户粮食储备量变动的形成绝大部分来自于自身的贡献，自身各期贡献率在87%—100%之间波动，说明前期的粮食储备量对后期的储备变动有决定性的影响。从图6.7中可以看出，不考虑粮食储备变动量对自身的贡献率，其他因素（包括耕地变化、粮仓容量等）在第十期对粮食储备量的变动的贡献率达到最大，为4.33%，粮食市场价格也是在第十期对粮食储备量的变动的贡献率达到最大，为2.35%，但比例仍较小，也进一步说明了农户储粮行为存在持续一致的特征，产量变化、粮食市场价格、收入水平、口粮需求变化、气候耕作制度、粮仓容量等各因素对农户储粮行为的影响程度不强，作用不明显。

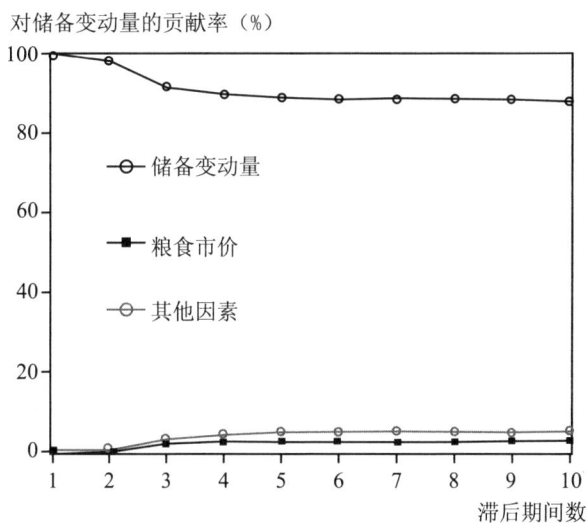

图6.7 方差贡献率

第七章　我国粮食储备规模测算

一、不同调控目标下粮食储备规模的测算

建立和维持适度的储备粮规模是实现粮食安全的重要物质保障，粮食储备水平是衡量和评价粮食安全的一个重要指标。近年来我国粮食库存充裕，储备—利用比率（Stocks－to－utilization Ratio）远高于国际公认的17%—18%的安全警戒线，在一定程度上增加了我国对粮食的宏观调控能力。但是适度的粮食储备规模不是越大越好，规模过大需要付出高昂的储备成本，规模过小又可能导致粮食不安全。因此，该如何确定既能保障粮食安全，又能降低储备成本、提高调控效率的储备规模，是一个值得深入研究和探讨的问题。本部分将从宏观的角度来评估测算不同调控政策目标下粮食储备的最优规模，在此基础上进一步对不同储备调控目标下的调控效果进行比较，并确定我国粮食储备调控思路。

（一）不同调控目标下的粮食储备调控思路阐述

通过本书第五章的研究，对两种调控政策目标及其调控思路有了清晰的认识，本章将基于前文提出的调控原理来测算不同调控政策目标下的粮食储备规模。下面将分别对两种调控目标下的储备调控思路进行阐述：

粮食安全目标下的储备调控思路（以下简称为"产量调控思路"）：是指以粮食产量波动为调控依据，即关注粮食实际产量与正常产量间的缺

口，当实际产量偏离正常产量幅度过大，则政府动用储备粮保障基本的粮食供给，以实现保障粮食安全的目标。在本章的测算中，粮食实际产量通过查阅历年《中国统计年鉴》而得；正常产量是指在正常生产条件下能够提供的供给量，本书用趋势产量表示；实际产量与正常产量间的缺口用产量波动指数表示。

稳定价格目标下的储备调控思路（以下简称为"价格调控思路"）：是指以价格波动为调控依据，即关注粮食实际价格与正常价格之间的偏离幅度，当偏离幅度超出预计值，政府则动用储备粮以保障粮食供需平衡，以实现稳定价格的目标。其中粮食实际价格通过查阅历年《中国统计年鉴》而得；正常价格是指剔除通货膨胀因素的影响，随着经济的增长正常上涨的价格，本书用趋势价格表示；实际价格与正常价格间的偏离幅度用价格波动指数表示。

（二）研究方法

目前关于粮食储备规模的测算方法可以归纳为三类。一类是基于联合国粮农组织的经验估计进行大致测算，由于各国实际情况存在差异，测算结果较为粗糙；一类是基于随机模拟法[1]、多目标规划方法[2]及动态规划法[3]构建储备调控政策模型进行测算，从理论上讲，随机模拟与优化方法是较为理想的选择，但由于所需数据无法获取，也仅能停留于理论指导层

---

[1]　Bigman D., *Food Policies and Food Security under Instability*：*Modeling and Analysis*, Lexington Books, 1985.

[2]　Love H. A., Buccola S. T., "Optimization Analysis of Public – Food Stocks", in Berch, P. Bigman. D. (Eds.), *Food Security and Food Inventories in Developing Countries*, CAB International, 1993. Eaton D. J., *A System Analysis of Grain Reserve*, US, Department of Agriculture, 1980. 徐世勋、李为华：《稻米安全存量与替代政策之分析》，《农业与经济（中国台湾）》1996 年第 17 期。

[3]　Athanasiou G., Karafyllis I., Kotsios S., "Price Stabilization Using Buffer Stocks", *Journal of Economic Dynamics & Control*, No. 32, 2008.

面；最后一类是目前运用比较广泛的方法，即基于产量波动指数[①]进行测算，本书将沿用此方法对不同调控政策目标下的储备规模进行测算。

1. 波动指数的测算方法：剩余法

粮食的产量和价格波动幅度分别从粮食供给与供求关系的角度反映着一国的粮食安全水平，因此在确定专项粮食储备规模时，应根据不同调控思路分别考虑粮食产量与价格的波动状况。现有直接法、剩余法及普查法等几种测算波动的方法，本书所使用的是剩余法，是指从经济波动中剥离出长期趋势和季节波动因素，继续将剩余因素中的随机波动因素分离出去，最终留下的余额就是所求的波动值。由于在分离长期趋势时采用不同的方法，又可将剩余法分为两种：一种是移动平均值法，一般用于处理这样的时间序列数据，其长期趋势变动大，呈现出复杂与不规则的特点；一种是运用计量经济学方法拟合原序列的长期趋势曲线，适用于简单的、长期趋势相对明显的时间序列数据。严格来说，要计算出各时点上的波动值，需要在剔除长期趋势因素的基础上，进一步估计并剔除随机波动因素。但要估计出随机波动数值往往很困难，因此在实际操作中，一般仅剔除长期趋势的影响。已有众多学者如钟甫宁、朱泽、马九杰等采用该方法对粮食生产波动值进行测算，并取得了较好的效果。[②] 因此本书将采用年度波动值与波动指数来衡量粮食产量（价格）的波动状况，并采用剩余法测算波动指数。

故粮食产量波动指数的公式为：

$$D_t = Y_t - \hat{Y}_t \tag{7.1}$$

$$V_t = （Y_t - \hat{Y}_t）/\hat{Y}_t \times 100\% \tag{7.2}$$

---

① 马九杰、张传宗：《中国粮食储备规模模拟优化与政策分析》，《管理世界》2002 年第 9 期。刘颖：《关于我国专项粮食储备规模的定量研究》，《华中农业大学学报（社会科学版）》2002 年第 3 期。朱晶、钟甫宁：《市场整合、储备规模与粮食安全》，《南京农业大学学报（社会科学版）》2004 年第 3 期。范建刚：《对消费量测算前提下的粮食储备规模分析》，《软科学》2007 年第 1 期。吴娟：《基于粮食安全的我国粮食储备体系优化研究》，华中农业大学，博士论文，2012 年。

② 钟甫宁：《稳定的政策和统一的市场对我国粮食安全的影响》，《中国农村经济》1995 年第 7 期。朱泽：《中国粮食安全问题：实证研究与政策选择》，湖北科学技术出版社 1998 年版。马九杰、张传宗：《中国粮食储备规模模拟优化与政策分析》，《管理世界》2002 年第 9 期。

式（7.1）、式（7.2）中，D_t 表示当年实际产量与趋势产量的差，即年度生产波动差额；Y_t 表示第 t 年的实际产量，$\hat{Y}_t$ 表示第 t 年的趋势产量；V_t 表示年度波动差额与趋势产量的比值，即波动指数，波动指数若为正值，则表明当年实际粮食产量高于趋势产量，相反则表明低于趋势产量。对粮食趋势产量的估计，可以通过构建粮食生产函数，考虑价格、生产技术、国家政策、自然条件等多方面的因素，但是本书仅考虑时间的趋势，采用简单线性回归得到相应各年的预期产量。第 t 年的趋势产量可以表示为：$\hat{Y}_t = a + bt + \mu$，其中，a、b 为待估系数。

对粮食价格波动指数的计算，本书借鉴了产量波动指数的计算方法，即以粮食的时间趋势价格为基准，用当年价格与时间趋势价格的差来反映波动程度。因此粮食价格波动指数的公式为：

$$PI_t = （P_t - \hat{P}_t） / \hat{P}_t \times 100\% \tag{7.3}$$

$$\Delta P_t = P_t - \hat{P}_t \tag{7.4}$$

式（7.3）、式（7.4）中，P_t 表示第 t 年的实际价格，$\hat{P}_t$ 表示第 t 年的趋势价格；ΔPI_t 表示第 t 年实际价格与趋势价格的差，即年度价格波动差额；PI_t 表示价格波动指数，即年度价格波动差额与趋势价格的比值，波动指数为正值，表示价格上涨趋势，相反表示价格下降趋势。由于商品的价格会随着经济的增长有一个自然上涨的过程（这里的上涨是指剔除了通货膨胀因素的影响），因此可以采用与估计趋势产量相同的方法，即仅考虑时间趋势因素，运用简单回归估计其时间趋势价格，表达式为：

$$\hat{P}_t = a + bt + \mu$$

2. 基于差额模型的粮食储备规模测算方法

（1）粮食储备调节方式：差额模型

粮食储备调控是指当监测对象粮食产量（价格）的波动幅度超过预先设定的界限时就动用一定数量的专项储备粮进行调节。具体地围绕如何抚平产量与价格波动，可以采用全额、差额及比例等多种模型进行调控。[①]

---

① 马九杰、张传宗：《中国粮食储备规模模拟优化与政策分析》，《管理世界》2002 年第 9 期。

本书选择其中的差额模型。差额模型是在全额模型的思路上经过调整而得来的，全额模型是这样的一种调节方式：即以预先设定的可承受的波动幅度为界限，若某一年度的产量（价格）波动超过了此界限，就动用专项储备予以完全熨平，直至粮食产量（价格）回落到趋势产量（价格）的水平上；若当年产量或价格波动没有超过设定的界限，就放任市场或者其他方式进行调节，而不调动专项储备。全额模型在处理安全界限（两侧）附近的波动情形时采用突变式处理方法，存在极端与不公平性，即：对于刚刚超过安全界限的波动情形动用大量储备进行调控，直至完全回归；而对于非常靠近安全界限边缘的波动情形则任由市场调节。经过调整的差额模型则克服了这一缺陷，在差额模型下，对于产量（价格）波动幅度超过设定界限部分，仅将其调整至可承受的波动幅度的边界上，也就是只对超出设定界限部分的差额进行调节。这种处理方式更为平滑缓和，在逻辑上也更为合理，这也是本书选择差额模型的原因。其调节过程见图7.1。

在图7.1中，实线分别表示预先设定的可承受的产量（价格）波动的上下安全界限，虚线表示趋势产量（价格），设定的安全界限表示的是不同的安全水平或程度（如2%，5%等）。若某一年度的产量（价格）幅度高于设定的安全界限，位于A或E点的位置，则需要动用储备粮予以调节，使得A点或E点回落到安全界限水平上（但不是趋势产量水平）；若某一年度产量（价格）波动位于界限以内（如B、C、D点），则由市场本身或其他方式予以消化。

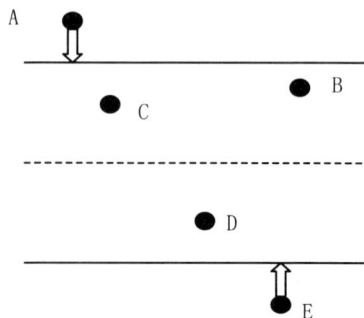

图7.1　基于差额模型的粮食储备调节方式图

（2）粮食储备规模测算方法

前文介绍的关于测算粮食产量（价格）波动的方法与差额模型下的粮食储备调节方式是测算国家专项粮食储备规模的基础。首先，基于剩余法可以计算出我国历年粮食产量（价格）波动指数。其次，设定可承受的产量（价格）波动幅度，波动指数的大小反映了粮食的安全水平，也反映了粮食风险程度，以2%的波动幅度为例，则意味着出现粮食不安全的概率是2%（也就是粮食安全系数为98%）。第三，在差额模型下，结合波动指数和设定的可承受波动幅度计算出各年为了平抑产量或稳定价格所需要的吞吐量。最后，将各年吞吐量进行累计，取其最大正值即为最大累计吞入量（又称"过剩粮食吞入准备"），是为了吸纳市场过剩粮食而应有仓容能力；取其绝对值最大的负值即为最大累计吐出量（又称"应持有储备"），是为了保障粮食供给能力而应储备的量，也就是常年后备储备规模；历年最大累计吞入量与历年最大累计吐出量之和即为"极端储备能力"，是考虑到一种极端情况：即政府为了应对连年减产进行了最大可能吐出的粮食储备，恰逢又遇到连年丰收，需要连续吞入过剩的粮食供给。具体的计算公式如下：

产量调控思路下粮食储备规模计算公式：

$$R_t = \begin{cases} (V_t - \alpha_q)\ \hat{Y}_t & 0 \leqslant \alpha_q < V_t \\ 0 & \beta_q \leqslant V_t \leqslant \alpha_q \\ (V_t - \beta_q)\ \hat{Y}_t & V_t < \beta_q \leqslant 0 \end{cases} \tag{7.5}$$

$$S_t = \mathrm{Max}\left(\sum_{t=1}^{1} R_t, \sum_{t=1}^{2} R_t, \cdots, \sum_{t=1}^{n} R_t\right) \tag{7.6}$$

$$W_t = \left| \mathrm{Min}\left(\sum_{t=1}^{1} R_t, \sum_{t=1}^{2} R_t, \cdots, \sum_{t=1}^{n} R_t\right) \right| \tag{7.7}$$

$$Q = S_t + W_t \tag{7.8}$$

式（7.5）、式（7.6）、式（7.7）及式（7.8）中，α_q 和 β_q 是预先设定的粮食产量波动的上下界限，$\alpha_q \geqslant 0$ 表示允许产量波动的最大上限，$\beta_q \leqslant 0$ 表示允许产量波动的最低下限，如果将 α_q 与 β_q 的绝对值设定为不相等，表示政府为了实现不同的政策目标，对吞入和吐出时机做了不同设定，使用不对称的粮食储备调节方式。R_t 表示的是第 t 年的粮食吞吐量，$R_t > 0$ 代表吞入量，是指生产波动超过上限 α_q 时，吞入的多余粮食数量；$R_t < 0$ 表示吐出量，是指生产波动低于下限 β_q 时，为了保障粮食供给吐出的粮食数量。$\sum_{t=1}^{t=n} R_t$ 表示第 t 年累计吞吐量，S_t 为最大累计吞入量，W_t 为最大累计吐出量，Q 为维持一定粮食安全水平时的"极端储备能力"。

价格调控思路下确定粮食储备规模的基本原理与前者一致，其关键是如何将价格波动与产量建立有效的联系，即需要多少产量才能将价格拉回安全界限以内。本书采用粮食供给弹性（e）建立价格与产量间的关系，具体做法为：首先计算出需要调控的价格波动幅度，然后利用供给弹性将其转化为产量波动，最后利用产量波动的原理计算其储备规模。与产量调控思路不同的是，观测对象不一样，价格调控主要"盯准"价格的变化，相应的产量调控则"盯准"年度产量的变化。基于此，可知价格调控思路下粮食储备规模计算公式为：

$$
R_t = \begin{cases}
\dfrac{1}{e}\ (\alpha_p - PI_t)\ \hat{Y}_t & PI_t > \alpha_p > 0 \\[2mm]
0 & \beta_p \leq PI_t \leq \alpha_p \\[2mm]
\dfrac{1}{e}\ (\beta_p - PI_t)\ \hat{Y}_t & PI_t < \beta_p < 0
\end{cases}
\tag{7.9}
$$

$$
S_t = \text{Max}\ \left(\sum_{t=1}^{1} R_t, \sum_{t=1}^{2} R_t, \cdots, \sum_{t=1}^{n} R_t \right)
\tag{7.10}
$$

$$
W_t = \left| \text{Min}\ \left(\sum_{t=1}^{1} R_t, \sum_{t=1}^{2} R_t, \cdots, \sum_{t=1}^{n} R_t \right) \right|
\tag{7.11}
$$

$$
Q = S_t + W_t
\tag{7.12}
$$

式（7.9）、式（7.10）、式（7.11）及式（7.12）中，$\sum_{t=1}^{t=n} R_t$、S_t、W_t 和 Q 的含义与式（7.6）、式（7.7）及式（7.8）的含义均相同，e 表示粮食供给弹性。α_p 和 β_p 表示粮食价格波动的上下界限，$\alpha_p \geq 0$ 表示允许粮食价格上涨的最高幅度，$\beta_p \leq 0$ 表示允许粮食价格下滑的最低限度，α_p 与 β_p 的

绝对值不相等的含义同上。R_t 为第 t 年粮食吞吐量，$R_t > 0$ 表示吞入量，是指为了防止"谷贱伤农"，当价格下滑幅度低于 β_p 时吞入的粮食数量；$R_t < 0$ 表示吐出量，是指当价格上涨幅度高于 α_p 时吐出的粮食数量。

（三）不同调控目标下我国粮食储备规模的测算

1. 产量调控思路下粮食储备规模的测算

（1）趋势产量及生产波动指数的测算

本书选取了 1978—2011 年 34 年的粮食产量数据（所选取的时间跨度可以显示出我国粮食生产的趋势），以年份为解释变量，年度粮食产量为被解释变量，运用 OLS 对趋势产量进行估计，具体结果见表 7.1。

表 7.1 我国 1978—2011 年粮食趋势产量估计结果

解释变量	$\hat{Y}_t$	t 值
C	− 1203592 ***	− 12.45924
t	625.6510 ***	12.91766
R^2	0.834059	

注：*** 表示在 1% 水平上显著。

根据表 7.1 的估计结果可得出我国粮食时间趋势产量的表达式为：

$$\hat{Y}_t = -1203592 + 625.6510t \tag{7.13}$$

由式（7.13）与波动指数计算式（7.1）、式（7.2）可计算出 1978—2011 各年的粮食时间趋势产量及波动指数，具体见表 7.2。

表 7.2 我国 1978—2011 年的粮食趋势产量及波动指数

年份	粮食产量（万吨）	趋势产量（万吨）	波动指数（%）	年份	粮食产量（万吨）	趋势产量（万吨）	波动指数（%）
1978	30477	33944	− 10.21	1995	46662	44580	4.67
1979	33212	34569	− 3.93	1996	50454	45205	11.61
1980	32056	35195	− 8.92	1997	49417	45831	7.82
1981	32502	35821	− 9.26	1998	51230	46457	10.27

续表

年份	粮食产量（万吨）	趋势产量（万吨）	波动指数（%）	年份	粮食产量（万吨）	趋势产量（万吨）	波动指数（%）
1982	35450	36446	-2.73	1999	50839	47082	7.98
1983	38728	37072	4.47	2000	46218	47708	-3.12
1984	40731	37698	8.05	2001	45264	48334	-6.35
1985	37911	38323	-1.08	2002	45706	48959	-6.64
1986	39151	38949	0.52	2003	43070	49585	-13.14
1987	40298	39575	1.83	2004	46947	50211	-6.50
1988	39408	40200	-1.97	2005	48402	50836	-4.79
1989	40755	40826	-0.17	2006	49804	51462	-3.22
1990	44624	41452	7.65	2007	50160	52088	-3.70
1991	43529	42077	3.45	2008	52871	52713	0.30
1992	44266	42703	3.66	2009	53082	53339	-0.48
1993	45649	43328	5.36	2010	54648	53965	1.27
1994	44510	43954	1.26	2011	57121	54590	4.64

资料来源：根据历年《中国统计年鉴》整理、计算而得。

（2）不同方案下粮食储备规模的测算

粮食安全兼有政治、经济以及社会稳定等多重意义，粮食储备最终是为保障粮食安全服务的，因此制定粮食储备计划需要考虑具体的政治经济形势和政策需要。若政府对未来国际关系、粮食生产形势持乐观态度，则可适当降低安全水平，减少储备规模。相反，则意味着要扩大储备规模，提高安全警戒。因此，本书在朱泽[①]、马九杰[②]等人的研究基础上，依据不同要求的粮食安全水平，围绕2%的可承受范围，分别设计了四种调节方案，即方案一（0，0），方案二（-2%，2%），方案三（-2.5%，1.5%），方案四（-1.5%，2.5%）。根据式（7.5）、式（7.6）、式（7.7）及式（7.8），可计算出不同设计方案下年吞吐量与累计吞吐量，计算结果见

---

① 朱泽：《中国粮食安全问题：实证研究与政策选择》，湖北科学技术出版社1998年版。
② 马九杰、张传宗：《中国粮食储备规模模拟优化与政策分析》，《管理世界》2002年第9期。

表7.3。

表7.3　四种调节方案下的粮食年吞吐量及累计吞吐量

单位：万吨

年份	方案一（0，0）		方案二（-2%，2%）		方案三（-2.5%，1.5%）		方案四（-1.5%，2.5%）	
	年吞吐量	累计吞吐量	年吞吐量	累计吞吐量	年吞吐量	累计吞吐量	年吞吐量	累计吞吐量
1978	-3466.7	-3466.7	-2787.8	-2787.8	-2618.1	-2618.1	-2957.5	-2957.5
1979	-1357.3	-4824.0	-666.0	-3453.8	-493.1	-3111.2	-838.8	-3796.4
1980	-3139.0	-7963.0	-2435.1	-5888.9	-2259.1	-5370.3	-2611.1	-6407.4
1981	-3318.6	-11281.7	-2602.2	-8491.1	-2423.1	-7793.5	-2781.3	-9188.8
1982	-996.3	-12278.0	-267.4	-8758.5	-85.1	-7878.6	-449.6	-9638.4
1983	1656.1	-10621.9	914.6	-7843.9	1100	-6778.7	729.3	-8909.1
1984	3033.4	-7588.5	2279.4	-5564.4	2467.9	-4310.7	2091.0	-6818.2
1985	-412.3	-8000.8	0	-5564.4	0	-4310.7	0	-6818.2
1986	202.1	-7798.7	0	-5564.4	0	-4310.7	0	-6818.2
1987	723.4	-7075.2	0	-5564.4	129.8	-4180.9	0	-6818.2
1988	-792.2	-7867.4	0	-5564.4	0	-4180.9	-189.2	-7007.4
1989	-70.8	-7938.3	0	-5564.4	0	-4180.9	0	-7007.4
1990	3172.5	-4765.8	2343.5	-3221.0	2550.7	-1630.2	2136.2	-4871.1
1991	1451.9	-3313.9	610.3	-2610.7	820.7	-809.5	399.9	-4471.1
1992	1563.2	-1750.7	709.1	-1901.5	922.7	113.2	495.6	-3975.6
1993	2320.6	569.8	1454.0	-447.5	1670.6	1783.8	1237.3	-2738.3
1994	555.9	1125.7	0	-447.5	0	1783.8	0	-2738.3
1995	2082.3	3208.0	1190.7	743.1	1413.6	3197.4	967.8	-1770.5
1996	5248.6	8456.6	4344.5	5087.6	4570.5	7767.9	4118.5	2348.0
1997	3585.9	12042.5	2669.3	7756.9	2898.5	10666.4	2440.2	4788.1
1998	4773.3	16815.8	3844.2	11601.1	4076.4	14742.8	3611.9	8400.0
1999	3756.7	20572.5	2815.0	14416.1	3050.4	17793.2	2579.6	10979.6
2000	-1490.0	19082.5	-535.8	13880.3	-297.3	17495.9	-774.4	10205.2
2001	-3069.6	16012.8	-2103.0	11777.3	-1861.3	15634.6	-2344.6	7860.6

续表

年份	方案一 (0, 0)		方案二 (-2%, 2%)		方案三 (-2.5%, 1.5%)		方案四 (-1.5%, 2.5%)	
	年吞吐量	累计吞吐量	年吞吐量	累计吞吐量	年吞吐量	累计吞吐量	年吞吐量	累计吞吐量
2002	-3253.3	12759.5	-2274.1	9503.2	-2029.3	13605.3	-2518.9	5341.7
2003	-6514.9	6244.6	-5523.3	3979.9	-5275.3	8330.0	-5771.2	-429.5
2004	-3263.6	2981.0	-2259.4	1720.5	-2008.3	6321.6	-2510.4	-2939.9
2005	-2434.3	546.7	-1417.5	303.0	-1163.3	5158.3	-1671.7	-4611.6
2006	-1657.9	-1111.2	-628.7	-325.7	-371.4	4787.0	-886.0	-5497.6
2007	-1927.6	-3038.7	-885.8	-1211.4	-625.4	4161.6	-1146.2	-6643.9
2008	157.8	-2880.9	0	-1211.4	0	4161.6	0	-6643.9
2009	-256.8	-3137.8	0	-1211.4	0	4161.6	0	-6643.9
2010	683.5	-2454.3	0	-1211.4	0	4161.6	0	-6643.9
2011	2530.9	76.6	1439.0	227.6	1712.0	5873.6	1166.1	-5477.8

注：负值表示吐出储备粮数量。

表7.3 显示了在粮食产量调控思路下，1978—2011 年的年吞吐量以及累计吞吐量，通过对表7.3 进行整理可得出四种不同调节方案下应持有储备量、过剩粮食吞入准备及极端储备能力。具体结果见表7.4。

表7.4　四种调节方案下的粮食储备规模

单位：万吨

方案 储备规模	方案一 (0, 0)	方案二 (-2%, 2%)	方案三 (-2.5%, 1.5%)	方案四 (-1.5%, 2.5%)
应持有储备	12278.0	8758.5	7878.6	9638.4
过剩粮食吞入准备	20572.5	14416.1	17793.2	10979.6
极端储备能力	32850.5	23174.6	25671.8	20618.0

注：由表7.3 整理而得。

观察表7.4，对四种调节方案分析如下：

方案一（0，0）：是指政府不允许粮食市场有任何风险，对安全水平要求非常高，一旦粮食生产有任何波动，就动用储备粮将其完全"熨平"，不考虑其他方式的调节。此方案中政府对粮食市场的干预程度最深，同时也会带来巨大的财政负担。在此方案下，应持有的常年储备规模为12278万吨，应具备的仓容能力为20572.5万吨，所需极端储备能力为32850.5万吨。

方案二（-2%，2%）：代表政府认为粮食生产在-2%—2%的范围内波动是安全的，生产者与消费者均能接受，且留有一定空间由市场自行调节，能更好地遵循价格规律，更有效地配置资源。只有当粮食生产波动超过了-2%—2%的范围时，政府才会通过吞吐储备粮予以调节，将波动控制在设定范围以内。在此方案下，应持有的常年储备规模为8758.5万吨，应具备的仓容能力为14416.1万吨，所需的极端储备能力为23174.6万吨。

方案三（-2.5%，1.5%）：该方案在设定产量波动的上下界限时，采取了不对称处理方式，意指当产量波动上限超过1.5%时，吞入粮食；当产量波动下限低于-2.5%时，吐出粮食。此方案更加有利于生产者，允许供大于求的幅度要低于供不应求的幅度，较早的吞入粮食，可以有效地防止价格下滑，保护生产者利益，提高粮农生产积极性，适用于粮食持续供应紧张的时期。在此方案下，应持有的常年储备规模为7878.6万吨，应具备的仓容能力为17793.2万吨，所需的极端储备能力为25671.8万吨。

方案四（-1.5%，2.5%）：是指当产量波动上限超过2.5%时，吞入粮食；当产量波动幅度超过下限-1.5%时，吐出粮食。此方案与方案三刚好相反，是有利于消费者的设计，通过较早地释放储备粮，充分保障粮食供应，以抑制粮价大幅上扬；通过推迟粮食的吞入时机，可以在一定程度上减轻仓容压力，节约储备成本，但是长期实施会抑制粮农生产积极性，不利于从根本上保障粮食安全。在此方案下，应持有的常年储备规模为9638.4万吨，应具备的仓容能力为10979.6万吨，所需的极端储备能力为 20618 万吨。

经过对四种调节方案的比较可以发现：第一，方案一与方案二设计的区别在于粮食安全水平要求的不同，其结果是方案一下应持有粮食储备量、过剩粮食吞入准备以及极端储备能力都高于方案二。很显然更高的粮食安全水平需要较高的粮食储备量和粮食储备能力，也意味着要付出更高的储备成本。政策制定者可以根据实际情况在财政压力与粮食安全水平之间进行权衡比较，选择合适的方案。第二，方案三与方案四都是在方案二的基础上发展而来的，其设计的区别在于是更利于生产者或者是消费者，显然方案三的设计允许价格适度上扬，倾向于生产者，在调控过程中会出现较高的吞入量和较低的吐出量，方案四则刚好相反。因此其结果是方案三应持有的常年储备规模要低于方案四，但过剩粮食吞入准备要高于方案四。这两种方案是针对不同的粮食政策需要而设计的，可供政策制定者在不同粮食供求关系下选择合适的方案。

2. 价格调控思路下粮食储备规模的测算

（1）趋势价格及价格波动指数的测算

本书采用趋势产量估计原理来处理时间趋势价格，选取了 1978—2011 年的粮食不变价格（1978 = 100）数据，以年份为解释变量，粮食不变价格为被解释变量，运用 OLS 对时间趋势价格进行回归估计，具体结果见表 7.5。

表 7.5　我国 1978—2011 年粮食趋势价格估计结果

解释变量	$\hat{P}_t$	t 值
C	-7804.111^{***}	-13.80052
t	3.984461^{***}	14.05339
R^2	0.860565	

注：*** 表示在 1% 的水平上显著。

根据表 7.5 的估计结果可得出我国粮食趋势价格的回归方程为：

$$\hat{P}_t = -7804.11 + 3.98t \qquad (7.14)$$

由式（7.14）与式（7.3）、式（7.4）可计算出 1978—2011 年的粮食

趋势价格以及价格波动指数，具体结果见表7.6。

表7.6　我国1978—2011年间粮食趋势价格及价格波动指数

年份	粮食价格 （上年=100）	粮食价格 （1978=100）	趋势价格	价格波动指数 （%）
1978	100.6	100.0	68.44	46.11
1979	101.7	101.7	72.42	40.43
1980	97.5	99.2	76.40	29.84
1981	101.5	100.7	80.38	25.28
1982	98.3	99.0	84.36	17.35
1983	98.4	97.4	88.34	10.26
1984	97.0	94.4	92.32	2.25
1985	102.1	96.5	96.30	0.21
1986	103.3	99.8	100.28	-0.48
1987	98.9	98.7	104.26	-5.33
1988	95.6	94.3	108.24	-12.88
1989	103.5	97.8	112.22	-12.85
1990	93.1	90.9	116.2	-21.77
1991	105.7	96.6	120.18	-19.62
1992	118.9	115.5	124.16	-6.97
1993	114.5	130.0	128.14	1.45
1994	127.0	157.0	132.12	18.83
1995	119.6	176.6	136.10	29.76
1996	101.4	178.0	1408.00	27.07
1997	91.3	169.3	144.06	17.52
1998	99.5	168.8	148.04	14.02
1999	99.4	168.2	152.02	10.64
2000	91.6	159.8	156.00	2.44
2001	102.3	162.1	159.98	1.33
2002	99.9	162.0	163.96	-1.20
2003	102.3	164.3	167.94	-2.17

续表

年份	粮食价格 （上年＝100）	粮食价格 （1978＝100）	趋势价格	价格波动指数 （%）
2004	123.7	188	171.92	9.35
2005	100.6	188.6	175.90	7.22
2006	101.5	190.1	179.88	5.68
2007	102.6	192.7	183.86	4.81
2008	101.1	193.8	187.84	3.17
2009	106.9	200.7	191.82	4.63
2010	108.6	209.3	195.80	6.89
2011	107.4	216.7	199.78	8.47

资料来源：根据历年《中国统计年鉴》《中国农业发展报告》整理、计算而得。

（2）不同方案下粮食储备规模的测算

表7.7　四种调节方案下的粮食年吞吐量及累计吞吐量

单位：万吨

年份	方案一 （0%，0%）		方案二 （－8%，8%）		方案三 （－6%，10%）		方案四 （－10%，6%）	
	年吞 吐量	累计 吞吐量	年吞 吐量	累计 吞吐量	年吞 吐量	累计 吞吐量	年吞 吐量	累计 吞吐量
1978	－3913.1	－3913.1	－3234.3	－3234.3	－3064.6	－3064.6	－3404.0	－3404.0
1979	－3494.2	－7407.3	－2802.8	－6037.1	－2629.9	－5694.5	－2975.6	－6379.6
1980	－2625.8	－10033.1	－1921.9	－7959.0	－1745.9	－7440.4	－2097.9	－8477.5
1981	－2263.9	－12297.0	－1547.4	－9506.4	－1368.3	－8808.8	－1726.5	－10204.0
1982	－1581.2	－13878.2	－852.3	－10358.7	－670.1	－9478.8	－1034.5	－11238.6
1983	－950.5	－14828.7	－209.1	－10567.8	－23.7	－9502.6	－394.4	－11633.0
1984	－212.3	－15041.1	0	－10567.8	0	－9502.6	0	－11633.0
1985	－19.9	－15061.0	0	－10567.8	0	－9502.6	0	－11633.0
1986	74.6	－14986.4	0	－10567.8	0	－9502.6	0	－11633.0
1987	844.2	－14142.2	0	－10567.8	0	－9502.6	0	－11633.0

续表

年份	方案一 (0%，0%)		方案二 (-8%，8%)		方案三 (-6%，10%)		方案四 (-10%，6%)	
	年吞吐量	累计吞吐量	年吞吐量	累计吞吐量	年吞吐量	累计吞吐量	年吞吐量	累计吞吐量
1988	2070.9	-12071.3	784.5	-9783.3	1106.3	-8396.2	463.1	-11169.9
1989	2098.4	-9972.9	792.0	-8991.3	1118.6	-7277.6	465.4	-10704.5
1990	3610.1	-6362.8	2283.6	-6707.7	2614.8	-4662.9	1951.5	-8753.0
1991	3302.3	-3060.5	1955.8	-4751.8	2292.4	-2370.5	1619.1	-7133.8
1992	1191.4	-1869.1	0	-4751.8	165.7	-2204.8	0	-7133.8
1993	-157.2	-2026.4	0	-4751.8	0	-2204.8	0	-7133.8
1994	-2069.3	-4095.6	-1190.2	-5942.0	-970.4	-3175.2	-1410	-8543.8
1995	-3316.5	-7412.1	-2424.9	-8366.9	-2202.0	-5377.2	-2647.8	-11191.6
1996	-3059.3	-10471.4	-2155.2	-10522.1	-1929.2	-7306.4	-2381.2	-13572.8
1997	-2007.5	-12478.9	-1090.8	-11612.9	-861.7	-8168.1	-1320	-14892.8
1998	-1628.7	-14107.5	-699.5	-12312.5	-467.3	-8635.3	-931.8	-15824.6
1999	-1252.8	-15360.3	-311.1	-12623.6	-75.7	-8711.0	-546.5	-16371.2
2000	-290.5	-15650.9	0	-12623.6	0	-8711.0	0	-16371.2
2001	-160.1	-15811.0	0	-12623.6	0	-8711.0	0	-16371.2
2002	234.1	-15576.9	0	-12623.6	0	-8711.0	0	-16371.2
2003	429.9	-15147.0	0	-12623.6	0	-8711.0	0	-16371.2
2004	-1174.1	-16321.1	-169.9	-12793.5	0	-8711.0	-420.9	-16792.1
2005	-917.6	-17238.7	0	-12793.5	0	-8711.0	-155.1	-16947.1
2006	-731.0	-17969.6	0	-12793.5	0	-8711.0	0	-16947.1
2007	-626.1	-18595.7	0	-12793.5	0	-8711.0	0	-16947.1
2008	-418.1	-19013.8	0	-12793.5	0	-8711.0	0	-16947.1
2009	-617.3	-19631.2	0	-12793.5	0	-8711.0	0	-16947.1
2010	-930.2	-20561.3	0	-12793.5	0	-8711.0	-120.7	-17067.9
2011	-1155.9	-21717.2	-64.1	-12857.5	0	-8711.0	-337.0	-17404.9

注：负值表示吐出的储备粮数量。

在价格调控思路下，同样根据不同的粮食安全水平与粮食政策需要，设计四种不同的调节方案。确定价格波动范围的依据是粮食供给弹性（e），一般认为 $e = 0.25$，即当供给增加（或减少）1%时，价格将下跌（或上涨）4%。因此与产量调控思路相对应的四种方案分别为：方案一（0%，0%），方案二（−8%，8%），方案三（−6%，10%）和方案四（−10%，6%）。方案一是指要保证价格没有任何的波动，始终将价格维持在一个固定的水平；方案二是指允许价格上下有8%的波动空间；方案三是指允许价格下降的幅度为6%，上涨的幅度为10%；方案四与方案三正好相反，是指允许价格下降的幅度为10%，上涨的幅度为6%。结合价格调控政策下专项储备规模计算公式可得出不同方案下各年的吞吐量与累计吞吐量。具体结果见表7.7。

表7.7显示了在粮食价格调控思路下，1978—2011年各年吞吐量以及累计吞吐量，通过整理可得出四种不同调节方案下的应持有储备规模、过剩粮食吞入准备及极端储备能力。具体结果见表7.8。

表7.8　四种调节方案下的粮食储备规模

单位：万吨

不同 方案	方案一 (0, 0)	方案二 (−8%, 8%)	方案三 (−6%, 10%)	方案四 (−10%, 6%)
应持有储备	21717.2	12857.5	9502.6	17404.9
过剩粮食吞入准备	0	0	0	0
极端储备能力	21717.2	12857.5	9502.6	17404.9

注：由表7.7整理而得。

从表7.8中可以看出：四种方案下，应持有的储备规模分别为21717.2万吨、12857.5万吨、9502.6万吨及17404.9万吨；过剩粮食吞入准备均为0，这里的0并不是指所需的仓容能力为0，而是指在1978—2011年间在保持常年储备规模之外，不再需要额外准备粮仓以增加仓容能力；极端储备能力与常年储备规模相等。从四种方案的比较看出：要将粮食价格维持在一个较低的水平，应持有相对较大的常年储备规模。设定的价格涨幅界限从小到大依次为 0（方案一）、6%（方案四）、8%（方案二）、10%（方案三），相应的应持有的储备规模从大到小依次为 21717.2 万吨、17404.9 万吨、12857.5 万吨、9502.6 万吨。

（四）不同调控目标下的粮食储备规模比较分析

表 7.9 显示了每一种调节方案下两种调控目标对应的应持有储备量、过剩粮食吞入准备和极端储备能力。经过比较分析可以得出：

表 7.9　不同调控目标下的粮食储备规模比较

单位：万吨

储备规模 方案	方案一		方案二		方案三		方案四	
	(0, 0) Q_q	(0, 0) Q_p	（-2%， 2%） Q_q	（-8%， 8%） Q_p	（-2.5%， 1.5%） Q_q	（-6%， 10%） Q_p	（-1.5%， 2.5%） Q_q	（-10%， 6%） Q_p
应持有储备	12278.0	21717.2	8758.5	12857.5	7878.6	9502.6	9638.4	17404.9
过剩粮食吞入准备	20572.5	0	14416.1	0	17793.2	0	10979.6	0
极端储备能力	32850.5	21717.2	23174.6	12857.5	25671.8	9502.6	20618.0	17404.9

注：由表 7.4、表 7.8 整理而得，其中 Q_p 表示价格调控思路下的储备粮规模，Q_q 表示产量调控思路下的储备规模。

第一，从应持有储备规模来看，无论采用哪一种调节方案，以稳定价格为目标的调控思路所需持有的储备规模（Q_p）都大于以粮食安全为目标的调控思路所需持有的规模（Q_q）。说明如果直接对粮食价格进行调控，将粮食储备用于稳定价格，则需要支付更高的储备成本。第二，从过剩粮食吞入储备（应具备的仓容能力）与极端储备能力这两项来看，单从规模上而言，Q_p 均小于 Q_q，似乎以价格波动为依据进行调控更具优势，但深入分析可发现是由于1978—2011年间为了将价格维持在较低水平，不断地吐出粮食，而极少有过剩粮食吞入，出现一种多出少进的状态，经过长年的累计就出现了过剩粮食吞入准备为零的结果，相应地所需极端储备能力也就更低一些。

综合分析，以价格波动为依据进行调控的思路存在以下几点缺陷：一是操作过程极为复杂且难以掌控。尽管从理论上可以以一个年度的价格指数作为观测依据进行分析，但在实际操作过程中存在较大难度，主要是一方面价格统计存在不同时点、空间与不同统计口径的差异，导致价格统计数据的不准确；另一方面价格变化频繁，需要不断地针对每一次价格变化作出调控决策，才能真正实现稳定价格的目标。二是就调控的结果而言，实现稳定价格的目标是以高昂的成本为代价的。从上述分析可知其储备粮吞吐差距悬殊，那么要保障常年有粮食吐出，就需要储备足够多的粮食，无论是从储粮技术还是财政压力上都是严峻的挑战。三是就调控影响而言，由于长期对粮食价格进行调控，使得看似稳定的市场价格反而扭曲了市场供求信号，延迟了正确供求信号的释放。那么一旦储备粮不足，政府失去调控能力，则只能任由粮食价格肆意上涨，引发更剧烈的市场波动，造成社会恐慌的局面。相比之下，以产量波动为依据进行调控无论是从应持有储备量来看，还是就市场影响程度而言，都更加合乎情理，也更具可操作性。这与上一章对我国稻谷储备调控模拟的结果具有一致性。

（五）储备规模测算结论

本节分别对两种调控目标下的粮食储备调控设计了四种调节方案，从两个维度对我国粮食储备规模的测算进行了比较分析。一个维度是内部比较，即对同种调控目标的不同调节方案进行比较，得出的结论为：第一，随着对粮食安全水平要求的提高，相应的储备规模及成本也会增加。第二，若粮食政策倾向于生产者或消费者，设计不对称的调节方案，效果会更明显。另一个维度是外部比较，即对不同的调控目标之间的同一调节方案进行比较，得出的结论为：第一，同种调节方案下，以稳定价格为目标的价格调控思路所需付出的成本更大，在一定程度上加剧了政府财政压力。第二，直接对粮食价格进行调控会在一定程度上干扰粮食市场的运行，而且一旦政府失去了调控能力，就可能积累并放大粮食市场的波动。第三，以稳定价格为目标的价格储备调控存在操作上的难度。

综合两个维度的比较来看，选择以保障粮食安全为目标的产量储备调控思路更加现实与合理，以此为基础制定的粮食储备调控政策更具优越性。因此我国应在保障粮食安全的储备目标指导下，选择以产量波动为依据进行调控的思路，并根据不同的粮食安全水平要求和政策需要设计不同的调节方案，以实现其政策目标。

二、我国储备粮分品种储备规模的确定

上文研究分别从产量调控思路与价格调控思路出发，对我国粮食整体储备规模进行了测算，基于总量平衡的储备规模测算在某种程度上而言难以有效地达到粮食储备调控的目标，没有考虑不同粮食品种之间存在一定程度上的不可替代性，以及消费者不同偏好的因素，因此有可能导致忽视品种差异性所引起的粮食品种结构上的供需不均衡，这样即使粮食总量是平衡的，也会在一定程度上造成诸如抢购等恐慌性的社会现象，最终导致粮食价格大幅度地上涨。个别粮食品种供应不足，粮食安全目标无法实现的结果。因此，分品种确定粮食储备规模对于提高保障粮食安全的宏观调控效果、提高粮食储备的效率都是十分必要的。通过产量调控思路和价格调控思路下测算储备规模的方法进行比较分析得出，以产量波动为依据进行调控，测算储备规模更符合我国实际情况。因此，本部分在测算稻谷、玉米和小麦的储备规模时，采用产量调控思路，即以产量和年度波动数据为依据进行测算。接下来，本书将首先依据稻谷、小麦、玉米三个主要粮食品种历年的粮食产量，分别计算出它们的波动指数，并设计四种不同的模拟方案，运用波动指数法确定各自合理的储备规模。

（一）不同品种粮食趋势产量及波动指数的测算

依据1978—2010年间稻谷、小麦、玉米的产量数据，将其对年份进行

一般线性回归，得到它们趋势产量的回归结果见表 7.10。

表 7.10　不同品种趋势产量的回归结果

品种	稻谷		小麦		玉米	
	系数	t 值	系数	t 值	系数	t 值
常数项	− 225831.6 *	− 4.99	− 278455 * *	− 6.71	− 680556 * *	− 19.35
t	122.13 * *	5.38	144.34 * *	6.93	346.54 * *	19.65
R^2	0.49		0.61		0.93	

注：* 表示该系数在 1% 的显著性水平上显著。

　　根据表 7.10 中的回归结果，分别计算出三个品种的趋势产量以及波动指数，结果见表 7.11。

表 7.11　分品种粮食产量、趋势产量及其波动指数

年份	稻谷			小麦			玉米		
	产量（万吨）	趋势产量（万吨）	波动指数（%）	产量（万吨）	趋势产量（万吨）	波动指数（%）	产量（万吨）	趋势产量（万吨）	波动指数（%）
1978	13693	15742	− 13.01	5384	7049	− 23.62	5595	4898	14.23
1979	14375	15864	− 9.38	6273	7193	− 12.80	6004	5244	14.48
1980	13991	15986	− 12.48	5521	7338	− 24.77	6260	5591	11.97
1981	14396	16108	− 10.63	5964	7482	− 20.29	5921	5937	− 0.28
1982	16160	16230	− 0.43	6847	7626	− 10.22	6056	6284	− 3.63
1983	16887	16352	3.27	8139	7771	4.74	6821	6630	2.87
1984	17826	16474	8.20	8782	7915	10.95	7341	6977	5.22
1985	16857	16596	1.57	8581	8060	6.46	6383	7324	− 12.85
1986	17222	16719	3.01	9004	8204	9.75	7086	7670	− 7.62
1987	17426	16841	3.48	8590	8348	2.90	7924	8017	− 1.15
1988	16911	16963	− 0.31	8543	8493	0.60	7735	8363	− 7.51
1989	18013	17085	5.43	9081	8637	5.14	7893	8710	− 9.38
1990	18933	17207	10.03	9823	8781	11.86	9682	9056	6.91
1991	18381	17329	6.07	9595	8926	7.50	9877	9403	5.05

续表

年份	稻谷			小麦			玉米		
	产量（万吨）	趋势产量（万吨）	波动指数（%）	产量（万吨）	趋势产量（万吨）	波动指数（%）	产量（万吨）	趋势产量（万吨）	波动指数（%）
1992	18622	17451	6.71	10159	9070	12.00	9538	9749	-2.16
1993	17751	17573	1.01	10639	9214	15.46	10270	10096	1.73
1994	17593	17696	-0.58	9930	9359	6.10	9928	10442	-4.93
1995	18523	17818	3.96	10221	9503	7.55	11199	10789	3.80
1996	19510	17940	8.75	11057	9647	14.61	12747	11135	14.47
1997	20073	18062	11.14	12329	9792	25.91	10431	11482	-9.15
1998	19871	18184	9.28	10973	9936	10.43	13295	11829	12.40
1999	19849	18306	8.43	11388	10080	12.97	12809	12175	5.20
2000	18791	18428	1.97	9964	10225	-2.55	10600	12522	-15.35
2001	17758	18551	-4.27	9387	10369	-9.47	11409	12868	-11.34
2002	17454	18673	-6.53	9029	10513	-14.12	12131	13215	-8.20
2003	16066	18795	-14.52	8649	10658	-18.85	11583	13561	-14.59
2004	17909	18917	-5.33	9195	10802	-14.87	13029	13908	-6.32
2005	18059	19039	-5.15	9745	10946	-10.98	13937	14254	-2.23
2006	18172	19161	-5.16	10847	11091	-2.20	15160	14601	3.83
2007	18603	19283	-3.53	10930	11235	-2.72	15230	14947	1.89
2008	19190	19405	-1.11	11246	11379	-1.17	16591	15294	8.48
2009	19510	19528	-0.09	11512	11524	-0.11	16397	15640	4.84
2010	19576	19650	-0.37	11518	11668	-1.28	17725	15987	10.87

资料来源：历年《中国统计年鉴》及本书计算所得。

（二）不同方案下分品种粮食吞吐量的模拟

预先设定的粮食产量波动可接受界限不同，政府对粮食储存的吞吐操作也相应不同，按照设计的四种不同方案：方案一（0，0）、方案二（-2%，2%）、方案三（-2.5%，1.5%）、方案四（-1.5%，2.5%），下面将分别计算稻谷、小麦、玉米的年度吞吐量以及累计吞吐量，结果见表7.12。

表 7.12　不同方案下三种主要粮食品种的储备吞吐量

单位:万吨

年份	稻谷 方案一 (0,0)		方案二 (-2%,2%)		方案三 (-2.5%,1.5%)		方案四 (-1.5%,2.5%)		小麦 方案一 (0,0)		方案二 (-2%,2%)		方案三 (-2.5%,1.5%)		方案四 (-1.5%,2.5%)		玉米 方案一 (0,0)		方案二 (-2%,2%)		方案三 (-2.5%,1.5%)		方案四 (-1.5%,2.5%)	
	年吞吐量	累计吞吐量	年吞吐量	累计吞吐量	年吞吐量	累计吞吐量	年吞吐量	累计吞吐量	年吞吐量	累计吞吐量	年吞吐量	累计吞吐量	年吞吐量	累计吞吐量	年吞吐量	累计吞吐量	年吞吐量	累计吞吐量	年吞吐量	累计吞吐量	年吞吐量	累计吞吐量	年吞吐量	累计吞吐量
1978	-2049	-2049	-1734	-1734	-1655	-1655	-1812	-1812	-1665	-1665	-1524	-1524	-1489	-1489	-1559	-1559	697	697	599	599	623	623	574	574
1979	-1489	-3537	-1171	-2905	-1092	-2747	-1251	-3063	-920	-2586	-777	-2301	-741	-2230	-813	-2372	759	1456	654	1253	681	1304	628	1202
1980	-1995	-5533	-1676	-4581	-1596	-4343	-1756	-4819	-1817	-4403	-1671	-3971	-1634	-3863	-1707	-4079	669	2125	557	1810	585	1889	529	1732
1981	-1712	-7245	-1390	-5971	-1310	-5652	-1471	-6289	-1518	-5921	-1369	-5340	-1331	-5194	-1406	-5485	-17	2108	0	1810	0	1889	0	1732
1982	-71	-7315	0	-5971	0	-5652	0	-6289	-779	-6701	-627	-5967	-589	-5783	-665	-6150	-228	1880	-102	1708	-71	1818	-134	1598
1983	534	-6781	207	-5764	289	-5363	126	-6164	368	-6332	213	-5754	252	-5532	174	-5976	190	2070	57	1766	91	1909	24	1622
1984	1351	-5430	1022	-4742	1104	-4259	939	-5225	866	-5466	708	-5046	748	-4784	668	-5308	364	2434	224	1990	259	2168	190	1812
1985	260	-5170	0	-4742	12	-4248	0	-5225	521	-4945	360	-4686	400	-4384	320	-4988	-941	1494	-794	1196	-758	1410	-831	981
1986	504	-4666	169	-4573	253	-3995	86	-5139	800	-4145	636	-4050	677	-3707	595	-4393	-584	909	-431	765	-393	1018	-469	512
1987	585	-4080	249	-4324	333	-3662	164	-4974	242	-3903	75	-3975	117	-3590	33	-4360	-92	817	0	765	0	1018	0	512
1988	-52	-4132	0	-4324	0	-3662	0	-4974	51	-3852	0	-3975	0	-3590	0	-4360	-628	189	-461	304	-419	599	-503	9
1989	928	-3204	586	-3738	672	-2990	501	-4473	444	-3408	271	-3704	314	-3276	228	-4132	-817	-628	-643	-339	-599	0	-686	-677
1990	1726	-1478	1382	-2356	1468	-1522	1296	-3178	1042	-2367	866	-2838	910	-2366	822	-3310	626	-3	445	106	490	490	399	-278
1991	1052	-426	705	-1650	792	-730	619	-2559	670	-1697	491	-2347	536	-1830	447	-2863	475	472	286	392	334	823	239	-38
1992	1171	745	822	-828	909	179	735	-1824	1089	-608	907	-1439	953	-877	862	-2001	-211	261	-16	376	0	823	-65	-103
1993	178	923	0	-828	0	179	0	-1824	1425	817	1240	-199	1287	409	1194	-807	175	436	0	376	23	846	0	-103

续表

年份	稻谷 方案一 (0,0) 年吞吐量	累计吞吐量	方案二 (-2%,2%) 年吞吐量	累计吞吐量	方案三 (-2.5%,1.5%) 年吞吐量	累计吞吐量	方案四 (-1.5%,2.5%) 年吞吐量	累计吞吐量	小麦 方案一 (0,0) 年吞吐量	累计吞吐量	方案二 (-2%,2%) 年吞吐量	累计吞吐量	方案三 (-2.5%,1.5%) 年吞吐量	累计吞吐量	方案四 (-1.5%,2.5%) 年吞吐量	累计吞吐量	玉米 方案一 (0,0) 年吞吐量	累计吞吐量	方案二 (-2%,2%) 年吞吐量	累计吞吐量	方案三 (-2.5%,1.5%) 年吞吐量	累计吞吐量	方案四 (-1.5%,2.5%) 年吞吐量	累计吞吐量
1994	-102	820	0	-828	0	179	0	-1824	571	1388	384	185	431	840	337	-470	-515	-79	-306	70	-254	592	-358	-461
1995	705	1525	348	-480	438	616	259	-1565	718	2106	528	713	575	1415	480	11	410	330	194	264	248	840	140	-321
1996	1570	3095	1212	732	1301	1918	1122	-443	1410	3515	1217	1930	1265	2680	1168	1179	1612	1942	1389	1653	1445	2285	1333	1012
1997	2011	5107	1650	2382	1741	3658	1560	1117	2537	6053	2341	4271	2390	5071	2293	3472	-1051	891	-821	832	-764	1521	-879	133
1998	1687	6794	1323	3705	1414	5073	1233	2350	1037	7089	838	5109	888	5958	788	4260	1467	2358	1230	2062	1289	2810	1171	1304
1999	1542	8337	1176	4882	1268	6341	1085	3434	1308	8397	1106	6215	1157	7115	1056	5316	634	2991	390	2452	451	3261	329	1633
2000	362	8699	0	4882	86	6427	0	3434	-261	8136	-57	6159	-5	7110	-108	5208	-1922	1070	-1671	781	-1609	1653	-1734	-101
2001	-793	7906	-421	4460	-329	6098	-514	2920	-982	7154	-774	5385	-722	6387	-826	4382	-1459	-390	-1202	-421	-1138	515	-1266	-1367
2002	-1219	6688	-845	3615	-752	5346	-939	1981	-1484	5670	-1274	4111	-1221	5166	-1327	3055	-1084	-1474	-820	-1241	-754	-239	-886	-2253
2003	-2729	3958	-2353	1262	-2259	3086	-2447	-466	-2009	3661	-1796	2315	-1742	3423	-1849	1206	-1978	-3452	-1707	-2948	-1639	-1878	-1775	-4027
2004	-1008	2950	-630	632	-535	2551	-724	-1190	-1607	2055	-1391	924	-1337	2087	-1445	-238	-879	-4331	-601	-3549	-531	-2409	-670	-4698
2005	-980	1970	-599	32	-504	2047	-695	-1885	-1202	853	-983	-59	-928	1159	-1038	-1276	-318	-4649	-33	-3581	0	-2409	-104	-4802
2006	-989	981	-606	-574	-510	1537	-702	-2587	-244	609	-22	-81	0	1159	-78	-1354	559	-4089	267	-3314	340	-2069	194	-4607
2007	-680	301	-294	-868	-198	1339	-391	-2977	-305	304	-80	-161	-24	1134	-137	-1490	283	-3806	0	-3314	58	-2010	0	-4607
2008	-216	85	0	-868	0	1339	0	-2977	-133	171	0	-161	0	1134	0	-1490	1297	-2509	992	-2322	1068	-942	915	-3692
2009	-17	68	0	-868	0	1339	0	-2977	-12	158	0	-161	0	1134	0	-1490	757	-1752	444	-1878	522	-420	366	-3326
2010	-74	-6	0	-868	0	1339	0	-2977	-150	9	0	-161	0	1134	0	-1490	1738	-14	1418	-460	1498	1078	1338	-1988

资料来源：由本书计算所得。

（三）模拟结果

通过对稻谷、小麦与玉米三种主要粮食的趋势产量、波动指数的计算，笔者得到在不同的保障粮食安全目标方案下它们的年吞吐量以及累计吞吐量。经过比较分析，得出不同方案下的累计吞吐量最小值（应持有储备）、累计吞吐量最大值（过剩粮食吞入准备）以及极端储备量，并得到粮食安全储备量。具体模拟结果见表7.13。

表7.13　不同方案下稻谷、小麦、玉米的吞吐量

单位：万吨

品种方案		方案一(0, 0)储备量	方案二(-2%, 2%)储备量	方案三(-2.5%, 1.5%)储备量	方案四(-1.5%, 2.5%)储备量
稻谷	应持有储备量	7315	5971	5652	6289
	过剩粮食吞入准备	8699	4882	6427	3434
	极端储备能力	16014	10853	12079	9723
小麦	应持有储备量	6701	5967	5783	6150
	过剩粮食吞入准备	8397	6215	7115	5316
	极端储备能力	15098	12182	12898	11466
玉米	应持有储备量	4649	3581	2409	4802
	过剩粮食吞入准备	2991	2452	3261	1812
	极端储备能力	7640	6033	5670	6614
合计	应持有储备量	18665	15519	13844	17241

资料来源：由本书计算所得。

从表7.13中可以看出，四种方案下，保障粮食安全的三种粮食的储备量以及总储备量。方案二的情况下稻谷应持有储备量为5971万吨，要比最大的方案一的粮食应持有储备量少1344万吨；小麦的粮食安全最小储备量是采取方案三之时，其保证粮食安全的储备量为5783万吨，同样是方案一

的储备规模最大。玉米的安全储备量最小值为方案三的 2409 万吨，与稻谷和小麦不同的是，保障玉米安全储备量的最大值发生在采取方案四的情况下。为了更清晰地了解不同方案下不同品种的储备量，笔者把表 7.13 中各品种的安全储备量以及总储备量绘制成图 7.2。

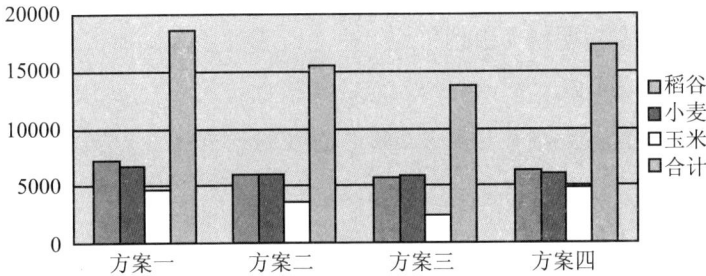

图 7.2　不同方案下应持有储备量比较

可以从图中清晰看出，方案一的总储备规模最大，为 18665 万吨，方案三的规模最小，为 13844 万吨。显然，完全熨平粮食产量的波动需要更多的库存，相应的成本也将是最高。采用非对称的吞吐方式的方案二、方案三、方案四的总体规模水平接近，但是稻谷、小麦、玉米在不同方案下的储备规模存在着差异。

（四）　储备粮分品种储备规模测算结论

本节运用波动指数法测算了保障粮食安全目标下的稻谷、小麦与玉米在四种不同调节方案下的储备规模，与本章前一节总的粮食储备规模相比较来看，总体上应持有的储备规模在不同调节方案下特征是一致的，但个别品种也存在一定的差异性，这也是需要分品种进行测算的缘由。经过上文的测算分析，最终储备规模的确定要根据预测或实际的粮食供需形势来确定：

若经过研究预测到或者有证据表明粮食供给将呈现出过剩的状态，那么此时宜采用降低保障粮食安全的储备成本且能有效改善粮食市场疲软状态的吞吐的方案四。该方案须待到波动系数大于 2.5% 才进行吞入的操作，此时粮食的市场价格由于供大于求已经较低，可以降低吞入的成本，此外由于推迟吞进而减少了粮食库存的规模，还可以缓解供需的不均衡状况。此方案下粮食库存的吐出时机是波动系数达到 −1.5% 之时，这样及时地吐出库存，能避免粮食价格上涨过快，造成粮食消费者的利益受损，同时也可以减缓粮食增产的压力。

若经过研究表明粮食市场将处于供小于求的状态，那么为了避免未来出现粮食短缺的状况，同时保护粮农的积极性，此时宜采用的吞吐方案为方案三。在粮食波动系数达到 1.5% 时就及时地进行吞入操作，提早将粮食吸纳入库存，待粮食供给波动系数达到 −2.5% 之时再进行吐出库存的操作，这样一方面缓解了粮食市场的紧缺状态，另一方面也在一定程度上刺激了粮价上涨，提高了粮农的种粮积极性，有利于后期的粮食增产，缓解未来的供应紧张状况。

当然，由于稻谷、小麦和玉米的品种特征以及消费者消费习惯的不同，在进行具体的储备方案决策之时，要针对各个品种分别进行研究预测，进而采取相应的吞吐方案，而不应只进行总量分析。

第八章　粮食储备调控效率评价及影响因素分析

　　粮食储备调控对于稳定粮食价格、保障粮食供应以及国家粮食安全具有重要作用，但在实际操作中，粮食储备调控又存在较多的争议，诸如粮食储备调控应当以稳定价格为储备目标抑或是以保障粮食安全为目标，又或两者兼顾。粮食储备调控目标模糊、调控依据不明晰等问题将严重影响粮食储备调控效率，难以达到政府调控粮食市场的预期效果。本书从实证的角度对我国现行粮食储备制度下的粮食储备调控效果进行分析，以考察储备粮规模及其吞吐对我国粮食价格的影响方式及程度，在粮食储备理论及已有文献的基础上，构建粮食储备调控效率模型，并采用阿尔蒙多项式变换法和广义最小二乘法（GLS）对模型进行修正，运用修正后的模型深入研究粮食储备变动量、粮食生产价格、粮食市场价格三者之间的关系。在量化分析我国现行粮食储备调控政策的效果的基础上，深入探讨提高粮食储备调控效率的思路与举措，更进一步完善我国粮食储备调控运行体系。

　　在现实中要实现粮食储备调控目标，提高粮食储备调控效率，达到预期理想的调控效果，则受到多方面因素的制约。目前学者对我国粮食储备调控效果影响因素的研究较少，且主要是通过间接研究粮食价格及粮食供给的影响因素来对影响粮食储备宏观调控的因素进行分析或介绍。本书在对我国现行粮食储备制度下的储备调控效率进行分析的基础上，对影响粮食储备调控效率的因素进行研究，主要定性分析粮食储备政策因素、粮储企业的逆向操作行为以及粮食供需变化因素对我国粮食储备调控效率的影响。

一、我国粮食储备调控效率评价

（一）我国粮食储备调控已有的成效分析

我国对粮食市场实行价格干预和储备吞吐运作相结合的宏观调控政策，是市场经济条件下我国保持粮食供求基本平衡和价格基本稳定的重要举措，是保证经济社会平稳较快发展的关键支撑。[①] 目前学者对国家粮食储备宏观调控效果的研究多侧重于理论分析，较为公认的我国粮食储备调控的效果主要体现在以下三方面：

1. 保护农民种粮积极性，促进粮食增产和农民增收

粮食价格支持政策（即最低收购价政策和临时收储措施，即"托市收购"）是国家运用粮食储备进行宏观调控的基本手段。通过事先设定目标价格、适时启动支持性收购的政策组合，将市场粮价保持在合理水平，从而保障农民种粮基本收益。一方面，国家通过逐年提高粮食最低收购价的方式，确保市场收购价格稳步上升；另一方面，对托市收购的粮食按顺价销售原则实行公开竞价销售，稳步提高粮食销售价格。在托市政策作用下，国内粮价保持合理、稳健的上涨趋势，农民种粮积极性显著提高，粮食生产持续稳定发展。特别是 2008 年下半年受国际粮价持续大幅下跌及金融危机等影响，国内粮价下行压力较大，国家及时在相关主产区对玉米、大豆、油菜子、稻谷实行临时增加收购储备的措施，托住了市场粮价，保护了种粮农民的利益。

2. 有效引导和稳定市场预期，活跃粮食购销市场

国家粮食储备宏观调控能引导市场主体形成合理的价格预期，使粮价保持稳步、小幅上涨趋势，不会大起大落急剧动荡，基本维持在目标价格附近的合理区间内波动。

---

① 朱满德：《中国粮食宏观调控的成效和问题及改革建议》，《农业现代化研究》2011 年第 7 期。

当粮食市场预期趋稳、经营风险降低，各类市场主体的入市积极性都会有显著提高。大型粮食企业集团，数量众多的中小型粮食加工企业、贸易企业，以及分散、规模庞大的个体粮商、粮食经纪人等，会积极开展粮食收储、贸易、加工等业务，形成多元化主体自主经营、灵活购销、有序竞争的粮食流通新格局。托市收购和竞拍销售相结合的粮食调控政策，对于促进建立统一、开放、竞争、有序的全国粮食市场体系起到了积极的推动作用。

3. 及时调节和保障市场供求，切实维护粮食市场稳定

临时储备粮的常购常销，加上每年占中央储备粮总量 30% 的轮换经营，使国家成为市场粮价的引导者，主导粮价基本走势。面对粮价异常波动，根据国家政策意图和市场供求情况，通过调整临时储备粮拍卖和出库力度、实行定向购销、发挥"低吸高抛"储备轮换的协同作用、增储或抛售中央储备粮等方式，调节供求和价格，保持粮油市场平稳运行和社会稳定。2008 年粮食危机期间，国际市场粮价飙升，引起多国社会动乱，而我国因为储备库存充足，在关键时刻迅速加大拍卖力度，高峰时每月挂拍小麦达 200 余万吨，有效控制了国际粮价高涨的传导效应，切实保证了我国粮食市场的基本稳定。[①] 粮食价格干预和储备调控政策执行能形成对丰歉调剂、稳定市场的专项粮食储备的有力补充。国家掌握充裕的调控粮源，为应对自然灾害与突发事件，调节区域平衡、保障市场供应奠定坚实的物质基础。

（二）我国粮食储备调控效率模型的构建及数据说明

1. 粮食储备调控效率模型

关于我国粮食储备目标和储备调控政策问题一直存在争议。分歧主要在于：粮食储备是否应该用于稳定价格？新古典主义学派认为政府粮食储

---

① 包克辛：《认真落实调控责任，积极服务"三农"发展，为保持经济平稳较快发展做出新贡献》，《中国粮食经济》2010 年第 2 期。

备平抑价格波动是无效率，竞争性市场下的私人储备能够持有社会所需的最优储备。而结构主义学派则认为通过政府储备调控可以稳定粮食价格，保持宏观经济稳定。[1] 同时，在政府储备与粮价的研究文献中，如叶兴庆的《论粮食供求关系及其调节》[2]，在每个周期求大于供的阶段，政府采取强化生产控制、动用储备等供给管理政策来调节粮食供求关系；在每个周期的供大于求阶段，政府则采取弱化生产控制、降低收购价格以及增加储备收购等需求管理政策来调节粮食供求关系。[3] 在周期的不同阶段，粮食储备政策可以调节粮食供求关系。

根据对新古典储备理论、结构主义储备理论的梳理以及历年研究文献，粮食储备不仅具有应急和战略储备的功能，还是国际调控粮食市场的重要物质手段，国家要想保护农民的种粮积极性，除了对农民进行补贴之外，还要对市场价格进行调控。而调控的重要手段就是通过粮食库存改变市场的供求状况来达到预期调节的目的。可以得出：粮食储备的变动必然会通过供求市场的均衡来影响粮食市场价格，即"粮食储备—粮食供求—粮食价格"。因此，本书提出了粮食储备调控政策的模型：

$$P_t = \alpha_0 + CS_t + C_t + \mu_t \quad (t = 1, 2, \cdots, T) \qquad (8.1)$$

在此理论模型的基础上，本书运用阿尔蒙多项式变换法和广义最小二乘法修正模型：

$$P_t = \alpha_0 + CS_t + CS_{t-1} + C_t + \mu_t \quad (t = 1, 2, \cdots, T) \qquad (8.2)$$

$$\mu_t = \phi\mu_{t-1} + \xi_t \qquad (8.3)$$

本书会对模型的修正过程加以描述，并采用最后通过检验的模型来分析粮食储备变动量对我国粮食市场价格的影响。

2. 数据选取与说明

本书选取1978—2008年的数据作为样本数据。其中，p_t 表示当期的粮

---

[1]　Timmer P. , "Food Security and Economic Growth: An Asian Perspective", *Center for Global Development*, No. 51, 2004.

[2]　叶兴庆：《论粮食供求关系及其调节》，《经济研究》1999年第8期。

[3]　杜鹰、黄延信：《解决目前我国粮食过剩问题的政策建议》，《农村经济文稿》1998年第9期。

食价格指数（1978 = 100）；cs_t 表示当期的储备变动量（亿千克），cs_{t-1} 表示其滞后一期的储备变动量；c_t 表示当期的粮食生产成本（元/50 千克）。

表8.1　我国1978—2008年粮食相关数据

年份	产量＋净 进口（万吨）	粮食价格指数 （1978 = 100）	粮食生产 成本（元/50 千克）
1978	31173	100	11.02
1979	34282	101.7	10.42
1980	33237	99.3	10.53
1981	33864	100.7	11.33
1982	36937	99	9.84
1983	39876	97.5	9.22
1984	41419	94.6	10.86
1985	37579	96.5	10.56
1986	38982	99.5	10.95
1987	41189	98.4	13.54
1988	40224	94.8	15.09
1989	41757	97.6	17.7
1990	45413	91	18
1991	43788	96.1	19.81
1992	44077	113.3	20.75
1993	45027	127.8	21.7
1994	44247	156.1	30.33
1995	48629	182.8	40.52
1996	51506	185.2	47.14
1997	49269	169.2	47.09
1998	51032	168.4	44.43
1999	50852	167.3	42.99
2000	46174	153	42.37
2001	46099	156.6	40.67
2002	45609	156.4	41.91
2003	43123	160	44.59
2004	49431	196.9	40.79
2005	50629	198.1	44.65

续表

年份	产量＋净进口（万吨）	粮食价格指数（1978＝100）	粮食生产成本（元/50千克）
2006	52343	201	45.2
2007	52367	206	47.25
2008	56534	208.2	51.63

注：粮食产量与进口量数据来自历年《中国农业发展报告》，粮食价格指数来自历年《中国统计年鉴》，粮食生产成本根据历年《全国农产品成本收益资料汇编》整理、计算，1990年及以前为平均收购价格（或牌价）。

这里以粮食零售价格指数反映粮食价格，并用商品零售价格指数剔除物价变动的影响。储备量变动是以粮食产量和净进口为基础数据，通过估算粮食消费量计算得来的，即"当年粮食储备变动量＝粮食产量＋净进口量－粮食消费总量"。在分析粮食成本变化时，本书以稻谷、小麦、玉米三种粮食的平均成本（元/50千克）代表粮食生产成本。

（三）我国粮食消费量的估算

在粮食储备变动量的实际计算过程中，每年粮食总产量和进出口量都可以根据统计年鉴直接查找出准确的数据，因此，计算当年粮食储备变动量的关键在于粮食消费总量的估算。当前，我国粮食消费数据还有一些不足，粮食消费统计数据与实际情况出入较大。方法一是先估算年人均粮食消费量，再求粮食消费总量；方法二是先分别计算出食用消费、饲料用粮、种子用粮、工业用粮、粮食损耗，然后加总求出当年粮食消费总量；方法三是采用模型来预测粮食消费总量，罗良国等采用中国科学院农业政策研究中心的中国农业政策分析和预测模型来实现对未来几年我国粮食生产、消费和进出口能力的预测。[①]

在现有条件下，根据上述三种方法估算粮食消费存在一定的困难或是

---

① 罗良国、李宁辉、杨建仓：《中国粮食供求状况分析》，《农业经济问题》2005年第2期。

不能达到我们希望的准确程度，根据这些数据计算的年度粮食储备变动必然也有很大偏差。[①] 因此，本书根据一定假设条件下估算消费总量在不同时期的增长率，结合对库存变动的假设，在粮食供求平衡表的框架内同时模拟粮食消费总量和库存总量的变化。给予如下假设：①粮食消费具有稳定增长的趋势，但是增长速度在不同时期有所区别，主要原因在于生活消费增长速度不同；②粮食储备规模在一定条件下会显著影响粮食价格，因而可以从价格的显著变化推论储备存量（包括农户储备总量）已经发生变化。[②]

在历年的粮食产量和粮食进出口量基础上，给出历年的粮食消费年增长率。①2003年年底与1993年年底粮食储备总量大体相等，表明10年当中生产和进口总量等于消费和出口总量；按照1%的消费年增长率，可以估算这10年期间各年度消费总量、储备变动总量和累计储备变动；1993年到1996年期间储备总量应当明显增加，其后仍有数年持续增长，然后大幅度下降。②从1990年（或1993年）向后根据对粮食消费总量年均增长率的不同假设倒推各年度消费总量和储备变化，1978—1984年期间储备应当大幅度增长，随后几年则明显减少，再以后若干年变化不大，而1993年前后有明显下降。③从2004年我国扭转粮食生产大幅度减产困境后，已经连续出现了增长丰年的局面，但是从增长的势头分析，不容乐观。

具体历年的粮食消费年增长率如下：

方案一：粮食消费增长速度1978—1984年为3%，1985—1992年为2%，1993—2003年为1%，2004—2010年为0.8%或0.85%或0.9%。方案二：粮食消费增长速度1978—1984年为4%，1985—1990年为2%，1991—2003年为1%，2004—2010年为0.85%或0.9%。

---

① 方法一不足是难以判定所估算的人均粮食消费量的准确性；方法二由于生产单位畜牧产品与单位工业品的耗粮系数不易确定，不同学者采用的系数主观性较强，往往差异很大；方法三在模型中的这些因素没有确定的数值结果，具有一定的估算性和主观性，因此通过模型预测的粮食消费量也具有很大的不确定性。

② 苗齐、钟甫宁：《我国粮食储备规模的变动及其对供应和价格的影响》，《农业经济问题》2006年第11期。

表8.2　消费量和储备变动量的估算结果

单位：万吨

年份	方案一						方案二			
	0.8%		0.85%		0.9%		0.85%		0.9%	
	消费量	储备变动	消费量	储备变动	消费量	储备变动	消费量	储备变动	消费量	储备变动
1978	31912	− 739	31912	− 739	31912	− 739	30714	459	30714	459
1979	32869	1413	32869	1413	32869	1413	31942	2340	31942	2340
1980	33855	− 618	33855	− 618	33855	− 618	33220	17	33220	17
1981	34871	− 1007	34871	− 1007	34871	− 1007	34549	− 685	34549	− 685
1982	35917	1020	35917	1020	35917	1020	35931	1006	35931	1006
1983	36994	2882	36994	2882	36994	2882	37368	2508	37368	2508
1984	38104	3315	38104	3315	38104	3315	38862	2557	38862	2557
1985	38866	− 1287	38866	− 1287	38866	− 1287	39640	− 2061	39640	− 2061
1986	39644	− 662	39644	− 662	39644	− 662	40433	− 1451	40433	− 1451
1987	40436	753	40436	753	40436	753	41241	− 52	41241	− 52
1988	41245	− 1021	41245	− 1021	41245	− 1021	42066	− 1842	42066	− 1842
1989	42070	− 313	42070	− 313	42070	− 313	42907	− 1150	42907	− 1150
1990	42912	2501	42912	2501	42912	2501	43765	1648	43765	1648
1991	43770	18	43770	18	43770	18	44203	− 415	44203	− 415
1992	44645	− 568	44645	− 568	44645	− 568	44645	− 568	44645	− 568
1993	45092	− 65	45092	− 65	45092	− 65	45092	− 65	45092	− 65
1994	45543	− 1296	45543	− 1296	45543	− 1296	45543	− 1296	45543	− 1296
1995	45998	2631	45998	2631	45998	2631	45998	2631	45998	2631
1996	46458	5048	46458	5048	46458	5048	46458	5048	46458	5048
1997	46922	2347	46922	2347	46922	2347	46922	2347	46922	2347
1998	47392	3640	47392	3640	47392	3640	47392	3640	47392	3640
1999	47866	2986	47866	2986	47866	2986	47866	2986	47866	2986
2000	48344	− 2170	48344	− 2170	48344	− 2170	48344	− 2170	48344	− 2170
2001	48828	− 2729	48828	− 2729	48828	− 2729	48828	− 2729	48828	− 2729
2002	49316	− 3707	49316	− 3707	49316	− 3707	49316	− 3707	49316	− 3707
2003	49809	− 6686	49809	− 6686	49809	− 6686	49809	− 6686	49809	− 6686
2004	50208	− 777	50233	− 802	50257	− 826	50233	− 802	50257	− 826
2005	50609	20	50660	− 31	50710	− 81	50660	− 31	50710	− 81

续表

年份	方案一						方案二			
	0.8%		0.85%		0.9%		0.85%		0.9%	
	消费量	储备变动	消费量	储备变动	消费量	储备变动	消费量	储备变动	消费量	储备变动
2006	51014	1329	51090	1253	51166	1177	51090	1253	51166	1177
2007	51422	945	51524	843	51627	740	51524	843	51627	740
2008	51834	4700	51962	4572	52091	4443	51962	4572	52091	4443
2009	52248		52404		52560		52404		52560	
2010	52666		52849		53033		52849		53033	

模拟结果见表8.2。分析得出，方案一中0.8%以及方案中0.85%两组数据模拟结果较接近现实消费量，储备变动量趋势与估算数据相吻合，本书采用这两种数据建立模型分析具有一定的可靠性。

（四）我国粮食储备调控效率模型的修正

在初始理论模型运行结果中，储备变动量对粮食价格指数的影响并不显著，且存在序列相关。同时，考虑到粮食变动量是期末与期初的差值，差值正向越大说明第二年如市场供不应求的时候可以释放更多的储备量来调控市场的供求，平衡粮价的波动，即储备变动量对未来一年的粮食价格产生影响。因此，综合分析考虑在模型中添加滞后项或序列自相关因素。

1. 阿尔蒙分布滞后模型

在对含有滞后变量的模型进行参数估计、回归分析时，不能直接采用最小二乘法进行估计。[①] 因此，当含有滞后变量时，如果滞后分布是有限的，则考虑采用阿尔蒙多项式法。由于本书中模型含一期滞后，因此可以将模型变换为一阶阿尔蒙多项式。对原模型进行阿尔蒙多项式变换后，用最小二乘法对变换后的模型（阿尔蒙分布滞后模型）进行估计。

---

① 童光荣、何耀：《计量经济学实验教程》，武汉大学出版社2008年版。

本书中变换后模型未施加约束的估计结果为：

表8.3　阿尔蒙多项式转换后的回归结果

变量	方案一				方案二			
	估计值	标准差	t 值	概率	估计值	标准差	t 值	概率
常数	66.40	4.83	13.76	0.0000	66.81	4.89	13.65	0.0000
CS	0.0028	0.0011	2.67	0.0128	0.00296	0.0011	2.74	0.0109
CS（-1）	-0.0031	0.0011	-2.78	0.0041	-0.00279	0.0011	-2.46	0.0061
C	2.5145	0.15	16.94	0.0000	2.50	0.15	16.57	0.0000

回归方程式分别为：

$$P_t = 66.40 + 0.0028CS_t - 0.0031CS_{t-1} + 2.5145C_t + \mu_t \qquad (8.4)$$

$$P_t = 66.81 + 0.00296CS_t - 0.00279CS_{t-1} + 2.5014C_t + \mu_t \qquad (8.5)$$

两个方程的回归结果中（以万吨为单位），各变量的 t 值均通过了显著性检验，说明各变量前的系数均显著不为零。同时，$R^2 = 0.92$，矫正后为 0.91，$F = 102.08$ 或 99.24（Pr = 0.0000），也通过了显著性检验，说明模型对因变量拟合得较好，因变量的真实值距离拟合值更接近。添加滞后项以后模型整体拟合能力显著增强，自变量能够很好地解释因变量的波动。

但是，D.W. = 0.7321 或 0.6969 < 1.27（5% 的水平下），说明模型可能存在序列相关性。另外，以回归残差作为被解释变量，选取其滞后一期作为解释变量，建立模型，得出矫正后的 $R^2 = 0.40$ 或 0.42 以及 D.W. = 1.57 或 1.53，也认为随机误差项之间存在一阶自相关。根据上述检验结果，本书决定对模型进行修正，以消除序列相关性。两种方案的回归估计结果比较相近，但是总体上方案一较好，因此本书只对方案一的模型进行修正，并用修正后的模型来分析粮食储备变动量对粮食市场价格的调控作用。

2. GLS 修正自相关模型

当模型随机误差项之间存在一阶序列相关时，往往采用广义最小二乘法对模型进行修正。① 运用广义最小二乘法对模型进行修正时，首先需要计算一阶自相关系数 ρ（$\rho = 1 - D.W. / 2 = 0.633927$），从而得到矩阵 Ω 矩阵（模型误差项的方差—协方差矩阵为 $\sigma^2 \Omega$）。之后分解 Ω 矩阵，对分解后的矩阵求逆矩阵，用求得的逆矩阵乘原模型两边，便可以得到消除了序列相关的新模型。对新模型进行普通最小二乘法估计。得到模型结果（以十亿千克为单位）如下：

$$P_t = 32.67 + 0.165CS_t - 0.22CS_{t-1} + 2.44C_t + \xi_t \qquad (8.6)$$
$$(7.41) \quad (2.17) \quad (-2.75) \qquad (9.21)$$

回归结果中，解释变量的估计系数均通过了显著性检验，对被解释变量存在显著的影响；$R^2 = 0.80$，矫正后为 0.77，F = 32.80（Pr = 0.0000），也通过了显著性检验，表明模型整体显著；D.W. = 1.36，大于 5% 显著性水平下的临界值 1.27，对残差的回归检验也证明序列相关性已不存在。说明通过广义最小二乘法对模型进行修正后，模型的序列相关性得以消除，估计出的参数为线性无偏估计。另外，对回归残差进行单位根检验时，t 值为 -3.91，概率为 0.0057 < 1%，即在 1% 的水平下，拒绝原假设，认为残差是平稳序列，也说明新模型的拟合结果较好。因此，本书运用根据该模型运行结果来分析粮食储备变动量对我国粮食市场价格的影响。

同时，运行结果也表明储备变动量对当期及未来一期的粮食价格都具有一定的影响，且对未来一期粮食价格的影响要大于对当期粮价的影响。以每十亿千克为单位，储备变动量每增加一单位，通过对市场供求进而影响当期粮食价格指数上升 0.165 个点；而对未来一期的粮食价格具有抑制作用，即当期储备变动量每增加一单位，未来一期的粮食价格指数则下降 0.22 个点。对当期的影响，粮食储备变动量的增加可以看成是当期的需求量增加，导致当期的粮价略微上升；同时，当期粮食储备变动量的增加会使得下一期的可动用的粮食库存量增加，会增加市场上粮食的供给，从而

---

① 童光荣、何耀：《计量经济学实验教程》，武汉大学出版社 2008 年版。

使得下一期粮食价格下降。

图 8.1 反映的是粮食储备变动量对粮食价格的绝对影响，粮食储备变动量对当年以及未来一期的粮食价格的影响大致呈相反方向。储备量变动增加时，当期的价格指数上升幅度最大时达到 8.33 个点，对下一期最大下降幅度则是 11.11 个点；当变动量减少时，当期价格指数最大下降幅度为 11.03 个点，下一期价格指数最大上升幅度为 14.71 个点。当考虑当期和上一期储备变动量对当期价格的综合影响时，在 2000 年引起粮价下降 10.15 个点，占到当年粮价的 6.63%；2004 年引起粮食价格指数上升幅度最大为 13.43 个点，占当期粮价的 6.82%。

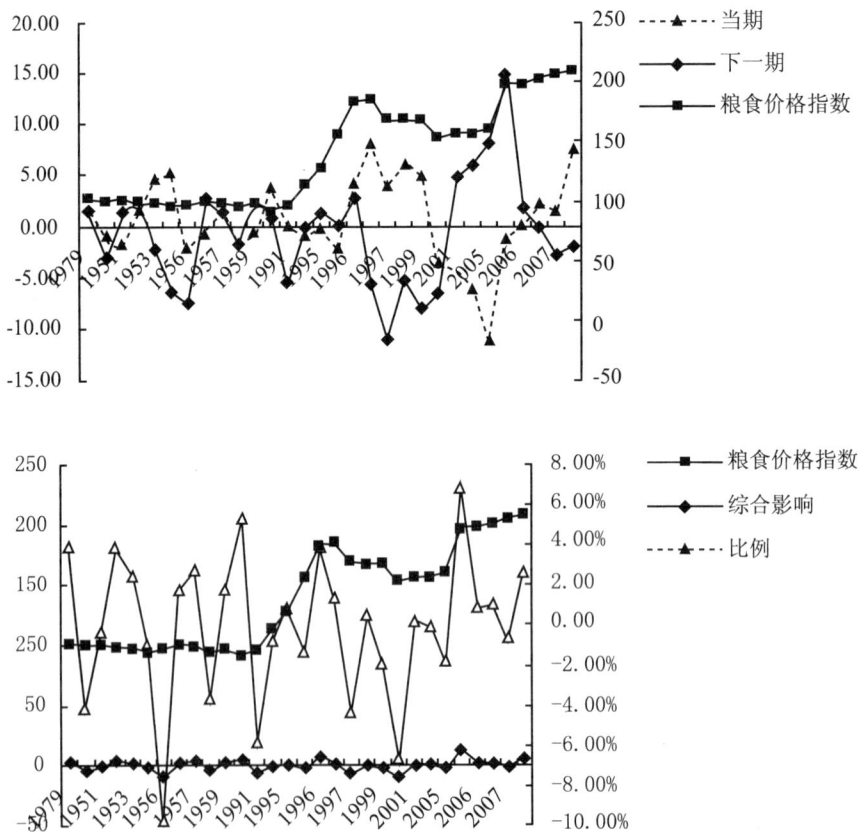

图8.1 储备变动量对粮食价格的影响

2000 年左右粮食价格下降，一方面是 1995—1999 年，我国粮食生产连续五年取得丰收，粮食的丰收对市场产生了较大的压力，从而造成了粮食价格的下滑；另一方面是国家调控的结果，1994 年 5 月，针对我国粮食市场供给趋紧，价格暴涨的现状，国务院发出《关于深化粮食购销体制改革的通知》，重申定购是农民应尽的义务，必须完成，定购价格由国家确定。因此，1995—1999 年国家大量收购粮食，粮食储备量逐年增加，而 2000 年之后粮食产量与净进口量大幅下跌，国家投放储备量调节粮食市场供求，导致粮食价格下降。

2003 年粮食产量为近十几年来的最低点，粮食由供大于求向产不足需转变。2004 年、2005 年中央和国务院先后颁布关于促进农民增加收入和进一步加强农村工作，提高农业综合生产能力若干政策的意见。从 2004 年已经连续出现了增长丰年的局面，政府采取增加储备收购等需求管理政策来调节粮食供求关系，对粮价的回升起到了一定的刺激作用。

（五）我国粮食储备调控效率的实证结果分析

模型结果表明，粮食生产成本对粮食市场价格的影响明显，即粮食生产成本每增加一单位（每 50 千克），引起当期粮食价格指数上涨 2.44 个点。目前我国粮食价格上涨，很大一部分是因为粮食生产投入成本如化肥施用量、人力资源成本等上涨。结合可决系数以及各解释变量的估计系数大小，可推论粮食生产成本占粮食市场价格构成的主要部分。若想调节粮食市场价格，重点应该放在对粮食生产成本的调控上。一直以来国家对于粮食生产环节也采取了强有力的措施，直接给予种粮农户现金补贴，以提高粮农种粮的积极性，增加收入。

在市场经济条件下，粮食价格波动是市场供求矛盾运动的结果，是由粮食供求总量失衡、结构失衡等原因所引起的。通常而言，粮食价格的波动主要取决于粮食供给量的变化。模型结果中粮食储备变动量对价格的影响作用显著，粮食储备变动量与价格的走势具有协调性，也进一步说明了可以通过储备变动来调节市场供求进而调节粮食价格。同时，粮食储备变动量对价格的影响系数较小，可以看出粮食储备行为并不是基于价格的投机，而更多的是基于安全的考虑。

由以上分析可知，虽然粮食生产成本占粮食市场价格构成的主要部分，对粮食市场价格的调节重点放在对粮食生产成本的调控上，但是，目前我国实行的粮食最低收购价政策以及对农户粮食储备给予补贴支持的政策，都对粮食市场供求和粮食市场价格产生了一定的影响。政府能够通过粮食储备来改变粮食市场的供求状况，进而来调控当期或未来一期的粮食市场价格，对于熨平价格波动幅度，也起到了一定作用，因此政府应积极发挥粮食储备对市场价格的调节作用，维持粮食市场的稳定。

二、我国粮食储备调控影响因素分析

（一）粮食储备政策对粮食储备调控效率的影响分析

对粮食储备政策影响因素的分析主要从粮食储备调控目标、粮食安全保障程度、粮食储备的层级布局、粮食储备调控运作方式以及市场整合的角度展开。下面将逐一进行分析：

1. 粮食储备调控目标与粮食安全保障程度因素的影响

粮食储备调控目标与粮食安全保障程度因素影响分析探讨的是界定不同的储备调控目标和设定不同的保障程度对终端调控效率的影响。首先就粮食储备调控目标的界定而言，目前关于我国粮食储备调控的目标主要分为两大学派：一大学派认为粮食储备的目标应该单一，仅仅是用于保障我国粮食安全；另一学派则认为粮食储备目标应该多元化，兼顾保障粮食安全、稳定粮食价格与保护农民收入等多个方面。赋予中央储备粮不同的目标：一方面在不同的储备目标的指导下，所选择的储备调控思路也存在一定的差别；另一方面被赋予的目标越多，承担的负荷越重，所需储备的规模也就越大。因此储备目标的选择将直接影响着储备调控思路及其储备规模，进而对最终的粮食储备调控效率产生影响。其次就设定的保障程度而言，也是通过影响粮食储备规模来影响最终的调控效果的。若政府对目前的粮食安全形势持乐观态度，认为可适当降低保障程度，则所需的储备规模小。反之，若政府担忧目前的粮食安全态势，认为应该加大保障力度，则应相应扩大粮食储备规模。粮食储备规模大，则预示着政府掌控的储备量充足，可调控力强。

2. 粮食储备的层级布局因素的影响

粮食储备的层级布局从储备制度体系结构与储备粮区域、品种分布结构的角度影响着粮食储备调控的效率。首先，就粮食储备的层级而言，我国粮食储备是国家储备、地方储备、企业储备与农户储备多层级的储备体系，不同的储备主体之间既相互联系，又存在利益冲突。由于各层级利益的相互牵扯，当各自利益相互冲突时，都选择有利于自身的策略，则可能存在地方、农户与中央的方向政策相悖的行为，这在一定程度上减弱了调控力度，降低了调控效率。其次，是粮食储备的区域布局结构的影响。储备粮库的布局结构将会影响到粮食收购与释放时的时间与空间距离，从而影响储备调控的成本和效率，如果储备粮库主要分布在主产区，当市场上粮食过剩时有利于迅速收购多余的粮食，防止粮价下滑；如果储备粮库主要分布在主销区，当粮食市场供不应求的局面时，则有利于迅速将粮食投放到市场，缓解粮价上涨。但是无论是将储备粮库主要设置在主产区还是主销区，都不能既在粮食供过于求时有效率，又在粮食供不应求时是有利的。正是由于这一矛盾，关于储备粮库的布局一直存在争议性，政府基于不同的考量来布局储备粮库，都影响着终端的调控效果。第三，是储备粮品种结构布局的影响。我国主要粮食作物有小麦、玉米、稻谷等，在选择储备粮的品种构成时是否符合粮食生产布局，是否符合粮食贸易流量和流向的变化，是否符合当地居民的消费特点与习惯都会对预期的调控目标及效果产生正向或负向的影响。

综上分析可知，要达到理想的粮食储备调控效果，需要站在一定的高度从整个粮食储备体系建设的角度出发，处理好粮食储备各层级之间的关系、合理规划储备粮库的布局，有效布局粮食储备品种，能够尽量减少调控过程中因结构矛盾造成的损失，提高储备调控效率。

3. 粮食储备调控运作方式因素的影响

粮食储备调控运作方式是指在粮食储备调控目标的指导下所选择的储备调控思路，包括储备调控依据、储备调控模式、储备粮轮换制度等方面。首先来看粮食储备调控依据。在实际的粮食储备运作过程中，选择不同的调控依据，则监测的对象不同，政府可以选择以粮食生产年际波动为调控依据，也可以选择以价格波动为调控依据。但是不同的选择其动用储备粮的频度或者次数不同，也会影响到储备粮的吞吐时机及其吞吐量，从而影响储备粮调控的成本效率、社会福利等方面。其次是储备调控模式的影响。马九杰分别介绍了粮食储备调控的三种模型，即全额模型、差额模型及比例模型。基于不同的模型，其调控的方式存在很大程度的差别，对市场的调控力度也各不相同。如何选择一种调控模型，既能缓和粮食市场的过度波动，又能不过度操控粮食市场，是提高粮食储备调控效率所应该考量的。第三是储备粮轮换制度因素的影响。若储备粮轮换周期过长，则会导致储备的粮食陈旧甚至变质，在储备过程中粮食损耗严重，影响终端消费者消费品质；若储备粮轮换周期过短，轮换次数频繁，则加重了相应的轮换成本，加剧了国家财政负担。因此结合不同品种的粮食作物的自然特性，选择合适的轮换周期，才能在节约成本的前提下保障粮食储备调控的效果。[①]

综上所述，粮食储备调控运作方式对终端调控效率的影响体现在各个环节，且环环相扣，从目标的选择到调控依据、调控模型的确定，都以储备粮吞吐时机及吞吐量为介质影响着最终的调控效果。而储备粮轮换机制则是保障储备粮品质的机制，在储备调控运作中，配以合理的储备轮换制度，才能保障最终到消费者手中的粮食质量。

4. 市场整合因素的影响

市场因素包括国内粮食市场整合和充分利用国际市场两个方面。首先来看国内市场整合因素的影响，国内市场整合程度将直接影响着粮食储备

---

① 马九杰、张传宗：《中国粮食储备规模模拟优化与政策分析》，《管理世界》2002年第9期。

的共享范围，由于总体的稳定性要大于局部，因此其共享范围的大小对所需的粮食储备规模也不同。如果市场发育良好，全国范围内是一个统一的大市场，整合程度高，则可以以相对较小的规模覆盖较大的保障范围，能最有效地利用储备粮；相反，如果按照地理位置或者产、销区域将市场进行分割，市场整合程度低，每个地区的生产波动都需要依靠自身的储备来平抑，则各地区的规模加总必会高于统一市场下的粮食储备规模水平，加重国家财政负担。① 其次来看国际市场因素的影响。我国是 WTO 成员国，注重与国际市场接轨，有效结合国际、国内两个市场，充分利用国际市场贸易来缓和粮食供给波动，建立健全完善的粮食储备调控与流通体系，一方面可以在一定程度上降低粮食储备规模，运用国际市场吸收部分波动；另一方面在全球出现粮价波动的形势下，则会对我国粮食市场进行一定的冲击，加大了粮食储备调控市场的难度。

（二）粮储企业逆向操作对粮食储备调控效率的影响分析

我国目前形成了以国家粮食专项储备、地方粮食储备和社会粮食储备相结合的粮食储备管理格局以及中央、省级、地县多层次储备的组织管理体系。粮食储备的承储主体以中储粮总公司和地方政府建立的国有粮食承储企业为主，各级粮储企业既承担执行国家粮食储备宏观调控政策的义务，同时又要作为自主经营、自负盈亏的企业法人开展相关的业务活动。在这种双重目标的约束下，国有粮储企业在运作储备粮时，出于企业自身或地方部门的利益，常常偏离储备粮运作的目标进行逆向操作，在粮价下跌粮储企业本应托市收购增加储备的时候，却不愿收购或收购量很少；当粮食供求紧张粮价上涨时本应抛售储备稳定市场的时候，却少抛惜售，待价而沽，甚至逆向操作增加粮食储备，以期未来获得超额利润。2010 年极端天气导致多国农业生产损失严重，俄罗斯等国粮食出口禁令更引发全球

---

① 朱晶、钟甫宁：《市场整合、储备规模与粮食安全》，《南京农业大学学报（社会科学版）》2004 年第 3 期。

小麦价格大幅上涨，我国也受到粮价上涨预期的影响，农民囤粮惜售，粮储企业本应抛售储备增加供给，但在河南、安徽等小麦主产区却出现了中储粮、中粮等多家粮企抢购粮食的情况。[①]

粮储企业的逆向操作使国家依靠粮食储备来调控粮食市场的政策效果大打折扣，不但没能及时发挥粮食储备本应具有的调剂余缺、平抑粮价波动和稳定粮食市场的功能，反而可能使粮食市场供求更加失衡，扩大粮食价格波动，加剧粮食市场动荡。但是目前鲜有学者对粮储企业逆向操作行为的具体研究，对于其产生的原因及调控的措施还仅仅是简单的定性描述或探讨储备问题时的一笔带过，没有深究其产生背后的经济学原理。本部分将在博弈论的视角下，从粮储企业充当粮食市场的买方和卖方分别进行研究，探讨粮企逆向操作问题形成的根本原因及其对策，并在推导和证明的基础上构建博弈粮企的收益函数，相比大多博弈研究仅通过推测而没有理论推导的收益假设，使博弈过程的分析更具合理性和客观性，也使所得结论更具说服力和可信性。

（三）粮食市场供需变化对粮食储备调控效率的影响

我国粮食储备的调控效果能够通过粮食市场价格的波动是否得到有效的平抑和调节来体现，因而影响我国粮食价格波动的因素都会影响到我国粮食储备的调控效果。进一步分析可知，对粮食供给与需求产生影响的因素自然都会对粮食价格产生影响，主要包括以下几点：

1. 上期的粮食产量的变化

由于我国粮食收获的季节性因素，上期的粮食产量对当年粮食的供给影响很大，较高的粮食产量增长率可引起市场供给增大，市场供给量扩大会使得市场价格下降，反之亦然。

2. 农业生产资料价格的变化

农业生产资料价格的上涨将推动加大粮食生产成本，从而影响到农民

---

① 何蒲明、黎东升、王雅鹏：《储备粮运作与粮食价格变动关系的实证分析》，《中国农业资源与区划》2010 年第 8 期。

的粮食生产，减少粮食的供给量，从而推动粮食价格的上涨。

3. 城镇居民人均收入水平和人口数量的变动

人口数量的增加将加大对粮食的需求，对粮食价格上涨形成向上的拉力，但人均收入水平的增加，对粮食需求量的影响则相应比较复杂，尤其是在我国居民生活质量不断提高的时候。一方面，人均收入水平的增加将直接产生两种效应——收入效应和替代效应，前者会增加粮食消费，后者使居民转向消费肉类、奶制品、水果等其他食品，粮食需求量的变动取决于这两种效应哪个更大些；另外一方面，随着居民生活质量的提高，人们食物消费结构的变动，导致对粮食间接消费的提高，加大了粮食需求。因此收入水平的变动对粮食市场价格的效应既可为正也可为负。

4. 上一期粮食净进口量

由于我国粮食进出口政策的作用，我国上期的粮食净进口数量变化对当年粮食市场供给的影响比较大。上期粮食净进口的增加一般会导致市场上粮食供给增大，缓解市场上供给紧张的局面，因此对市场价格会有负的影响。

（四）研究结论

影响粮食储备调控效率的因素是多方位的，本书对政府的粮食储备政策制度因素及粮食市场供需变化因素进行了定性分析，并从实证的角度基于博弈模型对粮储企业的逆向操作行为因素进行深入探讨。站在国家的角度，粮食储备政策制度因素属于内在因素，国家通过运用操作储备粮以调控粮食市场，为了达到目标，需要制定相应的政策与制度，构建合理的储备调控体系，以提高粮食储备调控效率。而粮储企业的逆向操作与粮食市场供需变化因素则是在政策执行过程中所处的客观环境与遇到的阻力因子，属于外在因素。因此要实现预期的理想效果，需要在认清我国国情与粮情的形势下，明确我国粮食储备调控目标，合理布局粮食储备层级，建立完善的粮食储备运作机制，并有效引导粮食企业行为，对我国粮食市场进行适度调控。

第九章　我国粮食储备调控模拟的实证分析

——以我国稻谷市场为例

关于粮食储备目标定位问题一直存在争议，成为了各学者讨论的热点。主要的焦点在于粮食储备是应该以粮食安全为目标还是以稳定价格为目标，以及由此引起的不同调控思路。本章将选择性吸收均衡理论、蛛网理论与宏观调控理论的思想与观点，运用数理经济分析方法，在分析调控参与主体行为的基础上，构建粮食储备调控理论模型，并以我国稻谷市场为载体，对两种储备目标下的调控过程进行模拟分析。通过比较分析不同政策目标下调控方式的成本效率、调控效果以及社会福利等因素，进而为确定我国粮食储备目标，选择适合我国的粮食储备调控政策和测算最优储备规模提供可参考的建议和实证依据。

一、粮食储备调控理论模型的构建

（一）粮食储备调控参与主体的行为分析

粮食储备调控是指运用储备粮对粮食市场进行调控的过程，通过影响市场供求关系以实现政策目标。市场供求关系所涉及的行为主体包括生产者、消费者以及政府调控。这些市场参与主体分别从各自的角度，通过生产、消费、储备行为影响着粮食市场的供给量与需求量，进而影响粮食价格的变化；反过来，粮食价格又在不同程度上影响各参与主体的行为。因此，本节将分别分析生产者供给行为、消费者需求行为，以及政府在不同政策目标下的调控行为，为构建粮食储备调控理论模型奠定基础，建立粮食储备调控政策分析框架。

1. 生产者供给行为分析

（1）粮食生产供给分析

从长期来看，真正的市场供给是生产者提供的生产供给，因为只有生产行为才真正创造了新粮食。一个生产周期的粮食生产受到多种因素的影响，如农户生产意愿、政府财政投入、耕地面积限制、气候条件等自然因素以及当时的生产技术水平等因素的影响。因此可以将粮食生产方程抽象为：

$$Y = f(\partial_1 x_1 + \partial_2 x_2 + \cdots + \partial_i x_i)(i = 1,2,\cdots,n) \tag{9.1}$$

其中，x_i 分别代表农户播种面积、农户生产资料投入、政府财政投入、生产周期内自然条件以及科技水平等一系列影响粮食产量的因素。在这些因素中，粮食生产受当地的气候环境等自然因素影响较大，但自然条件属于不可控因素，具有不确定性；政府财政投入的影响是多方面、多环节的；科技水平可以通过改变外部环境和条件对技术进步加以激励，但由于其研发难度大、成本高、推广耗费时间长，对于短期研究可忽略不计。由此看来，如果不考虑自然因素、政府投入及科技水平等不可控因素，则可以说生产者的生产行为直接决定着基本的粮食供给。

（2）农户生产决策行为分析

从农户个体的角度来看，其生产决策行为是建立在利润最大化的基础上。其生产收益表达式为：$R = P_{t+1} \times Y - C + r$。其中 R 代表农户生产收益，P_{t+1} 代表预期粮食价格，Y 代表粮食产量，C 代表生产成本，r 代表额外收益（如政府补贴等）。从表达式可以看出，农户种粮收益受到预期价格、粮食产量、生产成本及其政府支农政策等因素的影响。若暂不考虑政府支持的因素，在特定的粮食预期价格下，农户要使得收益最大化，一方面是增加产量，另一方面是降低种植成本。

粮食产量方面，由上述粮食生产方程可知，决定粮食总产量 Y 的因素为农户粮食播种面积及其生产资料的投入。而农户播种面积及其生产资料的投入都受到预期价格 P_{t+1} 的影响，存在 $g(x_1, x_2) = f(P_{t+1})$（x_1 为农户播种面积，x_2 为生产资料的投入量）的关系，且 x_1、x_2 在变动方向上具有一致性，即若农户预期未来粮食价格有上涨的趋势，会作出扩大播种面积的决策，同时相应增加生产资料的投入量，以获得更多粮食产出，反之亦然。而生产成本方面，主要取决于生产资料投入量及其生产资料价格，生产资料的价格与粮食预期价格的关系不大，可以看作是外生给定的。因此，农户预期粮食收入与预期价格存在正相关关系。农户生产决策机制为：预期未来粮食价格上涨，则扩大种植面积与生产投入，反之亦然。对未来粮食价格的判断是决定农户生产行为的主要因素。

综上所述可知：第一，从短期来看，粮食生产供给取决于农户的生产决策，即粮食播种面积及生产资料的投入；第二，农户的生产决策行为取决于对未来粮食价格的判断。

2. 消费者需求行为分析

粮食需求是指消费者在某一特定时期、在每一价格水平上愿意而且能够购买的粮食数量。首先是消费者有购买意愿，即消费者能从粮食消费过程中获得满足，取得效用；然后是消费者有购买能力，即是否能够实现其购买意愿，将意愿转化成为有效需求，这在一定程度上受到收入、粮价及其他产品或服务价格的影响，也就是预算约束。因此，粮食的有效需求是个体消费者在一定的预算约束条件下，实现效用最大化的粮食消费数量。粮食市场的总需求则是所有个体消费需求的总和。基于以上分析，可知粮食需求受到粮食本身价格、其他替代或互补商品价格、消费者偏好以及消费者收入等诸多因素的影响。其表达式为：

$$Q_d = f\ (P_p,\ P_1,\ \cdots,\ P_n,\ \cdots,\ I) \tag{9.2}$$

式中，Q_d 为各时期的粮食需求数量；P_p 为粮食价格；$P_1,\ \cdots,\ P_n$ 为其他可替代商品的价格（n 种）；I 为人均收入。函数的具体形式 $f\ (\cdot)$ 则体现了消费者偏好等消费特征。

为了简化分析，在建立一般意义上的粮食需求函数时，假设前提是其他条件都不发生变化，仅仅考察价格和需求量两者之间的关系。因此粮食需求函数表达式为 $Q_d = f\ (P)$，表示某种粮食的市场需求量 Q_d 是其价格 P 的函数。若以粮食需求量为横坐标（X 轴），价格为纵坐标（Y 轴），将函数关系图用坐标图来表示，可以描绘出粮食需求曲线图（见图9.1）。在图9.1中，X轴 Q 代表粮食需求量；Y轴 P 代表粮食价格；D、D' 均代表粮食需求曲线。可以看出粮食需求曲线自左上方向右下方倾斜。

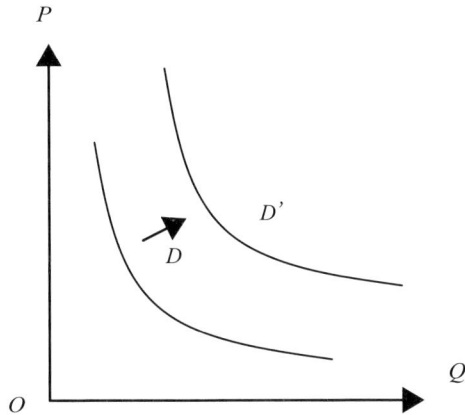

图9.1　粮食需求曲线图

对粮食的需求包括直接需求和引致需求，直接需求是指对粮食的直接消费，比如口粮、饲料用粮等；引致需求则是指消费以粮食为原材料的深加工产品而引起的对粮食的消费。粮食作为基础物品，主要以直接消费为主，本书所分析的粮食需求是总的需求量。对消费者粮食需求行为的分析，可以从两个维度展开：一是分析粮食价格与消费者需求量之间的关系，即需求曲线上点的移动；二是分析价格以外因素引起的需求的变化，即需求曲线的移动，见图9.1，D 向右平移得到 D'。

（1）粮食需求量变动分析

分析粮食需求量的变动，是基于粮食需求函数 $Q_d = f(P)$，分析粮食需求量随着价格变化而变动的情况。根据需求定理可知：在其他条件不变的情况下，粮食的需求量与其价格呈反比的关系，即需求量随着价格的上升而减少，随其价格的下降而增加。需求量变化受价格影响程度可以用弹性 E_d 来衡量。粮食作为基础消费品，且口粮消费所占比例高，属于缺乏弹性类，即 $0 < E_d < 1$，因此粮食消费数量具有明显的边界性。当粮食出现

严重供不应求，但消费量没有达到需求临界值，此种供求关系下粮食需求价格弹性极低，消费量并不会随着粮食价格的上涨而迅速减少；同样的，当粮食出现严重过剩，且消费量已经达到需求临界值，此时的粮食需求价格弹性也会变得非常小，消费量不会随着粮价的跌落而出现大幅增加；只有处于两种极端之间的粮食供需状态下，其价格需求弹性才是相对较大的。

（2）粮食需求曲线移动分析

粮食作为人类赖以生存的最基本的生活消费品，具有刚性需求的特性。粮食需求来自多个方面，包括生产性需求（工业用粮、饲料用粮以及种子用粮）和生活性需求（口粮）。如果考虑粮食的流向过程，粮食的总需求还包括新增粮食储备、粮食损耗和其他用粮。其需求的增长源主要来自三个方面：一是由人口绝对增长引起的粮食需求量的增加；二是随着人们生活水平的提高，由粮食消费的质量提升以及膳食结构改善引起的粮食需求增长；三是近年来生物质能源的大规模开发也加速了粮食需求的增长。

首先，从人口增长的角度来分析。我国人口在20世纪50年代初为5.4亿，在以后的30年时间里人口高速增长（除了1960—1962年人口下降外），出现人口膨胀。进入20世纪70年代，国家加强计划生育，大力控制人口增长，采取了一系列政策和措施，把我国的人口控制工作带入了全新的发展阶段。我国总生育率由1970年的5.8‰下降到1995—2000年的1.9‰左右，出生率和自然增长率分别由1970年的33.43‰、25.83‰下降到2011年的11.93‰、4.79‰。尽管从生育率、出生率以及自然增长率来看，我国人口增长速度逐渐降低，但是由于我国人口基数庞大，即使今后人口自然增长率控制在10‰以内，每年仍将净增人口1000万左右。到21世纪中叶，我国人口将继续增加。据1996年10月中国国务院新闻办公室发表的《中国粮食问题》白皮书预测，2030年人口将达到16亿峰值。因此，即便保证人均粮食消费量不变，在粮食生产供给有限的情况下，我国也面临着人口增长带来的粮食刚性需求增长引起的巨大压力。

　　其次，从膳食结构改善及粮食消费质量提升的角度来分析。一方面，随着经济进入新一轮的增长周期，居民收入水平的提高以及城乡居民消费偏好的改变，对粮食消费需求的结构也会随之发生变化。近年来，人们对肉、蛋、奶等肉制品和乳制品的需求越来越旺盛，而相应地，对淀粉类食品需求有所下降。这必然会带动我国饲料工业的蓬勃发展，从而促使饲料用粮需求持续增长。据统计，将近消耗 8 千克的粮食饲料大约才能生产 1 千克牛肉，约消耗 2 千克粮食饲料能生产 1 千克鸡肉。自 20 世纪 90 年代以来，我国畜牧业发展迅速，饲料用粮消费的递增速度已明显高于粮食总产量的递增速度。另一方面，随着经济的快速增长，收入的增加以及人们生活水平的提高，对粮食消费的要求也相应发生了改变。粮食消费从满足温饱向追求方便、营养、健康、美味、新型、多样化等方面逐步转化。新的粮食消费趋势对粮食加工业提出了新的要求，特别是对粮食及其制品的品质及粮食加工的广度和深度的要求不断提升。目前，粮食品牌化消费正日渐兴起，而且正得到越来越多消费者的认可和喜爱，成为当前及今后的粮食消费时尚。①

　　最后，从生物质能源开发的角度来分析。近些年来生物能源的大规模开发应用正在改变着全球粮食的需求结构，粮食的用途正在由传统食用、饲用向工业原料和能源概念拓展。我国于 2000 年启动陈粮转化燃料乙醇项目，在吉林、河南等省普遍推广乙醇—汽油混合燃料。作为一种新兴替代能源，燃料乙醇近年发展很快。另外利用油料作物（如菜籽油、棉籽油）生产的能源替代品生物柴油也在大规模推广，并预计 2020 年产量将达到 200 万吨。

　　综合以上分析，可以认为粮食消费具有稳步增长的趋势，其需求正以一定的比例在增长，表现在需求曲线图上为需求曲线向右移动。从短期来看，可以用以下两种方法来表示粮食需求的这种增长趋势：

---

　　① 潘月红：《当前我国粮食消费现状及其发展趋势浅析》，2008 年 2 月 19 日，见 http：// www. 36021. cn。

$$Q_d^t = Q_d^{t-1} + q \tag{9.3}$$

其中，Q_d^t 代表第 t 期粮食需求量，Q_d^{t-1} 代表第 $t-1$ 期粮食需求量，q 是设定的每年增加的需求量。

$$Q_d^t = Q_d^{t-1} \times (1 + a\%) \tag{9.4}$$

其中，Q_d^t、Q_d^{t-1} 的含义同上，$a\%$ 为设定的每年增加速率。

通过以上两个维度的分析，理论上可以根据消费者对粮食需求的特点画出需求曲线图。但现实中，可能同时存在着点在曲线上的移动和曲线的移动，即粮食需求数量的变化是在粮食价格、收入变化、政策影响、人口增长等多种因素共同作用下发生的。也就是说若将某一时期内粮食消费量与价格之间的关系用图表示可能会描绘出一条自左下方向右上方倾斜的曲线。因此，根据分期数据要计算出实际生活中的粮食需求曲线是很困难的，但是可以用相对简单的价格需求弹性来大致表述粮食需求量与价格之间的关系。假定在每一个时期都有一个理论粮食需求量，那么相应时期消费者实际消费的粮食数量与理论粮食需求量之间存在一个偏差，且偏差程度不同，在不同的偏差程度下，粮食需求价格弹性也不同。因此要得到大致的粮食需求曲线，则一是要预先设定一个理论需求量；二是要对不同偏差程度下的粮食需求价格弹性进行设定。最后便可以大致计算出不同粮食消费数量下对应的粮食价格。

3. 政府调控行为分析

政府进行粮食储备调控是为其政策目标服务的，在粮食市场上主要起到缓冲的作用。目前关于粮食储备调控目标的争议主要表现在是保障粮食安全还是稳定粮食价格，在不同储备调控目标的指导下，会表现出不同的调控行为。下面将分别对两种目标下的调控行为进行分析。

（1）粮食安全目标下政府调控行为分析

以粮食安全为储备目标，调控行为的依据是一个年度内的供给量与需求总量的差额。具体做法是：设定一个可以接受的供需波动范围 α，若某年度因作物歉收造成意外供应不足，或出现紧急粮食短缺状况，预计在未来某一段时间其市场供给量与往年相比，下降幅度很大，远远低于市场需求量，政府则需要"吐出"储备粮，以增加市场粮食供给，缓和由于严重供不应求造成的价格暴涨、市场混乱的局面，保障粮食安全。相反，若某年度出现粮食大丰收，预计在未来某一段时间其市场供给量与往年相比，增加幅度很大，且远远超过市场需求量，造成供过于求的局面，政府则需要"吞进"储备粮，减少市场供给，防止粮食价格过度下降，造成"谷贱伤农"的局面，保障种粮农户的收入。这种粮食储备调控方式强调的是通过库存的"吞入"与"吐出"，来调节粮食产量的年际波动，缓和由于产量大幅波动引起的价格过度波动，但是不应该过分扭曲市场价格，造成价格信号无法真实地反映粮食供求关系，从而给粮农的生产决策带来误导，进入一个恶性循环的轨道。粮食安全目标下的储备调控政策最终是为了保障长期稳定充足的粮食供给，实现我国长期粮食安全的目标。此政策的几个关键点是：观测对象为粮食生产供给量；控制变量为粮食储备量；政策效果指标是粮食长期供需平衡，保障粮食安全。

其数学表达式为：

若 $Q_s^t < Q_d^t$，且当 $\dfrac{|Q_d^t - Q_s^t|}{Q_d^t} \times 100\% > \alpha\%$，则：

$$\Delta G = Q_d^t \times (1 - \alpha) - Q_s^t \qquad (9.5)$$

若 $Q_s^t > Q_d^t$，且当 $\dfrac{|Q_d^t - Q_s^t|}{Q_d^t} \times 100\% > \alpha\%$，则：

$$\Delta G = Q_s^t - Q_d^t \times (1 + \alpha) \qquad (9.6)$$

若 $\dfrac{|Q_d^t - Q_s^t|}{Q_d^t} \times 100\% \leqslant \alpha\%$，则：

$$\Delta G = 0 \qquad (9.7)$$

式中，Q_d^t 表示粮食需求量，Q_s^t 表示粮食生产供给量，α 表示设定的可接受的供需波动范围，ΔG 表示"吞入"或"吐出"的粮食储备量。

（2）稳定价格目标下政府调控行为分析

以稳定价格作为粮食储备调控的目标，重点关注的是短期内由于粮食价格的波动对粮农收入及低收入者粮食可获性的影响程度。而粮食价格的变化方向直接影响着消费者与生产者的福利，且两者在方向上具有反向性，因此政府要关注短期内价格波动方向，并权衡两方面利益，尽量寻找一个均衡点，保障双方利益都不受损。其调控的思路是，以粮食市场价格为观测对象，以粮食储备量为控制变量，将粮食价格波动作为衡量政策效果的指标。在分析生产者与消费者福利效应的基础上制定一个合理的价格波动幅度 β，通过调动控制变量使得短期内粮食稳定价格在设定的波动幅度 β 内。其控制表达式如下：

$$a = |\bar{p} - p_0| \leq \beta \tag{9.8}$$

其中，a 为观测值，即一定时期内粮食价格的波动值，$\bar{p}$ 为观察期平均价格，p_0 为观察期期初价格，β 为设定的价格波动幅度。具体的控制过程为：若粮食市场出现价格大幅上涨，超出设定波动幅度，政府则"吐出"储备粮将价格波动控制在预定的范围内；同样若市场上出现粮食价格持续低迷，政府则会"吞进"市场上多余的粮食，达到稳定价格的目的。

通过对不同政策目标下政府调控行为进行分析，可以发现，两种储备调控方式既有区别又有联系。首先，两者的区别表现为：第一，观测的对象不同。粮食安全目标下是以年度粮食供需差额为观测对象，而稳定价格目标下是以粮食价格为观测对象。第二，关注的目标不同。前者关注的是粮食供需的长期平衡，而后者更关注短期内价格波动给生产者收入与消费者效用带来的影响。其次，两者之间又有相似之处，表现为：第一，不同政策目标下的政府调控行为都是对粮食市场供需状况的一种逆向调节；第二，两种调节方式都受到一定的限制。粮食储备类似于"蓄水池"，一方面可以在水源充足时储存多余的水资源，另一方面也可以在匮乏时适当释放以解燃眉之需。但是其容量是有限的，决定了不可能无限制地储存和释放水资源，粮食储备同样存在着容量限制问题，一方面，粮食储备规模过大，不确定的储存支出和高额的调控成本会带来巨大的财政压力，同时还会出现储备调控不灵敏、效率低下等问题；另一方面，若粮食储备不足，则可调用的粮食数量有限，则达不到调控市场的要求，失去了对市场的调控力，既不能保障粮食安全，也不能稳定市场价格。

（二）理论模型的构建

现实的粮食市场受到多方面因素的影响，非常复杂，为了能更清晰地展现政府在粮食市场中的调控过程及其调控效率，本书在构建粮食储备调控理论模型时，将粮食市场从现实的复杂环境中抽象出来，只考虑最主要的影响因素。首先是粮食市场的参与主体，假定只有生产者、消费者以及政府；其次是粮食价格的形成，现实中影响粮食价格的因素非常多，但是其大致的变化波动趋势还是取决于其供需状况，因此在模型中假定粮食价格主要由供需决定。关于理论模型中的具体假定将在下面逐一介绍。本书受到宋一君研究库存变化与价格波动关系分析方法的启发，在借鉴其思想的基础上，结合本书的需要，提出了粮食储备调控理论模型。

1. 理论模型的假设前提

为了简化分析，本书对粮食储备调控理论模型作出以下假设：

（1）假定短期内生产供给曲线不变

这样可以将动态分析过程转化为静态分析，降低分析难度。短期内这个假定具有一定的合理性，第一，考虑会引起生产供给曲线向外移动的技术进步因素，尽管增加科技投入会提高粮食生产率，改变供给曲线，但所需时间周期非常长，主要是由于科技研发耗时长，且推广难度大，难以在短期内转化为生产力；第二，考虑成本变化因素，如果由于某种原因导致生产成本发生大幅变化，也会引起生产供给曲线的变化，但是在农业生产中，最重要的投入要素为土地和劳动力，且在生产成本中占比非常高，土地和劳动力在短期内发生的变化微乎其微，其他存在价格波动的因素如农药、化肥仅占生产成本的小部分，因此整体上短期内的生产成本变化较小，不会在很大程度上改变生产供给曲线的形状；第三，尽管粮食生产受到耕地资源的限制，但是短期内可耕作的土地数量不会突然出现骤减和剧烈增加的情况。

（2）以粮食供不应求为起点进行分析

将研究集中于粮食供不足需的状况，主要是基于现实情况和调控难度两个方面的考量。一方面，随着城市化进程的加快，粮食生产资源约束和需求上升带来新一轮全球范围内粮食价格的上涨，给粮食安全增添了许多不确定性因素，受到全球人们的普遍关注；另一方面，与供过于求相比，市场上粮食供需紧张所造成的粮食安全问题、社会安定问题带来的波动性及危害性会更严重，政府也更加难于控制供不足需的局面，尤其是粮食作为一种公共品，具有一定的外部性，一旦粮食供应紧张，会引起一定的恐慌，加剧粮食市场的混乱。因此，以粮食供不应求为起点进行分析更加具有现实意义。

（3）假定我国粮食对外贸易是封闭的，即不考虑进出口对粮食市场的调节情况

尽管在一般条件下国家能够通过进出口来缓和粮食市场上供需不平衡的状态，但是出于一国粮食安全的考虑，甚至于考虑到政治外交等问题，政府不会把国内粮食市场的调控依赖于进出口上。尤其是当粮食问题成为世界性问题时，各国为了保障自身粮食安全而对粮食进出口进行了一定的限制，加大了粮食进出口的成本，试图从国外进口粮食以解决国内的粮食短缺问题是不现实的。

（4）暂时不考虑农户储备行为

农户储粮主要基于两大动机：满足消费需求和投机需求。但无论是基于何种动机，一般情况下，当农户预期未来粮食价格上涨，便会增加储备量；当预期未来价格下跌，会相应减少粮食储备量。因此，当政府有足够的粮食储备量，有能力对粮食市场进行调控时，农户储备行为往往与政府储备在方向上存在反向性，即逆向行为。假如当市场上出现供不应求的局面，粮价有上涨趋势，此时政府会释放一定的储备粮以增加市场粮食供给，而相反地，农户因为有价格上涨的预期，则会增加当期粮食储备量，因此政府调控功能被削弱。当政府粮食储备量降低到一定程度，失去对市场调控的能力时，农户储备会随着价格的上升慢慢地释放，在一定程度上缓和了粮食供需紧张的局面。基于以上分析，农户储备行为引起的市场影响可以与政府调控合并，因此本书为了简化分析，不单独考虑农户储备。

（5）假定粮食储备为唯一的粮食政策选择

在现实中，政府可以选择的政策是多样的，而且往往是为了某一政策目标，将多种粮食政策交叉使用，本书为了简化分析且更清晰地描述粮食储备调控效果，故作此假定。

2. 模型的构建

通过前文对生产者、消费者以及政府等行为主体进行分析，可以将粮食生产供给、消费需求、政府调控三个环节之间互相影响的互动过程构建一个分析框架。见图9.2。

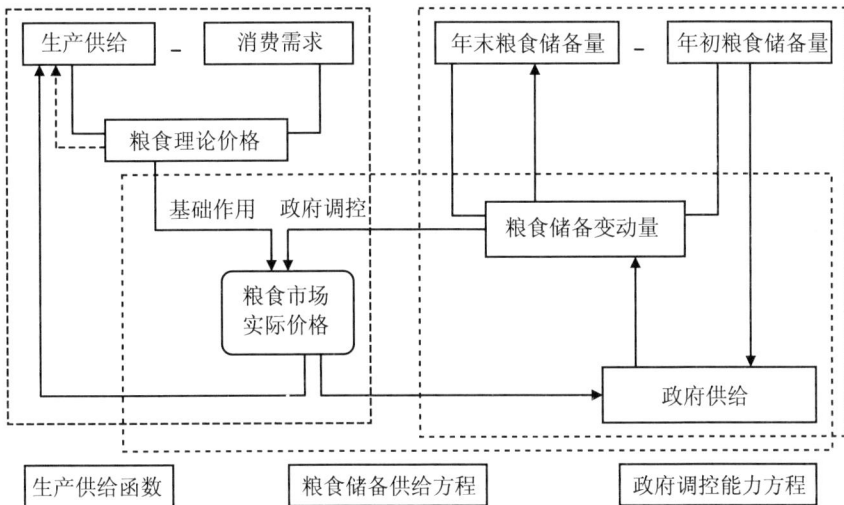

图9.2　分析框架流程图

以粮食生产为起点进行分析，粮食的生产供给是由农户的生产行为决定的，因此根据农户生产决策影响因素设定一个生产供给函数；在粮食消费需求方面，在这里假设是外生给定的；如果粮食市场只受到粮食供给与粮食需求的作用，而不受其他因素的影响，则会出现一个理论价格，能够完全真实表现粮食市场的供需关系。但往往在现实中，政府会干预粮食理论价格，通过控制粮食储备量来改变粮食市场上的供求关系，从而影响理论上的粮食价格变化趋势与方向，得到政府所期望的价格，政府干预的过程涉及粮食储备供给方程的设定。同时粮食储备调控会受到粮食储备量的约束,当粮食储备量下降到一个较低的水平时,政府希望以释放粮食储备来增加市场粮食供给的目的就不能够达到,其调控能力受到限制,故这里还涉及政府调控能力的限制方程。综上所述,整个粮食的生产供给、消费需求、供求关系的变动以及价格的形成可以通过粮食生产供给方程、粮食储备供给方程和政府调控能力方程来描述。除此之外,封闭的粮食市场还遵循一个恒等式,即生产供给 – 消费需求 = 年末粮食储备量 – 年初粮食储备量 = 粮食储备量的变动。

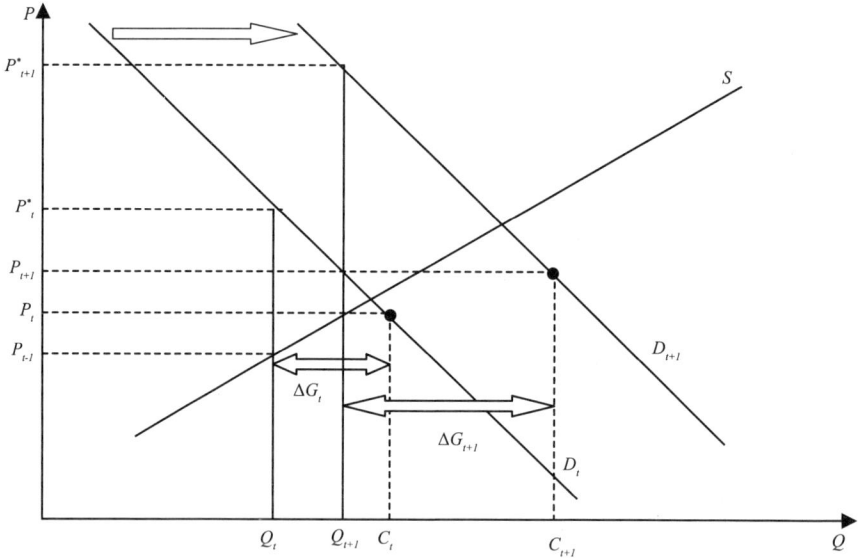

图9.3 分析框架动态示意图

在假定短期内农户生产供给曲线不发生变化的前提下,设定分析期内农户生产供给曲线为 S,且除了生产供给之外,粮食市场上没有其他供给来源,第 t 年的需求曲线为 D_t。首先,在供给曲线 S 下,农户的生产决策为:根据上一年,即第 $t-1$ 年的价格 P_{t-1} 决定生产产量为 Q_t;在需求曲线 D_t 下,第 t 年粮食供给量 Q_t 下的粮食价格为 P_t^*。这是没有任何外界干预的情况,但是由于粮食是关系国家安全、社会稳定的特殊的基础商品,因此政府往往会根据政策需要，对粮食市场进行相应的调控。一种方式是政府以粮食产需为观测对象进行调控，一种方式是政府以粮食价格波动幅度为观测对象进行调控。如果政府认为第 t 年粮食产需严重不平衡，或者认为粮食价格从 P_{t-1} 到 P_t^* 波动幅度过大，就会进行相应的调控。就第 t 年来看，会释放粮食储备 ΔG_t（$C_t - Q_t$），以增加粮食供给量到 C_t，使价格回到 P_t 的位置。第 $t+1$ 年，由于短期内农户生产供给曲线不变，依然为 S，但是粮食需求会随着人口的增长、膳食结构的改善等因素以一定的速度增长，即需求曲线 D_t 向右平移为 D_{t+1}。在供给曲线 S 下，第 $t+1$ 年粮食供给量为 Q_{t+1}，是农户根据第 t 年的价格 P_t 作出的决定；在需求曲线 D_{t+1} 下，供给量 Q_{t+1} 下的粮食价格为 P_{t+1}^*。同样的，如果政府因政策需要对粮食市场进行调控，就第 $t+1$ 年来看，若政府认为由 P_t 到 P_{t+1}^*，价格波动幅度过大，或者认为供给量 Q_{t+1} 远远不能满足消费者需求，政府便会释放粮食储备 ΔG_{t+1}（$C_{t+1} - Q_{t+1}$），以增加粮食供给量达到 C_{t+1} 的水平，使价格回到 P_{t+1} 的位置。

　　如果政府储存的粮食足够多，粮食市场就会按照政府所期望的方向发展下去。而事实上，若粮食市场上连连出现供不应求的局面，政府就得一直释放粮食储备，而粮食储备的持续降低便会导致释放能力的丧失，最终导致政府无力控制粮食市场。如图 9.3 所示，如果在第 $t+1$ 年，粮食储备量已经降低到粮食安全警戒线附近了，没有多余的储备粮可以释放，那么粮食市场的供给量就只有 Q_{t+1}，粮食价格就会增长到 P_{t+1}^*，连续三年粮食市场的价格走势为 P_{t-1}—P_t—P_{t+1}^*，在第 t 年，因为有政府的调控，其价格变动幅度较小，但是在第 $t+1$ 年，由于政府失去了控制力，价格飙升到 P_{t+1}^*，且这种上升幅度会继续下去，粮食市场就会发生剧烈波动，严重威胁到粮食安全。同样的，如果粮食连年丰收，政府每年都"吞入"余粮，持续增加的粮食储备量会给政府带来巨大的仓储压力以及财政压力，当政府无力吸纳余粮时，市场上过多的余粮会使市场价格持续低迷，导致"谷贱伤农"的局面，会严重打击粮农种粮积极性。

　　根据以上对农户生产供给行为、消费者粮食需求行为、政府调控行为进行分析，结合分析框架流程图及动态示意图，可以构建粮食储备调控理论模型如下：

粮食供给函数 S：

$$Q = \alpha + \beta p \qquad (9.9)$$

粮食需求函数 D：

$$D_1：C = f(p)，且 D_{t+1} = D_t + d（d 为设定的常数）\qquad (9.10)$$

粮食安全目标下政府调控方程：

$$Q_s^t = Q_d^t (1 + \delta)（\delta 为设定的常数）\qquad (9.11)$$

稳定价格目标下政府调控方程：

$$P_{t+1} = P_t (1 + \gamma)（\gamma 为设定的常数）\qquad (9.12)$$

政府调控能力限制方程：

$$M_t = G_{t-1} - g（M_t \geqslant 0，g 为设定的常数）\qquad (9.13)$$

$$\Delta G_t = G_t - G_{t-1} \qquad (9.14)$$

若 $C_t - Q_t \leqslant M_t$，则：

$$\Delta G_t = C_t - Q_t \qquad (9.15)$$

若 $C_t - Q_t > M_t$，则：

$$\Delta G_t = M_t \qquad (9.16)$$

模型中，Q 表示粮食产量，p 表示粮食价格，C 表示粮食需求量，d 表示每年粮食需求增加的量或者说是需求曲线移动的方向与大小，t 表示年份，M 表示年度可释放的粮食储备量，G 表示期末粮食储备总量，g 表示设定的粮食最低储备警戒线，ΔG 表示当年度实际释放或吞入的粮食储备量，其他的 α、β、δ、γ 是方程的参数。

二、我国稻谷市场的描述性分析

（一）我国稻谷生产与价格关系分析

根据农户生产决策方程可知，其生产决策取决于对未来粮食价格的判断，而对未来价格的预期是基于对历史经验的总结以及对历史价格信息的综合分析，一般认为预期价格是历史价格的函数。

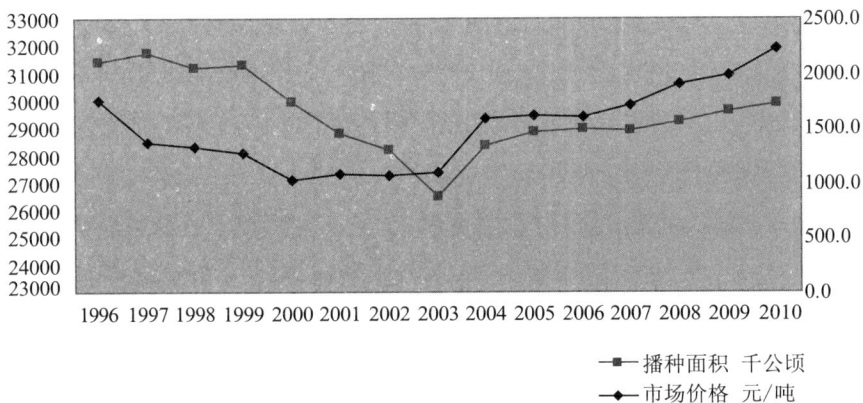

图9.4　我国稻谷历年播种面积与市场价格走势图

资料来源：2012 年《中国农业发展报告》。

　　从图9.4 发现，我国1996—2010 年稻谷播种面积的走势与滞后的1—2 期稻谷市场价格走势基本相一致，只是在波动幅度上显得更为平缓一些，这一走势图进一步验证了预期价格是历史价格的函数。单从走势图上可以推出播种面积与上一期价格呈线性正相关，但通过对1997—2010 年的播种面积与上期市场价格的数据进行分析，发现此推论仅在短期内且价格变化趋势稳定时才成立。原因有以下几点：一是农户在作出生产决策时，除了关注绝对的价格水平外，还会关注价格的相对变化趋势，因此可以认为短期内连续的绝对价格反映了价格变化方向；二是农户所关注的是近期价格，而滞后期过长的价格对农户的生产决策影响极小，因此把相隔时间较长的两个期间的播种面积与价格之间的关系进行分析，会发现可能存在同一价格下对应着差距很大的播种面积数量的情形。

　　分别对1997—2010 年、2004—2010 年以及1997—2003 年我国稻谷播种面积与上期市场价格做散点图，发现以1997—2010 年为一个观察期（见图9.5），其播种面积与市场价格散点图分布很分散，处于无规律状态，同一价格下对应的播种面积有多个，且差异很大。但若将1997—2010 年分为两个观察期间，将价格持续上升的2004—2010 年为一个观察期间（见

图 9.6)，将价格持续下降的 1997—2002 年为一个观察期间（见图 9.7）分别做散点图，可以发现两个观察期间的播种面积是由上一期价格决定的，呈现明显的正相关。

稻谷上期市场价格（元/吨）

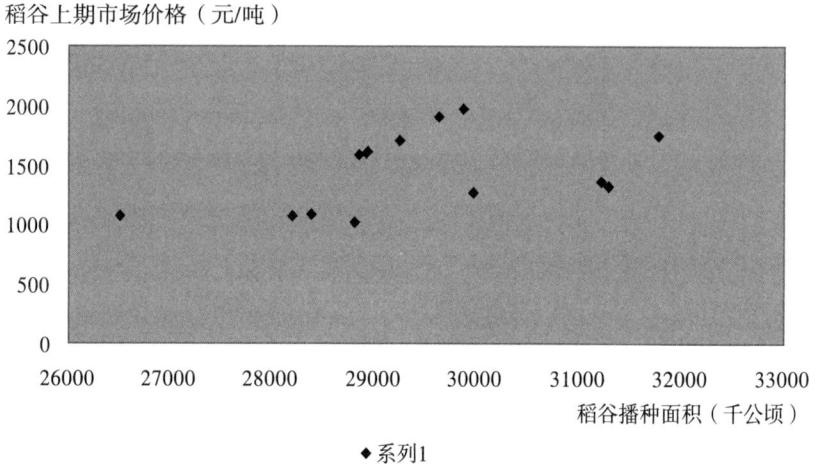

◆ 系列1

图 9.5　1997—2010 年我国稻谷播种面积与上期市场价格散点图

资料来源：2012 年《中国农业发展报告》。

稻谷上期市场价格（元/吨）

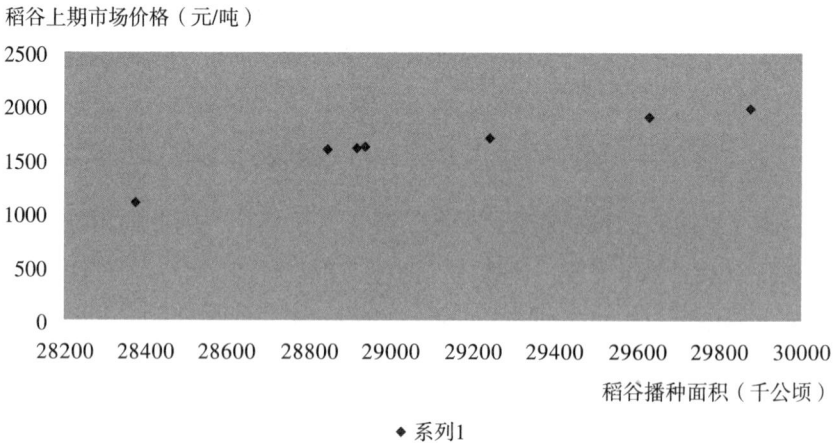

◆ 系列1

图 9.6　2004—2010 年我国稻谷播种面积与上期市场价格散点图

资料来源：2012 年《中国农业发展报告》。

通过以上分析，短期内若价格变化趋势稳定，则播种面积与上期价格之间存在正向的线性关系，可以以上期价格代替预期价格估计生产供给函数。

稻谷上期市场价格（元/吨）

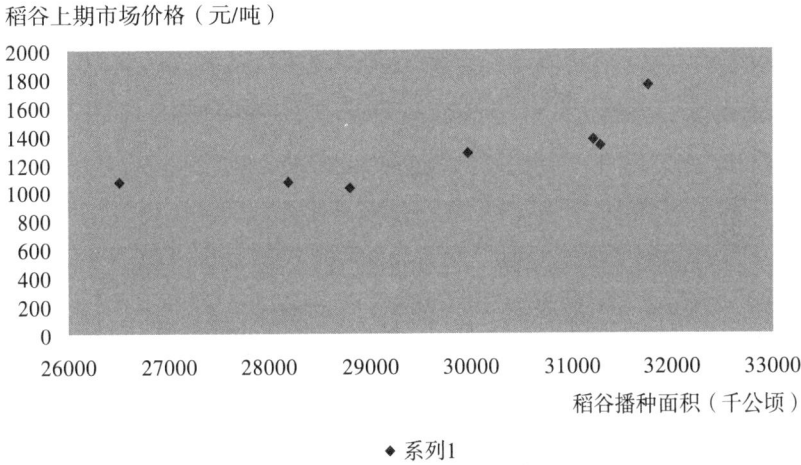

　　　　　　　　　　　　　　　　　　　　　稻谷播种面积（千公顷）

◆ 系列1

图9.7　1997—2003年我国稻谷播种面积与上期市场价格散点图

资料来源：2012年《中国农业发展报告》。

（二）我国稻谷市场调控现状分析

表9.1显示了我国2000—2010年稻谷供给需求的变化，从表中数据可以发现，各年粮食生产量与需求量的缺口是库存量变化的直接反映。如2003年的由于播种面积突然大幅减少，直接导致当年供给量的急剧减少，要满足消费者的需求，稳定稻谷价格，政府必须释放库存。从其库存量的变化可以发现，当年库存释放量达到3028万吨。这一措施一方面保障了消费者需求，另一方面也稳定了稻谷市场价格。在库存调控的作用下，稻谷价格自2000年到2003年变化幅度都非常小，但是由于2003年库存量的急剧下降，大大降低了政府调控能力，故2004年价格大幅上扬。通过对调控这一过程分析可以得出：一方面，政府调控确实能在一定程度上稳定价格，平抑生产波动；另一方面，其调控能力也是有一定限制的。

表 9.1　我国 2000—2010 年稻谷供需平衡表

年份	播种面积 （千公顷）	单产 （千克/公顷）	产量 （万吨）	需求量 （万吨）	库存量 （万吨）	市场价格 （元/吨）
2000	29962	6272	18791	19180	10829	1024.4
2001	28812	6163	17758	19500	8941	1073.5
2002	28202	6189	17454	19390	6833	1065.0
2003	26508	6061	16066	18860	3805	1090.0
2004	28379	6311	17909	18370	3336	1585.4
2005	28847	6260	18059	17740	3639	1614.2
2006	28938	6280	18172	17973	3787	1601.5
2007	28919	6433	18603	18575	3747	1701.5
2008	29241	6563	19190	18360	4294	1904.1
2009	29627	6585	19510	18375	5364	1975.8
2010	29873	6553	19576	19375	5539	2221.7

资料来源：2012 年《中国农业发展报告》及中华粮网。

三、我国稻谷储备调控模型的设定

由于粮食的整体市场价格难以获得，且不同统计方式之间存在的差异较大，为了能够更准确地模拟现实情况，本书选择了以粮食中的稻谷为例，分别对粮食安全目标与稳定价格目标下的稻谷市场进行模拟调控实证分析。

（一）生产供给函数的模拟设定

通过上文对农户生产行为的分析，可以认为农户播种面积可以用来反映农户生产决策，而且在短期内，若价格变化趋势稳定，则播种面积随上一期价格的升降而增减，呈正相关的关系。基于前文对我国 1997—2010 年的稻谷播种面积与上期价格间关系的分析，可以根据 2004—2010 年我国粮食播种面积与粮食市场价格的数据求出稻谷生产供给函数。本书采用普通最小二乘法进行数据分析和方程估计，其线性估计结果为：

$$S = 1.68p + 26366.65$$

$$(6.95)　(65.73) \hspace{6cm} (9.17)$$

式（9.17）中，自变量 p 的估计系数在 1% 的水平下显著，对被解释变量存在显著的影响；$R^2 = 0.91$，$AD - R^2 = 0.89$，$F = 48.27$（$Pr = 0.0009$），均通过了显著性检验，说明模型整体模拟效果较好；$D.W. = 1.41$，大于 5% 显著性水平下的临界值 1.35，表明残差项不存在序列相关。因此，本书以 $S = 1.68p + 26366.65$ 的线性方程作为模拟期内农户的生产反应函数，其中粮食产量为播种面积与相应年份单产的乘积。在本书中单产数据选择采用各年份的实际值，主要是基于其实际单产数据可以更好地体现自然气候、技术进步等不可控因素引起的产量波动，创造一个客观的不受农户和政府等参与主体的主观因素影响的外界干扰环境，以模拟出不同干扰环境下的产量波动。

（二）消费需求函数的模拟设定

1. 理论稻谷需求量的估计

根据前文对消费者需求行为分析可知，粮食需求呈增长趋势。为了便于研究，可以假定自 2000 年起，粮食消费量以恒定的速率 $a\%$ 增长，从而估计出 2000—2010 年的理论粮食消费量。本书以稻谷为研究对象，从表 9.1 可以观察出，2000—2010 年间稻谷消费量变化并不是保持着稳定增长的趋势，而是在 2000—2005 年间，消费量呈下降趋势，2006—2010 年间，消费量在波动中增长。这是由于不同粮食品种间存在替代性，需要考虑消费者偏好、粮食消费结构的变化等因素对稻谷需求量的影响。故为了使模拟期理论稻谷需求量与实际消费量更加吻合，在进行模拟时，在 2000—2005 年间，假定以 1% 的速率递减，在 2006—2010 年以 1% 的速率递增。并且以 2000 年为基础年份，同时将 2000 年的实际稻谷消费量 19180 万吨作为当年的理论需求量，这主要是因为 2000 年稻谷的价格是连续五年价格下降的一个低位，由于价格突然下降引起的需求量增加在前几年已经得到释放，故当价格连续下降到一个低价位时，对稻谷的需求量达到饱和状态，是最接近真实需求的。通过以上分析，可以分别计算出 2000—2010 年我国稻谷理论需求量，具体见表 9.2。

表9.2　2000—2010 年我国稻谷理论需求量

单位：万吨

年份	2000	2001	2002	2003	2004	2005
理论需求量	19180.00	18988.20	18798.32	18610.33	18424.23	18239.99
年份	2006	2007	2008	2009	2010	—
理论需求量	18422.39	18606.61	18792.68	18980.61	19170.41	—

资料来源：根据中华粮网稻谷消费量数据计算整理而得。

2. 需求函数的设定

根据前文分析可知，描述真实的粮食需求曲线存在一定的限制，但可以粗略地用需求价格弹性来大致表述需求函数。由粮食需求价格弹性理论可知在不同的供求关系下，需求函数的弹性存在一定的差距。当供求关系基本趋于均衡，供需偏差较小时，粮食需求价格弹性相对较大；当供求关系出现严重偏差时，其需求价格弹性相对较小。这是由于粮食属于基本物品，当粮食市场出现严重的供过于求的局面时，粮食价格下降，所引致的需求增加具有有限性；当粮食市场出现严重供不应求，粮价飞涨，但基于温饱需要，粮食需求量也不会大幅度降低。因此本书在苗珊珊[1]、宋一君[2]等学者的研究基础上进行模拟设定：当实际可供消费量与理论需求量的偏差绝对值在2%以内时，需求价格弹性为1/5，即当粮食价格上升或下降1%时，其需求量减少或增加0.2%；当实际可供消费量与理论需求量的偏差绝对值在2%—3%之间时，需求价格弹性为1/10，即当粮食价格上升或下降1%时，其需求量减少或增加0.1%；当实际可供消费量与理论需求量

的偏差绝对值在3%—5%之间时，需求价格弹性为1/15，即当粮食价格上升或下降1%时，其需求量减少或增加约为0.07%；当实际可供消费量与理论需求量的偏差绝对值超过5%时，需求价格弹性为1/20，即当粮食价格上升或下降1%时，其需求量减少或增加约为0.05%。见表9.3。

表9.3　粮食需求价格弹性模拟设定

$X=$｜实际可供量－理论需求量｜/理论需求量	价格变动幅度	需求变动幅度
$X<2\%$	1%	0.2%
$2\%\leqslant X<3\%$	1%	0.1%
$3\%\leqslant X<5\%$	1%	0.07%
$X>5\%$	1%	0.05%

注：由笔者模拟设定。

（三）粮食储备调控方式模拟的设定

1. 粮食安全目标下政府调控方式设定

通过前文对政府调控行为分析可知，粮食安全目标下的储备调控是将保障粮食安全放在第一位，其调控特点是以储备数量为手段，以粮食供求波动为观测点，通过"吞吐"库存量，使得当年粮食的总供给量（实际消费量）与理论需求量的波动幅度控制在可以承受的范围内。据朱泽[①]、马九杰[②]等学者对于专项储备研究得出2%波动幅度的结论，并基于本书所研究的储备粮含有商业储备，故将总供给量与理论需求量的波动幅度设定在1.5%以内。即当供需波动在1.5%以内时，则不必动用库存来干预粮食市场。对于1.5%的供需差，比较容易通过进出口、农户储备以及市场自身调节予以消化。当供需波动超过1.5%，政府则需要介入粮食市场，或"吞入"或"吐出"粮食库存，直至供需波动幅度回落到1.5%以内。通过分析2000年的粮食市场情况可知，其稻谷消费量19180万吨已远远超过

---

① 朱泽：《中国粮食安全问题：实证研究与政策选择》，湖北科学技术出版社1998年版。
② 马九杰、张传宗：《中国粮食储备规模模拟优化与政策分析》，《管理世界》2002年第9期。

了当年的产量 18791 万吨，其供需差超过了本书所设定的 1.5%，表明 2000 年稻谷市场供不足需，是在政府的调控下达到均衡的。因此在模拟时，假定自 2000 年起就开始实施调控策略，2000 年的生产供应量则根据上一期价格计算得出。

2. 稳定价格目标下政府调控方式设定

稳定价格目标下的储备调控是将价格放在首要位置，其调控特征是以控制储备数量为手段，盯紧粮食价格，以粮食价格波动为信号，通过"吞吐"库存量使当期粮食市场的价格维持在一个稳定的水平。为了简化分析，在本书中将价格调控简单地设定为控制在一个固定水平。这样设定一是为了更好地体现价格调控的结果，二是为了避免价格与数量换算过程中产生的误差从而降低模拟效果，因为在不同的粮食市场状态下用来"抹平"价格波动幅度所需的库存量的数量是不一样的。价格调控的基本点在于当价格出现波动时，便释放或吞入储备粮，保证粮食市场价格的稳定。在此模拟期，2000 年的价格已经处于一个低位水平，故从 2001 年出现较大的产需缺口开始，就将价格严格控制在 2000 年的水平 1024.4 元/吨。

（四）粮食储备释放能力设定

按照联合国粮农组织（FAO）对粮食最低储备的估计，认为世界最低安全水平的库存—消费比为 17%—18%，结合我国 2000—2010 年稻谷的消费数据，可粗略地估算出我国稻谷库存的临界警戒值为 4000 万吨，也就是在分析期内，必须保证粮食储备库存量不得低于 4000 万吨。

四、稻谷储备调控模拟与结果分析

（一）粮食安全目标与稳定价格目标下稻谷储备调控模拟结果

已知在模拟期初，即 2000 年时，其播种面积为 29962 千公顷，产量为 18791 万吨，期初库存量为 10829 万吨，需求量为 19180 万吨，上一期价格为 1266.5 元/吨，本期价格为 1024.4 元/吨。根据上文在模拟条件下设定的稻谷生产供给函数、粮食储备调控方式、最低安全水平以及通过需求价格弹性表述的消费需求函数，可以模拟出粮食安全目标和稳定价格目标下的2000—2010年的稻谷供需平衡表，具体结果见表9.4。

表9.4　粮食安全目标下稻谷储备调控模拟结果

年份	播种面积（千公顷）	单产（千克/公顷）	产量（万吨）	实际可供量（万吨）	理论需求量（万吨）	储备量（万吨）	价格（元/吨）
2000	28494.37	6272	17870.56	18892.30	19180.00	10467.26	1361.5
2001	28653.95	6163	17660.39	18703.38	18988.20	9424.27	1463.6
2002	28825.50	6189	17839.77	18516.34	18798.32	8747.70	1573.4
2003	29009.91	6061	17582.36	18331.18	18610.33	7998.88	1691.4
2004	29208.15	6311	18432.01	18432.01	18424.23	7998.88	1687.9
2005	29202.47	6260	18281.26	18281.26	18239.99	7998.88	1671.1
2006	29174.11	6280	18320.07	18320.07	18422.39	7998.88	1721.2
2007	29258.34	6433	18821.82	18821.82	18606.61	7998.88	1592.1
2008	29041.46	6563	19059.05	19059.05	18792.68	7998.88	1480.7
2009	28854.22	6585	19001.45	19001.45	18980.61	7998.88	1473.3
2010	28841.79	6553	18900.02	18900.02	19170.41	7998.88	1576.4

资料来源：表中单产数据来源于2012年《中国农业发展报告》，其他数据为模拟结果。

（二）不同目标下稻谷储备调控模拟结果比较分析

1. 稻谷价格走势分析

通过表9.4的模拟结果可以发现，粮食安全目标下的政府调控方式使稻谷价格的变化总体上呈阶段性循环的规律。首先，从2000—2003年这一阶段来看，自2000年稻谷市场出现供不应求开始，稻谷的价格就逐年攀升，由2000年的1361.5元/吨持续上升到2003年的1691.37元/吨；其次，从2004—2009年这一阶段来看，自2004年开始价格逐渐回落，由2004年的1687.9元/吨回落到2009年的1473.3元/吨，其中2006年价格有小幅回升，主要是由于预期需求量的突然增加所导致的；与2009年相比，2010年价格开始上涨，又进入下一个回升阶段。因此，从以上分析可以看出，粮食安全目标下的稻谷价格不会无限上升或无限下降，出现剧烈波动的情况，能够将价格维持在一个合理的波动范围内。

表9.5　稳定价格目标下稻谷储备调控模拟结果

年份	播种面积 （千公顷）	单产 （千克/公顷）	产量 （万吨）	实际可供量 （万吨）	预期需求量 （万吨）	储备量 （万吨）	价格 （元/吨）
2000	29962.00	6272	18791.00	19180.00	19180.00	10829.26	1024.4
2001	28087.64	6163	17311.35	18988.20	18988.20	9152.41	1024.4
2002	28087.64	6189	17383.13	18798.32	18798.32	7737.22	1024.4
2003	28087.64	6061	17023.39	18610.33	18610.33	6150.28	1024.4
2004	28087.64	6311	17724.90	18424.23	18424.23	5450.95	1024.4
2005	28087.64	6260	17583.36	18239.99	18239.99	4794.31	1024.4
2006	28087.64	6280	17637.81	18422.39	18422.39	4009.74	1024.4
2007	28087.64	6433	18068.72	18078.46	18606.61	4000.00	1331.7
2008	28603.94	6563	18771.92	18771.92	18792.68	4000.00	1338.4
2009	28615.13	6585	18844.00	18844.00	18980.61	4000.00	1385.2
2010	28693.82	6553	18803.06	18803.06	19170.41	4000.00	1662.3

资料来源：表中单产数据来源于2012年《中国农业发展报告》，其他数据为模拟结果。

在稳定价格目标下，从表9.5可以观察出模拟期内稻谷价格呈现出先完全平稳发展然后突然上涨的态势。具体来看，从2000年至2006年，稻谷价格一直保持在2000年的低位水平1024.4元/吨，但是自2007年开始价格突然大幅上涨，达到1331.7元/吨，涨幅接近30%。且后面连续3年价格一直处于不断上升的趋势，至2010年已达到1662.3元/吨。从价格走势分析可以发现模拟期内尽管在2000—2006年间价格维持在同一水平，与政策执行者的期望相符，但是后期出现的大幅上涨所带来的冲击和不可控性给人们的生活和生产带来了极大的负面影响。因此从最终结果来看，依然没有达到真正控制价格的目标。

2. 稻谷储备量变化分析

从表9.4中可以观察出：粮食安全目标下稻谷储备量变化情况。从整体来看，在模拟期期初稻谷储备量一直处于下降趋势，直到 2003 年处于一个稳定的阶段。由于 2000 年稻谷市场处于供不足需的状态，需要动用储备粮，启动储备调控机制，稻谷储备量从 2000 年期初的 10829.26 万吨减少至 2003 年的 7988.88 万吨，自 2003 年以后就没有再动用过储备粮，一直保持在 7988.88 万吨，与 4000 万吨的警戒值相比，仍然处于安全地带。因此在模拟期，政府有足够的调控能力将粮食产量波动幅度控制在 1.5% 以内，也可以说保障 1.5% 以内的波动幅度所需的粮食储备规模较小，粮食储备变动量小。

从表 9.5 的模拟结果来分析稳定价格目标下的稻谷储备量情况。与粮食安全目标下相同的情况是，稻谷储备量在期初都是处于下降的趋势，不同的是下降的幅度要大得多，而且已触动了警戒值。自 2000 年起，为了保证稻谷总供给量，实现稳定价格的目标，就开始大量释放储备稻谷，稻谷储备量大幅下降，从 2000 年的 10829.26 万吨降至 2006 年的 4009.74 万吨，已经接近 4000 万吨的警戒值，不能继续向市场提供额外的供给，限制了政府的实际调控能力，导致稻谷价格自 2007 年开始大幅上涨。因此，要真正实现稳定价格的调控目标，需要的稻谷储存规模是巨大的，所需要承担的财政负担也是巨大的。

3. 稻谷消费情况分析

首先来看粮食安全目标下稻谷实际消费的情况。通过比较实际消费量与理论需求量可以发现，在模拟期内，消费者对稻谷的实际消费量始终是围绕理论需求量上下波动，其波动的幅度保持在 1.5% 。就各个阶段而言，当稻谷市场价格呈上升走势的时候，稻谷实际消费量略低于预期理论需求量；相反，当市场价格呈下降趋势的时候，稻谷实际消费量略高于预期理论需求量，这与市场价值规律、需求理论以及现实情况都相符合。

然后来看稳定价格目标下的稻谷实际消费情况。在模拟期期初，完全实现了稻谷消费的稳定足量供给，稻谷实际消费量与预期的理论需求量相当。但从 2007 年开始，实际消费量发生了大幅下降，且与预期理论需求量相差甚远。如果按照预期将 1.5% 波动幅度设定为可承受的波动幅度，则意味着自2007年开始便会出现较为严重的粮食短缺现象，所引起的负面效应将不仅仅是消费者不能稳定获得足量的稻谷，而且由于粮食短缺引起的消费者"恐慌"心理效应会无限扩大，从而加剧稻谷市场的混乱，虚抬稻谷价格，扰乱市场信号。

4. 稻谷供给情况分析

从整体上看，模拟期内粮食安全目标下稻谷播种面积要高于稳定价格目标下的稻谷播种面积，也就是说粮食安全目标下稻谷供给量更为充足。这主要是因为就短期而言，上一期价格是农户生产的主要决策依据。而以粮食安全为调控目标，政策执行者并没有人为地将价格控制在一个"低位"，而是通过控制数量波动幅度间接影响价格，故其价格会随着稻谷市场的供需状况自由波动，价格的波动情况恰好是反映稻谷市场供给的信号。因此在供给偏紧时发出的价格上涨信号便会刺激农户扩大生产，从根本上创造新的粮食。相反在供给充裕时发出的价格下降的信号便会使农户适当缩减稻谷播种面积，调整生产结构。若以稳定价格为储备调控目标，稻谷价格长期处于一个"低位"，一方面在一定程度上打击了农户生产积极性，阻碍了粮食生产的增加；另一方面价格传导机制失灵，即价格变化严重滞后于实际的市场供需变化和库存变化情况，前期释放库存没有从根本上解决供需不平衡的问题，而是将原本微小的供需差累积到不可承受的程度时一并爆发。

五、我国粮食储备调控目标的选择

第一，从成本效率来看，粮食安全目标下的调控方式更具有成本效率。结合对稻谷库存量及价格走势分析可以得到：在稳定价格目标下，即使期初以高昂的成本为代价扩大粮食储备规模，但依然没能稳定价格的目的，反而加速了对储备粮的耗用，引发后期的"粮荒"。而粮食安全目标下的储备调控方式所需的储备规模相对较低，能在节约成本的基础上更好地实现粮食市场的良性循环。

　　第二，从调控效率来看，无论是从稳定价格的维度还是从粮食安全供给的维度来分析，粮食安全目标下的控效率都要优于稳定价格目标下的调控效率。首先从稳定价格维度来分析，2000—2010 年粮食安全目标与稳定价格目标下价格的标准差分别为 115.9 元/吨和 221.7 元/吨，极差分别为 359.7 元/吨和 637.9 元/吨，且后者的变化集中体现在 2007—2011 年连续 4 个年度。其次从粮食安全供给的维度来分析，粮食安全目标下调控手段更有利于刺激农户生产，保障持续稳定的粮食供给；而稳定价格目标下尽管在一段时期内实现了粮食的有效供给，但是还是依靠大量释放库存维持的，容易造成后期出现粮食危机，且不利于调动农户生产积极性，不能从根本上保障粮食供给的持续性和稳定性。

　　第三，从社会福利来看。这里的福利是指消费者、生产者和整个社会在调控过程中所获得的收益情况。一是消费者在粮食安全目标下能够在合理的价格下获得相对充分的粮食，而在稳定价格目标下的后期则要以昂贵的价格获取有限的粮食；二是生产者在粮食安全目标下生产粮食能获得相对较多的报酬，愿意提供更多的粮食；三是粮食安全目标下的调控方式更具有成本效率，节约了社会资源。

　　第四，从政府持续性调控能力来看，政府调控能力是受到粮食储备规模限制的。粮食安全目标下调控方式所需的日常储备量只需保持在一个较低的水平，在模拟期内政府有能力对稻谷市场进行持续调控；而在稳定价格目标下很快将稻谷库存量耗至警戒值，限制了政府的调控能力。

　　综上所述，无论是从成本效率、储备调控效率、社会福利还是政府持续性调控能力来看，粮食安全目标下的储备调控方式都具有一定的优越性，是政府制定粮食储备政策时更为理想的选择。

第十章　国内外粮食储备体制及启示

　　粮食储备制度是国家宏观调控体系的重要组成部分，是国家宏观调控粮食的重要手段之一。不同的粮食储备机制在某种程度上能反映不同国家的自然条件、粮食产量、人口数量。粮食储备在经济发达的国家，是一项用来调控粮食安全供给和市场稳定、粮食国际贸易的重要政策制度，在长期的运行管理过程中也积累了许多丰富有益的经验。为此，本章针对我国现有粮食储备体系的现状与问题，通过对经济发达、粮食储备运作良好的美国、欧盟、日本和印度粮食储备体制的分析和经验总结，从中得到有益的启示，结合我国的基本国情为我国粮食储备体系的建立、优化和完善形成有益的经验借鉴，推动国家粮食储备管理制度逐步走向规范合理，保障国家粮食安全。

一、国外粮食储备模式

　　一国的气候、耕地面积、人口、饮食习惯等因素直接影响着该国的粮食生产，而一国的粮食生产情况又决定了该国的粮食储备制度。可以说，无论一国的粮食生产情况如何，它都需要一个合理有效的粮食储备制度来调剂余缺。粮食储备对于一个国家的安全稳定、经济持续发展具有着重要的现实意义和作用，它是应对粮食危机的物质基础，是人类发展的最根本保证。各国政府都高度重视本国的粮食储备，都试图建立一套完善的适合本国经济发展的粮食储备制度。由于各国国情不同，相应的粮食政策也必然不同，但有一点是毫无疑问的，无论是发达国家还是发展中国家，良好的粮食储备体制对一个国家的粮食安全有着极大的保障作用。因此，在研究本国粮食储备问题的过程中，有必要了解其他不同类型国家的粮食储备体系，获取经验或吸取教训，来完善我国粮食储备制度的建设。本书选择了美国、欧盟、日本等有代表性的国家和地区进行分析。

（一）美国的粮食储备

美国国土面积辽阔，地广人稀，主要位于北纬25—49度之间，大部分地区属温带和亚热带，热量充足，水资源十分丰富，有利于农业的发展。美国国土总面积为96291万公顷，其中耕地面积达19745万公顷，占世界耕地总面积（150151万公顷）的13.15%，是世界上耕地面积最大的国家，人均耕地面积排名世界第一。良好的资源禀赋使得美国不但是世界上最发达的国家，同时也是世界上粮食生产大国，粮食出口量居世界第一。美国粮食年产量一般是3.3亿吨到3.8亿吨，粮食人均占有量为1.5吨，每年粮食出口量占全国粮食总产量的70%，达到世界粮食出口总量的50%，在世界粮食出口中占重要地位。尽管如此，美国政府仍旧高度重视粮食储备问题，并建立了完善的粮食储备体系，每年会将消费量约40%的粮食纳入储备计划内。

1. 美国粮食储备的制度变迁

1933年成立的美国商品信贷公司（CCC）负责为农户提供过渡性的低息贷款同时经营国家的政策性粮食储备，这种贷款使得农民可以用自己未来的粮食作物作为抵押从商品信贷公司融资进行生产，待粮食价格高的时候将粮食作物通过市场出售，在粮食市场价格低的时候将粮食直接抵押给商品信贷公司。1996年4月，美国出台了新的农业法《联邦农业完善与修改法》，根据新的农业法，美国政府将从2000年开始减少对外援助联邦库存至400万吨，但是库存品种在原始单一的小麦品种上增加了玉米、稻米以及高粱共四个品种。2002年5月，美国新的农业法《2002农业安全和农村投资法》正式生效。由于过去为承储的农场主提供贷款的"营销贷款援助"政策的失调，在长期市场价格低于收购价的情况下，农民易出现要钱不要粮的现象，使得商品信贷公司累积了大量的库存。为了解决该矛盾，在新的农业法中提出了相对应的解决措施：农民可以不再将粮食抵押给商品信贷公司，而是直接在市场上进行销售，当市场价格低于收购价时，差价部分由政府进行补贴。实行贷款差价支付的好处在于：粮食市场价格仍然由供求关系来引导；国家减少库存，降低损失；农民的粮食售价也能一直维持在收购价水平之上。

2. 美国粮食储备现状

美国粮食总仓储能力约为 5 亿多吨，是粮食作物总产量的 1 倍。其中由农场或农民联合控制的仓储能力约为 3 亿多吨，约为总量的 58%，[①] 农场储备主要是通过自设的仓储设施，作为粮食储备的一部分，在一定程度上会影响到全国储备粮食的流通。另外，除农场储备外商业性的粮食储备量约占总量的 42%，达到 2 亿多吨。美国的粮仓大多是由私人公司以及农场主自主建造，不由国家经营。美国政府在使用私人粮仓时，需向所有者支付租赁费用。美国粮仓存储能力强，一般可存 3 万至 5 万吨粮食，最高可存 10 万多吨。粮仓管理现代化程度较高，多采用中央控制室对粮库进行自动化管理，实时监控粮仓温度、水分、库存、粮食进出等情况；在红外分析仪的帮助下，对粮食的容量、含杂、蛋白质含量和发芽率四个指标进行快速抽样，大大节省人工与时间。在美国，主要有三种公司建立自有仓库：一类是食品加工公司，他们使用粮仓存储加工原材料；一类是谷物仓储公司，这些公司在粮食主产区设立地方粮仓、港口粮仓以及河边粮仓，以便利的交通运输条件为依托，可以随时将粮食输送至国内外市场；还有一类是农场仓库，主要用于农民收割粮食后的临时存储。除此之外，美国的大型农民合作社还拥有自己的大型粮仓以及粮食集散和仓储中心。美国储备粮食的主要目的在于调控市场、稳定价格，保证国家粮食安全。近年来，美国政府不断根据国内粮食生产状况适时调整储备规模，通过科学管理来提高储备效率，降低储备成本以及政府开支，与此同时，大力鼓励农民及农场增开储备库，增加粮食的自有储备，扩大了社会储备粮食的规模，充

---

① 杜彦坤：《国家储备粮管理体制的国际比较与政策选择》，《调研世界》2004 年第 10 期。

分发挥了私人、社会的粮食储备能力。美国的粮食储备类型从组成上可以分为以下四种：第一种类型是正常储备，即在粮食生产加工中流通环节最基础的周转库存；第二种属于缓冲储备，是由政府和农民私人储备组成，其作用是调节两个生产年度之间的粮食供求关系；第三种储备来源于农场主的储备，也就是农场主每年根据粮食产量自设的储备量，其性质属于民间粮食储备，该储备量没有限定规模比较自由；第四种是单纯的美国政府储备，其储备目的就是为了保障国家粮食安全，政府将收购粮食以及发放贷款的工作委托给商品信贷公司和农产品计划的企业进行经营和管理。

3. 美国粮食储备体系的运行机制

美国政府主要通过市场这个工具来调节美国的粮食储备，同时通过建立完善的法律法规对市场进行有效的监督。美国储备粮机制的设立目标主要是有效调控市场、及时稳定粮价、确保农民的收入。国家对粮食储备进行调控主要是实行委托代储的方式，这一制度的具体操作由受政府委托的商品信贷公司与有农产品储备计划的企业进行。该企业要具体负责全国范围内两级粮食储备管理，首先就是国家储备，是指政府为保障粮食安全的储备，由政府委托商业信贷公司作为本国粮食市场的政策性机构执行来完成。农户可以将粮食抵押给商品信贷公司，贷款资金由政府拨付。每当粮食市场价格较政府公布的收购价低时，农民就会将手中的粮食抵押给商品信贷公司以换取贷款。这里的收购价就相当于粮食的最低保护价。商品信贷公司作为调节粮食市场的蓄水池，调节其库存量就显得尤为重要，它通过调节手中的粮食储备来维持市场上粮食价格的稳定。从1995年美国通过农业法以来，政府的粮食储备一直基本维持在500万吨。其次是农场主自有的粮食储备，美国早在1977年4月就开始鼓励农场主进行自主储备，其主要目的是保持农产品价格的稳定，减少国家粮食保管和库存的费用。1997年，美国根据农业法推出了为期四年的储备计划，政府鼓励农场主储备部分粮食，这部分粮食退出市场流通，用来预防未来的市场粮食短缺状况。对于农场主来说，获取经济利益是农场主储备粮食的目的，他们在参与储粮计划时都必须与各地商业信贷公司的分支机构签订合同，必须按照政府的种粮计划进行粮食种植，对储备年限不超过三年的粮食必须保证质量，且无权自行处理储备粮。但是农场主储备粮食的费用和利息等会由政府支付一部分，当市场上粮食供大于求，粮食价格下降时，政府会要求农场主储备粮食，以减少市场供给提高粮价；当粮食市场供不应求价格上涨时，政府会要求农场主抛售粮食，来增加市场供给降低粮价。另外，"自由储备"也是美国政府鼓励的，即未纳入政府储备计划的私人储备。这部分粮食的储备量超过了商业信贷公司，其储备目的是为了获取经济利益而不是用来平衡市场，很多投机商人选择了加入粮食的"自由储备"行列。此外，美国还有一种无形的粮食储备方式，即通过休耕计划让部分农田退出种植生产，目的就是节省政府的费用，避免粮食过剩，对地力也有很好的休整和保持作用。当全球粮食市场紧张、市场粮食价格有利可图时，此时该计划就停止，恢复原有的耕地，扩大粮食生产。该储备方法有时可使粮食储备量达到每年9700万吨，有时则无储备量，弹性很大。在美国多样化的粮食储备方式中，政府在粮食储备中的重要地位被削弱，美国政府逐渐缩小政府粮食储备，在成本方面不断压缩，减少财政开支，相反农场主以及自由储备不断扩大，部分替代了政府在粮食储备中的位置。

4. 美国储备粮管理体系的政策法规

美国对粮食储备的运营管理主要通过建立有效的法律法规来实行监督和控制。美国政府先后颁布了《美国仓储法》以及《粮食仓储条例》，对粮食储备的许可证、存单、保证金、各方的责任以及粮食质量安全检验等一系列问题都做了明确规定。按照规定，任何参与粮食储备的法人必须持有国家粮食仓储许可证，并在管理设施、财务水平等方面要达到相应标准，获得仓储许可证后还要缴纳相应保证金。

（二）欧盟的粮食储备

欧盟储备粮的来源是用收购的方式从农民手中以政府干预价格获取。欧盟掌握储备粮粮权，各个储备地国家拥有优先使用的权利。储备粮的储存主体会通过公开招标的方式来确定，一般是私人企业或者是合作社。政府会与中标的储备主体签订储备合同，合同中要明确规定储存的年限和政府要补贴的费用。承担粮食储备的企业或合作社的运营管理方式比较灵活，一般可分为两种：第一种是储备主体按照合同的授权范围，对粮食进行自行管理，储存或销售比较自由，以此来获得差价利润；第二种是储存者只在合同规定的有效期内负责储备粮的运营管理，至期限结束就把储备粮交还至国家，同时国家会补贴其相应的保管费用。另外，欧盟还采用价格支持等政策鼓励农民及私营企业建立仓储设施进行自行储备粮食。20世纪60年代初欧盟前身欧共体就开始实行粮价统一政策，对粮食实行价格干预。干预价格是动态变化着的，在不同年限或不同月份是不相同的。当市场上粮食供给大于需求时，欧共体会以干预价格收购一部分粮食。一般来说干预价格会以每年8月份的粮食价格为基准，然后每月会逐次提高，直至下一年的7月份达到最高。每月不同时期的粮价之差就是储备费用的来源。这种政策有利点在于农民不会在粮食收获的季节将余粮集中出售，以便于粮食分流的进入各成员国储备仓库。为了避免私人储备在7月份将储备的粮食大量出售给政府，国家会对有较大储备能力的储备主体实行储备量申报制度，假如储备户同意次年继续储备，国家会对这一部分结转性粮食予以相应补贴。综上所述，在制定粮食储备政策时欧盟政府比较注重储备量、价格以及政府财政情况之间的协调关系，适时采取相对灵活的干预政策，对储存规模较大的私人储备中的结转性库存粮食予以一定的补贴，这样既分担了国家粮食储备量，在一定程度上还减轻了国家的储备压力和储存成本，减小了国家的财政负担。在2010—2011年粮食年度以后，欧盟每年只以干预价格购进普通小麦，干预价格设定为固定的101.31欧元/吨，也成了参考价。同时，欧盟还规定每年以参考价购买的普通小麦数量不能超过300万吨，如果超过，需要按照自动投标程序购进，且出售时的价格必须大于或等于参考价格。

　　法国的粮食储备制度在欧盟多国中有较强的代表性。作为欧盟农业最发达的国家之一，法国自然条件优越，农业资源丰富，全境地势平坦，耕地面积1833万公顷，人均耕地4.7亩。法国人口在全世界排名第21位，但粮食产量居世界第 5 位，是世界最大的粮食出口国之一。由于粮食市场化程度高，法国政府并不会主动储存粮食，只有当市场粮食在一段时期内过剩的时候，法国粮食管理局（ONIC）便会代表政府购买市场上的粮食作为公共储存或"临时储备"；或者当市场粮价低于欧盟统一的"干预价格"时，农民可以把粮食出售给欧盟设在法国的"干预中心"作为欧盟的临时储备粮，欧盟农业补贴委员会对"临时"储备给予必要的储备费用和利息补贴。然而，由于法国粮食管理局没有仓储设施，所以政府主要采取租仓储备的方式，向民间机构购买仓储服务。此外，政府也鼓励生产者自行储备粮食，为此，欧盟出台了"月加价"政策，给予自行储备粮食的生产者每吨每月 6 法郎的补贴，使得粮食生产者有可能在粮食上市的季节有动力减少粮食出售量，从而达到稳定粮价的作用。

（三）日本的粮食储备

日本国土总面积 37.8 万平方千米，其中只有 12% 的土地为可耕地，总人口为 1.26 亿。由于人多地少、受资源约束严重，日本是典型的粮食短缺国家，粮食自给率较低，小麦等主要粮食作物的自给率几乎为零，饲料也主要依靠进口，但是稻米的进口量不大，在乌拉圭回合后，日本决定接受稻米的最低市场准入量，自 1995 年起，往后的五年时间，日本大米的进口量由 38 万吨增加至 76 万吨，占国内消费量的比例从 4% 提高到 8%。[①]进口大米一部分流向市场销售处理，一部分作为储备粮储存。虽然 1945 年以后日本国民的饮食习惯发生了改变，肉蛋奶制品的食用量有所增加，但大米依然是日本的主要粮食消费品，日本政府在粮食紧缺的状态下尤其注重稻米的储备，并已形成了完善的粮食储备体系和监管制度。日本使用系统化耕作来零碎地弥补缺少耕地的不足，这也使得日本成为了世界上单位土地产量最高的国家，仅用了 56000 平方千米耕地就满足了全国一半人口的粮食需求。与美国农业规模经济不同，日本借助高补助和产业保护，实

---

① 杜彦坤：《国家储备粮管理体制的国际比较与政策选择》，《调研世界》2004 年第 10 期。

现了小规模耕作的精密农业。

1. 日本粮食储备的制度变迁

由于资源短缺的限制，日本多年来一直致力于保障本国粮食安全，在制定粮食储备制度方面也有着较长的历史以及丰富的经验，并明确规定了储备粮的性质、用途、数量以及管理细则等。1942 年的《粮食法》规定建立粮食中期储备制度，用来调控市场、稳定粮价。当大米连续歉收时，政府需要提高库存，至少保障能够提供 2—3 个月的大米供给来维持大米市场的稳定。当大米丰收库存超出计划储备时，可以将超出部分根据《自主流通法》来进行调整保管。日本 1994 年通过并于 1995 年实施了《关于主要粮食供求平衡及价格稳定的法律》，在该项法律中明确规定政府应当建立专项的粮食储备制度，将政府存粮与部分进口粮食储备起来，此项制度中，政府占据着主导地位，民间储备机构需支持政府工作，政府将会补贴其中部分储备费用。随着日本人民对大米质量要求的逐渐提高，日本政府限定大米储备期限为一年，超出时限的大米不得再进入国内市场进行流通，只可供出口或者用作饲料用粮。在粮食存储管理费用当中，日本政府会直接从农林水产省的特别会计账户中进行拨付。

2. 日本储备粮的库存规模

1942 年的《粮食法》借助自主流通库存以及销售者团体来进行粮食存储调整保管，以粮食中期储备制度，来调控市场稳定粮价。政府将会储备相当于 2—3 个月食用量规模的粮食。在专项粮食储备建立之初储备规模约为 150 万吨，目前政府调整至 100 万吨，并规定上下浮动量为 50 万吨。1995 年实行的《关于主要粮食供求平衡及价格稳定的法律》明确规定建立政府专项粮食储备制度，用政府储备米和部分进口米来充当。该储备粮以周转的方式定期转换，吐出旧粮纳入新粮，新粮来源主要是政府收购粮和进口粮食。目前，日本粮食流通体系中主要粮食种类为大米、麦类以及大豆。其中大米流通主要包括政府储备粮、由农协负责的自主流通米、农户自行销售的计划外流通米三部分。日本政府在保持对大米产量控制的同时将大部分产量作为计划外流通米准许农民直接出售。在计划内大米中，政府收购150万吨（约占总产量的15%、商品量的25%）成为政府米，由食粮厅直接掌管。其中20万吨存放在食粮厅管理的政府仓库中，其余租用社会仓库进行储存。[①]

3. 日本储备粮的管理运行机制

从日本农业发展的历史中我们可以看出日本农业经济发展是由政府主导的。在第二次世界大战之后，日本政府在市场经济规律中找出适合自身发展的道路，创造了政府与市场相结合的发展方式，努力推动和扶持农业经济的发展。从20世纪20年代起至90年代，日本粮食流通体系大致经过了"自由买卖—国家统购统销—流通双轨制—完全市场化"的发展演变过程。[②] 日本农牧管理体系为农林水产省—粮食厅—地方粮食事务所。粮食厅负责对国内粮食供求进行预测分析，并制定生产和库存计划指标。另外，政府粮食的储备事宜也由农林水产省粮食厅直接管理。日本粮食储备由政府和民间共同负责，但以政府储备为主。政府储备粮的仓库由国家财政拨款创建，由农林水产省粮食厅负责，产权归政府所有。民间储备粮的费用由政府提供部分补贴，储备仓库归建设者所有，储备主体为自主流通法人。政府会与民间储备粮主体签订合同，对管理费用的补贴、保险的赔偿等权利义务问题都做详细规定。政府储备粮根据国内粮食市场的具体情况决定是否抛售以此达到调节市场、平衡价格的目的。政府储备粮的储备期限为一年，超过期限就作为饲料处理或者出口。粮食管理费用是日本政府财政费用的一项重要开支，所占预算支出的比重为75%左右。为减轻政府的财政负担，保证储备的合理化，日本政府采取了一系列相应的措施：①若政府储备粮销售有剩余，则政府收购粮数量会做相应的调整；②面对日本粮食由于价格高而在国际市场上没有出口优势的局面，日本政府为减少因超额储备粮产生的财政支出，会将这部分粮食作为国际援助处理。单从大米的例子来看，日本农林水产大臣指定全国大米集货团体为全国计划

---

① 姚凤桐、李主其：《日本的粮食》，农业出版社2014年版。

② 杜彦坤：《国家储备粮管理体制的国际比较与政策选择》，《调研世界》2004年第10期。

大米收购以及存储的法人，在农林水产大臣制定大米流通计划后，设立不同层级的集货商来对分散在全国各地的大米进行收集，在政府粮食事务所检验无误之后，根据检验结果，以品种、质量以及计划数量的不同来设立"政府米"和"自主流通米"两个分类，并对这些大米进行分类存储。

4. 日本储备粮管理体系的政策法规

日本早在 1942 年就出台了《粮食管理法》以及与之配套的实施细则，在后来的实施当中又对其进行多次修订，逐步将粮食生产规范化；针对 WTO 的规则，日本政府在 1995 年再次出台了《新粮食法》，这些粮食法规都在粮食流通活动当中发挥了相当重要的作用。除此之外，日本政府在农产品流通管理中也制定了《自主流通法》等多项法规。这些法律法规的出台，在保障农产品生产、规范农产品交易市场以及形成一个公开有序的农产品流通市场中，扮演着至关重要的角色。

（四）印度的粮食储备

印度位于南亚次大陆，大部分属于热带季风气候，全境炎热，降水集中分布在夏季，耕地面积约为 1.6 亿公顷，位居亚洲第一。印度虽然是农业大国，但也是人口大国，据联合国发布的《世界人口展望》报告称，到 2028 年左右，印度人口将达到 14.5 亿，将超过中国成为世界人口最多的国家。由于人口压力，印度曾长期面临农产品短缺的问题。在 20 世纪 60 年代西方国家主导的"绿色革命"使得粮食产量有所增加后，印度建立起了较大规模的粮食储备体系，供求矛盾有所缓和，但政府却不得不承担高额的粮食储备费用及财政支出。

1. 印度粮食储备制度建立的背景

印度独立以前，农业生产水平低下，在 1946 年以前的 40 年间，印度的粮食产量只增长了 12%，而人口却增长了 40% 以上，[1] 由此导致人均粮

---

[1]　George Blyn, *Agricultural Trends in India*, *1891—1947*: *Output*, *Availability and Productivity*, Philadelphia Press, 1966.

食获得量不断下降。越来越多的人口和越来越少的粮食使得政府不得不实行粮食定额分配，同时催生了以政府为主的粮食储备制度。独立后的印度于1956年成立了农产品价格委员会，并开始实行粮食最低价收购政策；1957年，印度国会通过了《农产品开发和仓库公司法》，并于次年成立了中央仓库公司。1962年颁布的《中央仓库法案》规定中央仓库公司负责代表政府采购、出售、储存、运送农产品、种子、化肥、农业器械。之后，1965年印度食品公司成立，作为国有的食品公司，该公司的运行类似于我国的中储粮，负责以政府规定的最低价敞开收购农民的粮食并将其中一部分储存。

2. 印度的粮食储备规模

由于印度人以大米和面制品为主食，所以粮食储备品种主要是大米和小麦，大米约占储备量的40%，小麦占60%。印度粮食储备制度包括缓冲库存和经营库存两种。经营库存是指一年内由于季节因素，为保证全年连续供给而储存的粮食。缓冲库存是指在经营库存之外，再储存一部分必要的粮食，即粮食安全储备库存，以缓冲由于年度性粮食减产而产生的短缺，从而起到保障供给、稳定粮价和社会的作用。20世纪70年代末，印度实现粮食基本自给，有储备粮2000万吨，80年代末期缓冲储备保持在3000万吨左右，目前印度规定的缓冲库存最低标准为2500万吨，由印度粮食公司经营，粮权属于中央政府，费用由中央负担。除缓冲库存外，储备制度还规定印度粮食公司和各邦粮食供应部要分别保持3至8个月的经营库存。

3. 印度粮食储备的运作机制

印度政府虽然参与部分粮食的经营，但这种经营是政策性行为，主要是为了调节市场，平抑对生产者和消费者不利的价格波动。印度的政府粮食储备运作由中央政府和邦政府委托代理机构进行。中央政府的粮食收购机构由印度粮食公司和全国农业合作运销协会代理。印度粮食公司主营水稻和小麦，全国农业合作运销协会则经营除水稻和小麦以外的粗杂粮。印度粮食公司是独立于各邦政府以外的具有粮食储备和经营（不以盈利为目的）双重职能的机构，下设南、北、东、西和中部等 5 个大区办事处，23 个区域办事处，165 个小区办公室，1457 个粮库，5000 多个储存点，拥有 2560 万吨储存能力，工人超过 15 万人。公司从全国 8000 个收购中心及其临时收购点买进粮食，然后放入仓库。邦政府的粮食收购机构是粮食供应部。

印度政府经过多年努力建立的粮食储备体系，虽然保障了粮食供给安全，但其代价也是很高昂的，政府不得不承担巨额的粮食储备费用和消费补贴。自 20 世纪 80 年代以来，政府库存越来越多。据世界银行专家估算，如果利用进口补充，实现同样的目标，只需其财政补贴的三分之一左右。为此，印度政府决定根据市场变化采用经济有效的粮食库存管理办法，允许印度粮食公司进入国际期货市场，以便压缩缓冲库存，减少财政开支和补贴。

4. 印度粮食储备中存在的突出问题

自 2007 年以来，印度的粮食收购价格已经提高并超过 70%，这使得印度农民有动力生产更多的粮食。然而，近年来印度的粮食储存能力几乎没有很大的提升，简陋的仓储设施使得存放不当的粮食经常在多雨的季节被雨水打湿发霉。而印度的邦政府也因为财政紧张而无法购买更多的粮食发放给穷人，使得印度出现了一边是大量粮食发霉一边仍有许多人食不果腹的情况。

（五）澳大利亚的粮食储备

澳大利亚位于太平洋西南部与印度洋之间，四面临海，国土面积 768 万平方公里，居世界第 6 位。由于气候和地形的原因，澳大利亚大陆有 1/3 的地区不适于发展农牧业，另外 1/3 的地区只宜发展畜牧业，全区耕地面积约为 8700 万公顷，约占国土面积的 6.1%。由于总人口只有 2300 多万，使得澳大利亚人均耕地面积达到 2.75 公顷。当地主要粮食作物为小麦、大麦、燕麦，其中小麦在澳大利亚农业中占有重要的地位。据统计，澳大利亚每年小麦产量约为 2000 万吨至 2500 万吨，其中 80% 用来出口，20% 用来消费。

澳大利亚之所以能成为世界最大的小麦出口国,与其专业的小麦产业服务机构和发达完善的粮食储备体系不无关系。1989 年以前,澳大利亚的小麦由小麦局垄断经营,储运由国家谷物处理管理局(GHA)负责,收获的时候,农民将小麦送到小麦局认可国家谷物处理管理局授权经营的储藏中心,储藏中心收到小麦后马上对小麦进行检测、定级、储藏。国家谷物处理管理局作为垄断经营下的垄断储藏机构,下辖 900 多个粮食收购站、17 个谷物出口专用码头,拥有仓容约 2700 万吨,其中乡村仓库仓容 1800 万吨,港口仓库仓容 600 万吨和其他仓库仓容 300 万吨。发达的储运系统提高了农民卖粮的便捷程度,加快了粮食从田间到仓库的流转速度,有利于粮食质量的控制和出口。1989 年以后,随着政府对小麦局的改革,澳大利亚小麦市场的垄断程度不断下降,2007 年 8 月,澳大利亚政府结束了小麦局垄断小麦出口的历史,准许其他公司经营小麦出口业务,由此也结束了国家谷物处理管理局对小麦仓储的垄断。

发达的小麦储运体系的建立离不开政府公共服务机构的投入。由澳大利亚农业部投资成立的小麦研究与发展公司(GRDC)作为世界领先的小麦研发与技术推广机构从 1990 年成立开始便致力于监督、评估小麦研发上的创新,同时将好的技术予以推广。小麦研究与发展公司创建的子网站"store grain"为农场主和粮商提供了丰富的粮食仓储知识,涵盖如何经济地存储粮食、粮食通风、粮食质量、粮食仓储设施、昆虫防范等方面的知识。

二、国外粮食储备体制的启示

我国在自然条件资源、粮食生产方式与经济运行体制等方面有着自身的特点,这决定了我国的粮食储备管理制度并不能完全照搬其他国家的做法,然而国外的确有许多较为先进的储备粮管理制度,并且在实践中取得了理想的效果,这就需要我们结合自身状况,借鉴国外先进的经验并适当调整，争取将国外先进的粮食储备管理制度的经验合理应用到我国粮食储备管理制度改革中，发挥最大的正面效用。对于完善我国中央粮食储备管理，我们可以在以下方面得到一些启示。

（一）高度重视利用市场的作用，按储备用途和主体不同分层次建立粮食储备体系

美国、澳大利亚和现阶段的欧盟等经济发达的国家的粮食储备体系都属于这一模式，它带有市场导向型的特点，即储备粮体系具有广泛性、多层次性的特征。承储主体主要是农户和社会公司，政府都高度重视利用粮食市场的作用，通过经济、法律的手段鼓励社会企业广泛参与国家粮食储备体系的建设，从而降低政府粮食储备的成本，提高储备管理体系的效率和效益。由于市场较为成熟，机制比较完善，因而这种粮食储备管理体系达到了比较高的效率。我国应当在高度重视粮食市场作用的同时，将粮食生产经营大户这个新的经营主体也纳入到粮食储备体系的建设中以便完善我国的粮食储备层级体系和加强粮食储备对粮食安全的调节作用。

（二）高度重视粮食储备管理工作，建立相应的粮食储备配套政策，充分发挥政府调控作用

对于像日本和印度这样粮食资源较为紧张或者处于粮食供不应求阶段的国家使得其更加重视粮食储备的作用。在这些国家，粮食市场的主体除了有私人组织和合作社组织外，还有国营组织。政府直接参与或委托企业参与一部分的粮食购销活动并控制粮食储备和粮食价格，它带有政府导向型的特点，虽然国营组织没有私人组织的效率高，但是能够在宏观上起到导向的作用，有利于粮食储备的宏观调控。我国是经济高速发展的人口大国，虽然资源相对丰富，但是粮食市场并不完善，更要重视粮食储备的重要作用。同时应建立相应的粮食储备配套政策，充分发挥政府的调控作用，加强粮食储备体系的建设和中央储备粮的管理工作，积极探索更加科学有效的管理运营方式。

（三）提高粮食综合生产能力及保障供求充裕

正是由于美国的粮食综合生产能力强，供给保障高所以才能对粮食安全调控自如、游刃有余。因此我国必须千方百计地提高粮食综合生产能力，一是切实保护好耕地，确保耕地面积不再减少，同时保护和调动农民的种粮积极性，稳定粮食播种面积，这是粮食增产的基础；二是加快科技进步，加强农业基础设施建设，改善粮食生产条件，提高单产水平和抗灾能力，这是粮食增产的主要途径；三是深化体制机制改革，加快探索建立粮食主产区与主销区的利益联结机制，稳定和完善农村基本经营制度，整合粮食产能建设资金并完善农业基础设施建管机制，这是粮食增产的体制保障。同时，能够把粮食的供给能力、储备能力和生产能力紧紧地联系在一起，让生产能力和储备能力成为供给能力的基础保障。

（四）加强储备粮的法律法规建设

市场经济也是法制经济，在成熟的市场经济国家，政府对粮食的市场投放与收储、进出口贸易都是依据相关法律条文和政策制度来管理控制的，所有粮食流通营销组织的粮食营销活动都必须严格遵循相关法律和政策制度规定，各部门都必须依法行事，按照法律制度要求来规范自己的行为。美国对粮食储备的管理，主要是通过建立有效的政策激励、价格补贴、贷款发放和利息补贴的法律法规来实行监督和控制。随着市场经济发展日渐成熟，我国在粮食储备制度的日渐完善过程中，更应借鉴美国的经验，并结合我国国情，对粮食储备管理方式和储备主体的行为做详细规范的约束，最终将我国的粮食储备制度引入规范化和法制化的道路上去。

（五）确定合理的粮食储备规模，从根本上降低储备调节的成本与风险

欧盟成员国中，大多数国家都是粮食产大于销，因而都十分愿意储备粮食，但是，对于欧盟来说，则有很大的财政负担和储粮风险，为了降低

风险和减轻财政负担，欧盟开始逐年减少粮食储量。我们应充分借鉴欧盟的有益经验，通过对粮食生产形势的科学分析和把握，通过对粮食需求的科学预测，尽可能把我国的粮食储备规模降下来。从目前看，我国的粮食储备规模偏高，要充分发挥宏观调控的作用，通过有效的轮换和市场价格导向机制，把粮食储备规模压下来，使粮食储备规模更好地与生产、消费相衔接。

（六）加强对仓储设施的科技投入力度

印度每年因仓储设施不足、仓储设施简陋而导致的粮食变质现象时有发生。我国粮食储备量大，储备地点分散，储备主体既有国有企业又有民营企业，既有大型央企，也有小型粮食购销公司，不同储备主体的仓储设施建设水平参差不齐，时常发生因仓储条件不合格而导致的粮食变质甚至粮食焚毁事件。因此，我们应该向澳大利亚、美国等拥有先进仓储设施和仓储管理经验的国家学习，加大对仓储设施的科技投入力度，合理布局仓储地点，让农民送粮方便，让政府储粮安全。此外，政府有关部门应该积极发挥公共服务职能，将先进的仓储技术、运营经验介绍给不同的储粮企业。

第十一章　研究结论和政策建议

一、本书主要结论

（一）揭示出我国粮食产销布局中的问题

本书分析了我国南北和东中西不同区域的粮食生产的区域布局以及三种不同粮食作物（稻谷、小麦、玉米）的品种布局，揭示出我国粮食产销布局中的安全隐患，包括：粮食产销区分布错位，流通压力大，利益矛盾协调难；粮食主产区生产资源和要素供给日益弱化，有逐步向产销平衡区退缩和向主销区演化的趋势；粮食主销区逐步扩大，主销区的粮食供求缺口逐步扩大，给区域粮食产销平衡带来了更大的压力。进一步提出了我国粮食产销协调布局的构建，包括：充分发挥比较优势，实现粮食主产区布局区域化；提倡产前产后结合，实现产销经营一体化；开发西部，实现西部地区粮食自给。

（二）探索了农户粮食储备对我国粮食安全的重要意义

本书研究表明，农户自身的粮食需求，主要依靠自身储备而不是依赖市场来获得，这种传统在相当程度上减轻了粮食供给风险，尤其在国家粮食库存缩水的时候，对于缓解我国粮食总供给的压力具有重要作用。另一方面粮食价格并不是影响农户粮食储备行为的原因，即农户储备变动的最主要的目的并不是粮食价格，而是粮食安全。虽然粮食价格对农户粮食储备的行为影响微乎其微，但是农户粮食储备的行为对粮食价格的作用却是潜力很大。农户粮食储备是国家粮食储备与地方粮食储备的重要补充，是我国粮食储备体系中的不可或缺的组成部分。因此，从保障国家粮食安全的角度出发，农户粮食是不可忽视的一角。

通过对我国500个农户的实证调查数据的分析处理基础上，研究发现，绝大多数参与问卷调查的农户都有储粮行为，而且在过去六年的粮食储备数量基本保持不变，其中有81.4%的农户认为储备粮食主要是为了满足家庭成员的口粮需求，7.6%的农户储备粮食是出于自然灾害的考虑，8.7%的农户储粮是为了出售储备粮获得周转资金以应付变现的需要，此外，剩下2.3%的农户储粮则是满足其他需求，如满足农户与农户之间粮食借贷、"物物"交换以及社交等需求。农户的粮食储备变动量与前期粮食储备量高度相关，产量变化、粮食市场价格、收入水平、口粮需求变化、气候耕作制度、粮仓容量等因素对农户粮食储备变动量的影响较弱。为了稳定农户粮食储备量，减少国家粮食供给压力和风险，国家需要主动引导农户的粮食储备行为，如国家在对农户粮食生产销售环节进行直接补贴的同时也可以考虑对农户粮食储备进行必要的补贴。

（三）　确定了我国粮食储备规模总量及三种粮食作物的储备规模

本书基于差额模型运用波动指数法对我国总的粮食及稻谷、小麦、玉米三种主要粮食作物在四种不同方案下的储备规模进行了测算，但是要确定最终的储备规模还应根据不同的粮食安全水平要求、政府政策需要以及预测或实际的粮食供应形势来设计不同的调节方案来确定。本书通过对同一调控目标下的四种不同设计方案的储备规模进行比较，得出的结论为：

1. 对粮食安全水平要求越高，所需的粮食储备规模越大，财政支出越高

对粮食安全水平要求高则意味着只允许极小的粮食产量波动幅度，而所设定的粮食产量波动幅度越小，所需要储存的粮食规模就越大，大规模的粮食储备自然需要支付高昂的成本。

2. 根据政策倾斜的需要，结合预测到的或实际的粮食供求形势设计不对称的调节方案，调控效果会更明显

若经过研究预测到或者有证据表明粮食供给将呈现出过剩的状态，那么此时宜采用的降低保障粮食安全的储备成本且能有效改善粮食市场疲软状态的吞吐方案为方案四。该方案须待到波动系数大于 2.5% 才进行吞入的操作，粮食库存的吐出时机是波动系数达到 −1.5% 之时，这样及时地吐出库存，能避免粮食价格上涨过快，造成粮食消费者的利益受损，同时也可以减缓粮食增产的压力。

若经过研究表明粮食市场将处于供小于求的状态，那么为了避免未来出现粮食短缺的状况，同时保护粮农的积极性，此时宜采用的吞吐方案为方案三。在粮食波动系数达到 1.5% 时就及时进行吞入操作，提早将粮食吸纳入库存，待粮食供给波动系数达到 −2.5% 之时再进行吐出库存的操作，这样一方面缓解了粮食市场的紧缺状态，另一方面也在一定程度上刺激了粮价上涨，提高了粮农的种粮积极性，有利于后期的粮食增产，缓解未来的供应紧张状况。

（四）粮食储备对粮食市场价格具有一定的调控作用

本书运用阿尔蒙多项式变换法和广义最小二乘法研究粮食储备变动量、粮食生产价格、粮食市场价格三者之间的关系，对我国现行粮食储备调控政策效果进行量化分析，得出：粮食储备变动量对粮食市场价格具有显著影响，粮食储备变动量与粮食市场价格的走势具有协调性，因此，可以通过粮食储备变动量来调节粮食市场供求，进而调节粮食价格；粮食储备变动量对粮食市场价格的影响系数较小，可见粮食储备行为并不是基于价格的投机，而更多的是基于安全的考虑；粮食生产成本是构成粮食市场价格的主要部分，对粮食市场价格具有明显影响，调节粮食市场价格的重点应放在对粮食生产成本的调控上。

（五）分析了影响粮食储备调控效率的因素

本书从政府、粮食企业和粮食市场的角度对粮食储备政策和粮食市场

变化情况进行定性分析，并基于博弈论，实证分析了粮食企业的"逆向操作"对粮食储备调控效果的影响。得出：①粮食储备调控目标、粮食安全保障程度、粮食储备的层级布局、粮食储备调控运作方式以及市场整合情况是影响我国粮食储备的调控效率的重要因素。②上期的粮食产量的变化、农业生产资料价格的变化、城镇居民人均收入水平和人口数量的变动以及上一期粮食净进口量是影响我国粮食价格波动的粮食市场供需变化因素，也会影响到我国粮食储备的调控效果。③针对粮食储备企业的"逆向操作"行为，应根据不同情况采取相应对策：当粮价过高，要调控高粮价时，中储粮总公司应充分发挥"领导者"作用，影响粮企对粮价的预期；当粮价过低，要调控低粮价时，国家应根据粮企实际收购量给予一定的补贴支持，通过改变粮企收益来影响其决策选择；还应积极加强对粮食储备参与企业的管理工作，增强粮食储备的调控能力。

（六）明晰了我国粮食储备调控运行思路

1. 确定我国粮食储备调控的目标应定位于保障粮食安全

关于粮食储备目标的界定，本书认为以保障粮食安全为储备目标是更为理想的选择。一方面，通过构建粮食储备调控理论模型，对不同调控目标指导下的稻谷储备调控过程进行模拟。得出：与稳定价格的储备调控目标相比，粮食安全目标下的储备调控方式在成本效率、储备调控效率、社会福利以及政府持续调控能力方面都具有一定的优越性。另一方面，通过对不同储备调控目标下我国粮食储备规模进行测算，得出：在同样的粮食安全水平下，以稳定价格为目标需要更大的储备规模，加大了政府财政压力。本书从微观的稻谷市场研究到宏观的粮食市场研究，都表明将粮食储备目标定位在保障粮食安全更为合理。

2. 确定粮食储备调控操作的依据为产量波动

本书通过比较以价格调控与产量调控思路的操作过程、调控结果与调控影响三个方面，得出的结论为：首先，就操作过程而言，以价格波动为依据进行调控在操作上更为复杂且难以掌控。由于价格统计数据不够准确，且变化频繁，既加大了调控决策的难度，又增加了操作次数。相比之下，以产量波动为依据进行调控在操作上就相对容易些。其次，就调控结果与影响而言，以价格波动为依据进行调控，对粮食市场影响程度深，不能及时将粮食市场的供需关系以价格信号反馈给生产者、消费者以及政府政策执行者，延迟的信号蕴藏着更剧烈的市场波动，既不利于粮食市场遵循市场规律健康运行，又需要高昂的成本予以支撑。因此，以产量波动为依据的粮食储备调控方式更为合理。

二、完善我国粮食储备政策及调控运行体系的对策建议

粮食安全关系到社会的和谐稳定与国家的长治久安，而粮食储备是粮食安全体系中重要的组成部分，为了使粮食储备真正能在保障国家粮食供给、保障市场粮价平稳方面发挥相应的职能作用，本书通过对粮食储备调控体系进行系统研究，并分析了我国现行粮食储备政策下的调控效果、影响储备调控效率的因素及对不同调控目标下的储备调控政策进行实证模拟，测算了我国粮食储备规模总量和三种主要作物的储备规模，并对粮食储备的层级与布局进行了探讨，探索了农户粮食储备对我国粮食安全的重要意义，在借鉴吸收国外有益经验的基础上，提出对完善我国粮食储备政策及调控运行体系的对策建议。

（一）优化粮食储备管理制度，完善粮食储备体系

我国粮食储备体系的完善需在借鉴国外储备粮管理有效经验和做法的基础上，立足于我国的基本国情、粮情及储备粮管理的实际情况，需要政府对粮食储备体系进行合理的干预和管理，明确我国粮食储备的终极目标是保障粮食长期供需平衡，保证粮食安全。由于粮食受自然因素影响较大，在目前全球气候变化剧烈的情况下，粮食产量的波动性也越来越大，构建完善的粮食储备体系，合理有效地管理储备粮，运用储备粮来调节粮食产量的波动，稳定粮食市场，对于保障我国粮食安全具有重要的意义。

为了建立和完善我国粮食储备体系，优化粮食储备管理制度，应从以下几个方面入手：

健全粮食储备委托代理机制，加强对粮食储备企业的引导与监管。首先是对于目前推行的粮食储备业务代理制度要从以下几点进一步完善和规范：一是所选择的代储企业的资质必须符合标准，粮食主管部门与承揽储备粮保管业务的仓储企业的委托合同要规范，明确两者之间的责任和义务。二是承储企业的多元化，实现多渠道储备。鼓励各类企业经资格审定后从事储备粮经营业务，进行公平竞争，让更多的商业性质的仓储机构参与进来，提高储备质量。三是完善相关的代理费用制度。应确定足额合理的代理费用，确保有关的财政补贴款及时足额到位，保障粮食储备业务代理顺利实施。其次是要加强对粮食储备企业的监管。

对于粮食储备企业的管理，存在的瓶颈就是粮储企业的"逆向操作"问题。不乏一些粮储企业受到利益的驱使，在获得了国家储备粮补贴的同时，而不服从国家对粮食储备调拨和对粮食市场的调节，甚至逆其道而行之。当市场上出现粮食短缺，粮价上涨，要求吐出储备粮时，粮储企业此时却将粮食囤积起来，以获得更高的利益，有的企业甚至搞"转圈粮"，甲库卖、乙库买，糊弄上级，套取国家储备粮补贴费用和管理费用；反之当市场上粮食过剩，粮价下跌时，又不愿收购市场上和农民手中多余的粮食，甚至推波助澜，逆向操作，开仓放粮，完全失去了国有粮食储备的籴粜平准作用。为此，国家应加强对参与粮食储备的企业的管理，增强粮食储备的调控能力。一是粮食主管部门应针对粮食市场上不同的供求形势，与粮储企业展开一场博弈，引导粮储企业向政府所期望的方向调控。当市场上粮价过高时需要抛售粮食已达到降低粮价的目的时，中储粮总公司应该充分发挥"领导者"作用，率先作出抛售粮食的决策，改变其他粮企对未来粮价走势的预期，认为粮价会继续飙升的可能性很小，待价而沽将具有较大的风险，作出追随"领导者"的决策，以实现对高粮价的调控。当市场上粮价过低时，国家则应相应地给予收购量多的粮企较高的补贴，改变两期的收益，形成正向激励，使执行粮储调控政策成为其企业人收益最大化目标下的最优策略选择。在对粮企实施补贴的过程中应当"先有量，后有补"，只有粮企切实完成了预定的收购计划时才能得到相应的补贴，这样可避免一些粮企获得了国家储粮补贴，却不服从国家的粮食储备调拨要求的情况。二是对国家储备粮补贴的发放和储备企业资格的审定，一定要实现信息化，进行现代化的信息监管，确保粮食储备对市场的调控效果。三是要进一步理顺国家和地方粮食储备的关系，建立中央与地方储备粮购销储备协调机制，地方储备粮的购销运作接受中央的指导和监督，杜绝逆向购销操作，确保国家对粮食的主动权。

建立健全储备粮管理协调机制，提高储备粮管理有效性。中央储备粮体系的日常管理和实施调控的运行管理涉及国家发改委、财政部、粮食局、中储粮总公司、农业发展银行等多个部门，为充分发挥储备粮管理体系的作用，提高运行效率，在按照《中央储备粮管理条例》认真履行各自职能的同时，应建立由国家发改委、财政部、农业部、交通部门、粮食局、中储粮总公司、农业发展银行等有关部门参加的中央储备粮管理协调机制。地方储备粮也要比照中央储备粮建立管理协调机制。同时应进一步加强部门之间的协调，避免责任推诿，切实提高调控运行管理效率，确保调控适时、适度，并且关键时刻调得动、用得上。[①]

拓宽粮食储备补贴范围，优化粮食储备补贴机制。我国目前的储备粮补贴政策主要集中于对储备粮承储企业的补贴，而对农户储备的补贴还有所欠缺。要完善我国粮食储备补贴政策需要从两方面抓起。一方面需要对已有的补贴政策进一步完善与规范，可以从以下几个节点入手：一是规范对储备粮承储企业的储粮费用补贴标准。二是补贴要兼顾粮食储备过程中的各个环节，包括储存费用、陈化粮轮换费用、收购粮食贷款利息等多个环节；三是加强对储备补贴的监管力度，既要保障补贴费用的落实又要监督承储企业在接受补贴以后承担应有的责任和义务。包括对储备责任目

① 刘颖：《关于我国专项粮食储备规模的定量研究》，《华中农业大学学报（社会科学版）》2002年第3期。

标、储存补贴费用的来源及渠道、储备粮数量和质量等方面的监管，真正保障储备粮的储备运营体系和流通管理体系。另一方面需要拓宽粮食储备补贴的范围，即实施农户粮食储备补贴机制。农户储备也是我国粮食储备体系的重要方面，对整个粮食市场的供求起着重要的作用，但是目前我国对农户储备基本上属于一种"放任自由"的政策，并没有实施太多的干预。在部分发达国家与发展中国家，都开始关注对农户储粮的补贴，将农户储备纳入国家储备粮保障体系。基于此，可以结合我国实情，实行农户储备补贴试点推广工作。比如，对农户储粮仓库建设予以补贴、对农户储粮技术进行培训、利用市场机制对农户储粮行为进行合理的引导，保障储粮农户的收益等。

对储备粮的市场运行风险进行监测与管理。要加强对粮食储备市场的监测，并建立相应的风险预警机制和风险防范机制，建立健全市场信息监测体系，及时洞悉市场变化动态，收集市场变化的信息，尤其是对国际市场粮食价格以及储备的监测，要有新的手段和机制，以便在开放背景下充分利用国际市场和防止外来粮源对我国粮食安全及储备体系的冲击。对可能引起国际粮食市场价格波动的信息，要进行有效的跟踪，及时掌握国际粮价的变化趋势，以制定合理的粮食进出口政策，通过调节粮食的进出口，来有效地调节国内粮食市场的供求平衡。

建立畅通的粮食储备内部信息系统。政府通过调用储备粮对粮食市场进行调控，其时效性往往取决于灵敏、准确的信息系统。信息反馈的不及时，一方面会造成各储备主体、各层级之间的不协调，甚至出现相互冲突的现象；另一方面对于粮食市场的异常情况，也不能及时有效地予以调控，存在滞后性。因此，要加强各地、各级粮食储备及市场的信息监测，并保证信息反馈渠道的通畅，将粮情信息及时反馈至各相关决策部门与决策者，便于为各层级的储备主体调控粮食市场提供准确的信息和依据，在最有效的时间内对异常情况予以调节，可以有效提高储备调控效率。

进一步整合国内粮食市场，加快粮食流通体制改革，建立统一、顺畅的粮食储备。我国传统的自给自足的小农经济和计划经济在一定程度上阻碍了粮食在不同地区间的有效流通，也影响了全国统一粮食市场的建立。市场整合度低，区域间不通畅，既加大了国家粮食储备的压力，又弱化了政府调控市场的能力，也不利于充分利用各地的优势资源，降低了资源的配置效率。因此，要有效降低储备规模，提高储备调控效率，积极培育和规范粮食市场，进一步建立健全国内统一粮食市场是必由之路。在培育和规范粮食市场体系中，要逐步打破地方保护壁垒，逐步促进现在分散于全国城乡的粮食集贸市场向集中有序、层次清晰、全国统一的大市场过渡。

（二）优化粮食储备调控运行体系，提高粮食储备调控效率

粮食储备的公共产品属性决定了只能由国家来提供，作为一项公共政策，粮食储备一方面要履行保障粮食安全的职责，另一方面要提高效率、降低成本。因此，政府如何在保障粮食安全与节约成本之间进行权衡与取舍，选择最优的粮食储备调控政策，优化粮食储备调控运行体系，达到"双赢"的局面，应正确处理粮食市场与政府的关系，着重做好以下几点：

清晰界定我国粮食储备调控的目标是保障粮食安全。目标定位模糊以及出现多元化是粮食储备存在的一个普遍问题。尽管储存粮食的初衷是补救歉收年份造成的供给不足和预防突发事件，但是在实际运行中已经逐渐偏离了初衷，越来越多地被用于稳定价格、保障收入等方面，没有剥离政府对粮食市场的行政干预，既加剧了政府的财政负担，又扰乱了粮食市场价格信号。因此，在有限的财力支撑下，要减轻国家负担，最大限度发挥粮食储备的作用，那么赋予粮食储备的目标首先必须是保障粮食安全。

准确把握我国储备调控的依据是产量波动幅度。要实现粮食安全与储备成本两者兼优的目标，必须以平抑产量波动为调控依据和思路，并配以灵活的储备调控机制。以产量波动为依据进行粮食储备调控的思路，要求既遵循一定的原则，又要具备灵活性。遵循一定的原则是指在粮食正常生产年份，储备粮吞吐的依据只能是产量的年际波动，对反映正常供求关系的价格波动信号不调用储备粮。具备灵活性是指要求留有余地、灵活处理粮食市场出现的紧急突发事件。紧急情况也是通过价格信号表现出来的，

这就需要准确判断价格波动的原因，若是因意外突发性事件，导致价格短期大幅波动，威胁社会稳定和粮食安全，则应及时调动储备粮予以缓和。只有保证不干涉正常年份粮食市场的运行，又能及时处理因意外事件造成的价格剧烈波动，才能促进粮食长期供需均衡，真正实现粮食安全的目标。

合理确定适度的粮食储备规模。适度的粮食储备规模是指既不能规模过大，又不能储备不足，要把握好"度"。首先，应从储备依据即设定的产量波动幅度入手，其波动幅度的确定并不是固定不变的，应基于对粮食安全形势的正确判断和政策倾斜的需要灵活变动。如果对未来粮食安全形势判断较为乐观，则可适度放松波动幅度，适当缩小储备规模，反之，则亦然，实现储备粮规模动态化管理。其次，要充分发挥我国粮食储备主体多元化的特点，有效利用农户、粮食企业等社会储备的保障作用，通过政策予以引导，避免各层级、各主体为了利益产生"逆向操作"的行为，实现各主体的储备有效组合，能在一定程度上缩减中央储备粮规模，减轻国家财政负担。最后，在实际确定粮食储备规模时既要借鉴学术界提出的理论储备规模，但更要考虑现实的复杂情况。理论分析得出的储备规模虽然代表了一种思路和方向，但是其计算过程是在假定的理想环境下进行的，而现实情况要复杂得多，因此只能作为参考。

（三）合理规划粮食储备层级与布局，强化粮食储备功能

粮食储备体系的构成、储备粮库的建设及储备品种的构成是实现粮食储备有效调控粮食市场的硬件建设，其是否合理将直接决定了在调配储备粮时是否能够及时有效，是否能够满足调控运行的需要。因此要合理规划粮食储备层级与布局，强化粮食储备功能，需要从以下几个方面出发：

协调中央与地方两级储备体系，高度重视农户储备。目前我国公共粮食储备包括中央和地方两个储备体系。中央储备粮的经营管理具体由中储粮总公司负责，形成了中央储备粮垂直管理体系。地方储备粮是中央储备粮的必要补充，包括省、市、县三级储备，建立了以省级储备为主，以市

县级储备为必要补充的地方储备体系。在当前这种多层次的储备体系中，一是要协调好中央与地方两级储备主体之间的关系，应当以中央储备主体为主，中储粮总公司在粮食储备调控中掌握控制权，把握好方向，起到主导作用。而地方储备主要是起到协作与辅助的作用，侧重解决地方内部的粮食供求平衡问题。二是鼓励推进储备主体的多元化。我国的粮食储备体系呈现的特点是层级多，但是承储主体单一，政府财政压力过大。因而我国应借鉴国外的先进经验，将粮食储备部分地由政府部门向私人部门转移，将企业、农户在内的社会与民间储备主体纳入整个储备体系中，吸引更多的社会资本投入储备粮及储存基础设施建设中来，在一定程度上可以缓解政府的压力。三是高度重视农户储备。藏粮于地和藏粮于民一直以来是我国保障粮食安全的两大重要举措。农户储备的粮食在总的储备量占到一半以上，在某种角度来说，我国国家粮食安全在很大程度上取决于农户的粮食储备量及其空间分布。[①] 因而加强对农户储备的引导、鼓励、补贴与管理，降低农户储备过程中的损耗，提高农户储备粮质量，保证其服从国家的调运和调控，对于强化粮食储备调控市场的能力是十分重要的。

综合考虑主产区、主销区与缺粮区的实际情况，合理规划储备粮库的区域布局。我国过去长期将粮食仓储主要设立在主产区，使得主产区不仅要承担保证国家粮食安全的生产责任，而且要承担国家粮食安全的储备责任，还要承受粮食储存的资金压力，以致出现了产粮大省、经济穷省的不合理现象。但随着我国储备粮管理体制的逐步改革，中央政府承担起储备粮收购、管理、轮换等费用，地方政府储备粮食从某种意义上讲不再是经济负担，而是一个获利的经营项目。因此在规划储备粮库的建设时，应着重考虑是否能够兼顾储存与调运的便利，即在粮食供大于求时，要有利于把多余的粮食能够收储起来；在粮食供不应求时，要有利于向市场投放粮食和进行粮食的抛售。基于此，储备粮库的建设可以适当向主销区以及粮

---

① 万广华、张藕香：《中国农户粮食储备行为的决定因素：价格很重要吗》，《中国农村经济》2007 年第 5 期。

食供给严重不足的西部地区倾斜。在具体的库存点选址时，应选择在交通设施便利的地方。在产区储备粮库应主要建立在交通中心、粮食集散中心、有铁路专用线或有专用码头的地方；销区则主要建立在大中城市所在地、沿海城市、港口码头等水陆交通便利的地方。尤其是针对我国南北方粮食调运距离远、运量大的现状，要尽可能地与粮食周转流通设施相结合，充分利用已有的粮食流通渠道，以加快储备粮在不同区域间的流通速度，提高粮食储备调控效果。

结合各地区的生产特色与消费习惯，优化粮食储备品种结构。受到地理位置与气候因素的影响，我国南北方粮食作物生产存在较大的差异性，北方盛产小麦，而南方盛产稻谷。与之相应的是，人们的消费习惯也存在一定的异质性，北方人喜面食，而南方人喜稻米。基于生产与消费习惯的差异性，在不同地区存储粮食品种结构上，就应结合当地的实际情况进行一些改进。比如在长江中下游及南方地区，就应更多地储备稻谷；在东北、华北以及西北地区，则应该加强小麦的储备。

（四）构建我国农户粮食储备体系，稳定农村粮食供求关系

农户粮食储备对缓解我国粮食总供给压力，稳定粮食价格具有重要作用。构建我国农户粮食储备体系，稳定农村粮食供求关系意义重大。藏粮于地和藏粮于民是长期以来我国实现粮食安全的重要举措，从目前的现实来看，农户储备粮占了我国粮食储备量的1/2以上，所以加强这一部分粮食的管理，防止仓储的虫害、鼠害和霉变损失，保证其能够服从国家的调运和调控十分重要。主要应做好以下几方面工作：

1. 充分认识农户储备粮食的重要性

借鉴美、日发达国家的经验，研究制定农户储备的补贴政策，把粮食储备时间与收购价挂钩，对于农户储备给予补贴，对于受补贴的粮食进行释放期控制，以便加强对农户储备的管理。

2. 调动农民的储粮积极性和主动性

要加大宣传力度，让农民充分意识到未来我国粮食供求面临的严峻挑

战，从而重新唤起农民存粮备荒、保障粮食安全的意识，加强其积极性和主动性。教育农民树立"手中有粮，心中不慌""丰年不忘饥年"的观念，积极储备粮食，以便在某些突发因素导致粮食减产时，凭借手中的存粮，减少市场供应的压力，发挥"减压阀"的作用，用"藏粮于民"的方式化解粮食风险。我国历史上储粮的一条重要经验就是公私皆储粮，况且我国农民历来有"养儿防老、积谷防荒"的传统。这个传统可以发扬光大！

3. 研究和改进农户储粮的新技术，积极创制民间储粮的新储具，以防止储备中的损失

为了使农民改变传统的储粮方式，尽快接受和掌握科学储粮新技术，有的地方采取书写标语、发放资料、设置街头咨询、出动宣传车、播放专题片、进村入户动员等群众喜闻乐见的形式进行了深入持久的宣传，组织专业人员制作了《科学储粮服务"三农"》的专题片在县乡电视台滚动播放，编印《农户科学储粮技术手册》，进行免费赠送。通过强有力的宣传，让群众对农村储粮的常用知识、储粮杀虫药剂的使用方法、小型粮仓的建造等实用技术有了一定了解，为小粮仓的广泛推广奠定了坚实的基础。

4. 完善和规范农户粮食银行

在认真审察其储粮条件和资格的同时，建立相应的管理制度，真正保证农户的粮食储得进、取得出、储存质量有保障，粮权归农户，储备保管质量有提高。

（五）提高粮食生产能力，从根本上保障粮食安全

粮食储备始终只是"缓冲剂"，其调控释放能力是有限的，只能缓解市场上出现的短期波动，对于粮食市场上出现的长期供求失衡的状况，则不能依赖于粮食储备的调节。要保障粮食长期稳定的供给，从根本上保障粮食安全，还必须依靠粮食综合生产能力的提高。粮食生产是粮食储备和调控的基础，只有粮食增收，有多余的粮食，政府才有储备的来源，才有可能建立完备的粮食储备调控体系。特别是像我国这样的粮食消费大国和难以利用世界粮源满足粮食需求的国家，更应该重视粮食生产发展，否则

就无粮可储难以保障粮食安全。据此，我们一定要高度重视粮食生产，提高粮食生产能力，为粮食储备提供物质基础。

1. 国家完善粮食生产支持政策，驱动资源要素向粮食生产领域流动

在农村宏观经营体制难以改变，家庭承包经营、小规模分散经营将长期存续的情况下，通过国家补贴与市场利益调节机制，驱动资源要素向粮食生产领域流动，以保证粮食安全的生产资源供给基础。一是加大政府对粮食生产支持政策的力度，利用多元化的补贴政策相结合，如实行农机具补贴、农药化肥补贴以及价格调节等多种政策，以有效增加粮农收入，将广大外出务工农民留在土地上，保障粮食生产的人力资本。二是加大对农业科技与技术的投入。一方面切实运用农业科技推动粮食生产规模化、集约化经营；另一方面利用政府仍然掌控着各种农业大专院校和地方农业职业技术学校和农业科研单位这一科技知识资源的有利条件，切实培育和组建一支现代农业产业大军，使粮食生产及农业生产不至于因劳动力断层而衰退。三是加大对粮食生产基础设施建设方面的财政支出力度，对于规模性、整体性、不可分割性的农业公共资源和水利、机械等方面，政府进行统一规划，以防止粮食生产在现代化进程中落伍。

2. 切实加强对粮食生产的战略性资源的保护，尤其是对耕地资源的保护

把耕地、水、种子等粮食生产发展的根本性、核心资源作为战略资源对待，从源头和根本上给予保护。一是对耕地资源的保护。在推进城镇化和工业化的进程中，要防止土地非农化的趋势，对建设用地的供给从速度和规模上予以控制，严格推行并落实"耕地占补平衡"制度，确保远离18亿亩耕地的红线，让藏粮于地的方针得以有效地实施。二是对水资源的保护。在农田水利方面，改革开放前后发生了较大的变化，改革开放前大力兴修农田水利，促进农业生产，而现在则是农田水利让位于城市、工业水源供给。因此对于水资源应在工业、农业领域合理分配，在农业用水节约和保证供给的前提下逐步向工业和城市转移。三是对种子资源的保护。目前越来越多的国外种子涌入中国，挤占中国市场，削弱了国内种子企业的竞争力。要保住种子主权，必须积极推进国内种子企业的联合与联盟，加

强种子资源的保护，整合政府与企业的力量，让种子企业在竞争中逐步强大。

3. 将粮食储备由流通领域向生产领域延伸，对粮食的生产能力进行储备

储备粮食生产能力，是指通过调控种植作物的种类来调控粮食市场上的供给，实现调控目标，这需要对粮食市场的供求形势进行准确的预测，并能够及时调整种植作物的品种。对粮食生产能力进行储备，使政府在调控粮食市场上更具有主动性和灵活性，将储粮于仓、储粮于民、储粮于地与储粮于生产能力有效地结合，将粮食储备在流通领域与生产领域有机地结合，能更好地保障粮食储备稳定持续的发展，更好地调控粮食市场，从根本上保障粮食安全。

附录：我国农户粮食储备情况调查问卷

您好！我们正在进行一项科研调查，您是我们选取的 500 户农户中的一户，我们的调查是为了了解我国农户粮食储备的基本情况，通过调查分析，希望能为我国的粮食储备政策提供依据。对于我们将要问到的问题，您的回答没有对或错，只要符合您的真实情况就可以了，您的如实回答和耐心合作，将直接有利于我们国家制定相关的政策。

您的回答受到国家《统计法》的保护，我们收集到的所有信息，都只用于计算机的数据统计分析。有关您家庭或个人的信息，不会出现在任何场合，我们将尊重您的个人隐私，绝不对外泄露任何个人信息，衷心感谢您的帮助！

1. 您的家庭地址：_____省_____市／县_____镇／乡

2. 您的家庭常住人口数_____

3. 您家近 5 年是否存过自种的口粮？（ ）

    A 是　　　　B 否

4. 您自家种的粮食是否够吃？（ ）

    A 足够，且有多余　　B 基本够吃　　C 不够吃

5. 近 6 年您家粮食产量及储备总体情况（以千克为单位）：

年份	粮食总产量	粮食储备总量	粮食分类储备量
2005			稻谷小麦玉米 _____ _____ 大豆薯类其他 _____ _____
2006			稻谷小麦玉米 _____ _____ 大豆薯类其他 _____ _____

续表

年份	粮食总产量	粮食储备总量	粮食分类储备量
2007			稻谷小麦玉米 ＿＿＿＿ ＿＿＿＿ 大豆薯类其他 ＿＿＿＿ ＿＿＿＿
2008			稻谷小麦玉米 ＿＿＿＿ ＿＿＿＿ 大豆薯类其他 ＿＿＿＿ ＿＿＿＿
2009			稻谷小麦玉米 ＿＿＿＿ ＿＿＿＿ 大豆薯类其他 ＿＿＿＿ ＿＿＿＿
2010			稻谷小麦玉米 ＿＿＿＿ ＿＿＿＿ 大豆薯类其他 ＿＿＿＿ ＿＿＿＿

6. 您储备不同种类的粮食是因为以下哪些原因（请画√）？若近6年没有储备过任何品种的粮食，请直接跳到第10题。

储备原因	稻谷	小麦	玉米	大豆	薯类	其他
满足口粮需要						
生产性消费（用作饲料、加工等）						
应付变现需要（资金周转、社交）						
安全考虑（如灾害等）						
其他需要						

7. 您家是否用较长时间的粮食安全储备？如有，一般为几个月（　　）

　　A 1个月以下　　　　　　B 2—3个月　　　　　　C 4—6个月

　　D 7—9个月　　　　　　E 10—12个月

8. 您认为过去6年家里的粮食口粮储存有何变化？（　　）

　　A 越来越多　　　　　　B 基本保持不变　　　　C 越来越少

9. 您家今后是否会减少粮食储备？（　　）

　　A 会减少部分　　　　　B 稍微减少，变动不大　C 不会减少

10. 您认为引起您家粮食储备变化的主要原因是？（　　）

　　A 产量变化　　　　　　B 粮食市场价格　　　　C 收入水平

　　D 口粮需求变化　　　　E 气候耕作制度（如潮湿不易保存、收获

季节间隔时间等)   F 其他原因

11. 如果没有粮食储备或储备量较小，是由于哪些原因？（ ）

A 没有种粮   B 不足部分依赖市场购买

C 家庭人口减少所需存量下降   D 没有粮仓或容量不足

E 其他原因

12. 您认为国家的粮食储备政策（如对农户粮食储备进行补贴）对您家的粮食储备量有影响吗？（ ）

A 有较大影响   B 影响不大   C 没有影响

13. 您认为国家采取哪些政策可以增加农户粮食储备？

_____

_____

参考文献

1. 白美清：《中国粮食储备体系二十年的回顾与展望》，《粮食问题研究》2011 年第 3 期。

2. 包克辛：《认真落实调控责任，积极服务"三农"发展，为保持经济平稳较快发展做出新贡献》，《中国粮食经济》2010 年第 2 期。

3. 曹宝明：《关于粮食储备几个理论问题的思考》，《中国粮食经济》1994 年第 1 期。

4. 陈伟红、王炳焕：《粮食购销市场化下农户粮食储备及变化情况分析》，《世界农业》2006 年第 3 期。

5. 陈伟红：《中国粮食主产区农户粮食储备行为分析》，《粮食科技与经济》2006 年第 3 期。

6. 邓大才：《国家粮食专项储备有必要引入市场机制》，《中国粮食经济》2004 年第 9 期。

7. 邓亦武：《粮食宏观调控论》，北京经济管理出版社 2008 年版。

8. 丁声俊：《论国家粮食储备和粮食价格》，《粮食科技与经济》2008 年第 3 期。

9. 杜彦坤：《国家储备粮管理体制的国际比较与政策选择》，《调研世界》2004 年第 10 期。

10. 杜鹰、黄延信：《解决目前我国粮食过剩问题的政策建议》，《农村经济文稿》1998 年第 9 期。

11. 范建刚：《对消费量测算前提下的粮食储备规模分析》，《软科学》2007 年第 1 期。

12. 冯敏、陆迁、林建中：《我国城乡大米消费弹性分析》，《当代经济》2011 年第 6 期。

13. 高帆：《中国粮食安全的理论研究与实证分析》，上海人民出版社 2005 年版。

14. 高建军：《粮食储备与粮食安全》，《农产品市场周刊》2004 年第 13 期。

15. 高启杰：《城乡居民粮食消费情况分析与预测》，《中国农村经济》2004 年第 10 期。

16. 龚波、肖国安、张四梅：《粮食经济的多智能体仿真方法研究——基于中外粮食企业主体行为的博弈分析》，《湘潭大学学报（哲学社会科学版）》2010 年第 9 期。

17. 关青：《粮食直补：中央、地方政府与农民的博弈分析》，《华中农业大学学报（社会科学版）》2009 年第 2 期。

18. 郭志涛：《完善地方粮食储备体系的思考》，《粮食科技与经济》2008 年第 5 期。

19. 何德兴、夏治强：《对现行国家粮食储备政策的思考和建议》，《粮食问题研究》2011 年第 3 期。

20. 何蒲明、黎东升、王雅鹏：《储备粮运作与粮食价格变动关系的实证分析》，《中国农业资源与区划》2010 年第 8 期。

21. 何蒲明、黎东升、王雅鹏：《市场化改革前后中国粮食生产和价格波动比较研究》，《中国农业资源与区划》2010 年第 5 期。

22. 何蒲明：《粮食安全与农产品期货市场发展研究》，中国农业出版社 2009 年版。

23. 和春军、赵黎明、张亚兰：《中心城市粮食储备体系研究》，《河北学刊》2010 年第 5 期。

24. 贺涛：《中国市场化粮食流通体制系统研究》，科学出版社 2001 年版。

25. 洪涛：《世界粮价上涨不会影响我国粮食安全但潜在风险不容忽

视》，《中国粮食经济》2008 年第 7 期。

26. 侯立军：《当前粮食流通体制改革的难点与对策》，《农业经济问题》1999 年第 9 期。

27. 胡非凡、吴松娟：《国内粮食物流研究综述》，《粮食流通技术》2007 年第 4 期。

28. 胡鹏、强永昌：《委托代理理论在我国粮食储备管理中的应用》，《世界经济情况》2006 年第 10 期。

29. 胡小平：《粮食价格与粮食储备的宏观调控》，《经济研究》1999 年第 2 期。

30. 胡迎春、刘卿：《粮食禁运的风险与中国粮食安全的政策选择》，《中国农垦经济》2003 年第 8 期。

31. 黄爱东：《论粮食购销市场化改革》，《厦门特区党校学报》2001 年第 6 期。

32. 黄晓玲：《中国对外贸易概论》，对外经济贸易大学出版社 2003 年版。

33. 黄延信：《政府粮食政策落实情况与农民行为选择》，《中国农村观察》2001 年第 12 期。

34. 冀名峰：《粮食流通体制改革中的政企分开问题》，《农业经济问题》2001 年第 5 期。

35. 冀名峰：《我国粮食市场上的同步性问题分析》，《中国农村经济》2004 年第 3 期。

36. 贾晋：《我国粮食储备的合理规模、布局与宏观调控》，《重庆社会科学》2012 年第 2 期。

37. 贾晋、董明璐：《中国粮食储备体系优化的理论研究和政策安排》，《国家行政学院学报》2010 年第 6 期。

38. 贾晋、王珏、肖慧琳：《中国粮食储备体系优化的理论研究评述》，《经济学动态》2011 年第 3 期。

39. 姜长云：《关于我国粮食安全问题的两个判断》，《中国经济时报》

2005 年 12 月 2 日。

40．蒋乃华、李岳云：《论中国粮食生产的稳定性》，《农业经济问题》1998 年第 5 期。

41．柯炳生：《我国粮食自给率与粮食贸易》，《中国农垦》2006 年第 12 期。

42．柯炳生：《中国农户粮食储备及其对市场的影响》，《中国农村观察》1996 年第 6 期。

43．孔祥智、王爱华、马荣：《粮食流通体制改革进程中需要解决的关键问题和思路》，《中国粮食经济》2002 年第 9 期。

44．匡远配：《中国农户粮食储备补贴：理由和实现机制研究》，《粮食论坛》2008 年第 12 期。

45．李保明：《效用理论与纳什均衡选择：对协调与合作的探讨》，经济科学出版社 2003 年版。

46．李长明、罗先安：《浅析中央储备粮轮换销售中的风险与对策》，《粮油仓储科技通讯》2007 年第 3 期。

47．李成贵：《中国农业政策：理论框架与应用分析》，社会科学文献出版社 1999 年版。

48．李福君：《我国粮食储备布局研究》，中国农业大学出版社 2005 年版。

49．李国祥：《建国以来我国粮食生产循环波动分析》，《中国农村观察》1999 年第 5 期。

50．李晖：《粮食价格波动与政府调控》，《农村经济》2004 年第 11 期。

51．李美云、宋云玲：《关于国家粮食储备库建设项目后评价的研究》，《黑龙江粮食》2007 年第 6 期。

52．李堃：《国家粮食储备库信息化建设的问题与建议》，《粮食流通技术》2006 年第 5 期。

53．李岳云：《中国粮食波动论》，中国农业出版社 2001 年版。

54．李章晓：《关于我国粮食储备问题的相关讨论及对策研究》，《法制与社会》2007 年第 11 期。

55．厉为民、黎淑英：《世界粮食安全概论》，中国人民大学出版社 1988 年版。

56．廖西元：《粮食安全的国家战略》，《农业经济问题》2011 年第 4 期。

57．刘传光：《粮食流通之浅见》，《粮食问题研究》2005 年第 2 期。

58．刘佳、朱忠贵：《基于国家粮食储备监督的博弈分析》，《长江大学学报（自然科学版）》2011 年第 3 期。

59．刘起霞、祝宗兰、段永辉：《GIS 在粮食储备库建设中的运用》，《郑州工程学院学报》2004 年第 3 期。

60．刘清娟、周慧秋：《世界发达国家粮食储备经验及其启示》，《世界农业》2011 年第 9 期。

61．刘星彦：《蛛网理论与我国的粮食安全》，《粮食流通技术》2002 年第 5 期。

62．刘颖、许为、樊刚：《中国粮食安全储备最优规模研究》，《农业技术经济》2010 年第 11 期。

63．刘颖：《关于我国专项粮食储备规模的定量研究》，《华中农业大学学报（社会科学版）》2002 年第 3 期。

64．刘颖：《市场化形势下我国粮食流通体制改革研究》，华中农业大学出版社 2006 年版。

65．刘有俊：《加大粮站仓储设施建设和粮食储备的思考》，《粮食问题研究》2008 年第 3 期。

66．刘悦、刘合光、孙东升：《世界主要粮食储备体系的比较研究》，《经济社会体制比较》2011 年第 2 期。

67．刘运梓：《从发达国家粮食购销体制看我国的粮改》，《宏观经济研究》1999 年第 5 期。

68．龙方、曾福生：《论粮食产区与销区关系的协调》，《农业现代化研究》2007 年第 5 期。

69. 娄源功：《基于国家粮食安全的专项储备粮规模研究》，《农业技术经济》2003 年第 4 期。

70. 娄源功：《基于粮食安全的国家粮库建设布局研究》，《农业经济问题》2001 年第 5 期。

71. 卢波:《中央储备粮管理机制研究》，新疆农业大学，博士论文，2006 年。

72. 罗良国、李宁辉、杨建仓：《中国粮食供求状况分析》，《农业经济问题》2005 年第 2 期。

73. 鲁晓东：《垂直管理确保安全——对中央储备粮垂直管理体制建设的若干思考》，《调研世界》2001 年第 3 期。

74. 罗良国、李宁辉：《中国粮食供求状况分析》，《农业经济问题》2005 年第 2 期。

75. 罗守全：《中国粮食流通政策问题研究》，首都经济贸易大学 2005 年版。

76. 马爱锄、杨改河、黑亮：《粮食安全新内涵与中国粮食安全态势分析》，《西北农林科技大学学报（社会科学版)》2003 年第 3 期。

77. 马九杰、张传宗:《中国粮食储备规模模拟优化与政策分析》，《管理世界》2002 年第 9 期。

78. 马九杰、张象枢、顾海兵:《粮食安全衡量及预警指标体系研究》，《管理世界》2001 年第 1 期。

79. 马晓河：《新时期需要新的粮食安全观》，《宏观经济管理》2003 年第 12 期。

80. 马有祥：《对我国粮食问题的再认识》，《中国农村经济》2001 年第 11 期。

81. 毛慧忠：《新阶段中国粮食问题研究》，中国农业出版社 2005 年版。

82. 苗珊珊、陆迁:《我国大米的供需态势：由库存与消费观察》，《改革》2011 年第 7 期。

83．苗齐、钟甫宁：《我国粮食储备规模的变动及其对供应和价格的影响》，《农业经济问题》2006 年第 11 期。

84．齐志高、李堃：《论影响我国粮食储备安全的因素》，《粮食储藏》2006 年第 1 期。

85．秦莉、王雅鹏：《中西部城镇化中粮食安全主体行为的博弈》，《决策与信息（财经观察）》2008 年第 6 期。

86．秦中春：《完善我国粮食储备管理制度》，《重庆理工大学学报（社会科学版）》2010 年第 7 期。

87．秦中春：《我国新型粮食储备体系的主要特点》，《农产品加工》2009 年第 11 期。

88．秦中春：《中国粮食流通体制：宜管？宜导？宜放？》，《中国农村经济》2003 年第 3 期。

89．石汝杰：《从公共产品的角度看国家粮食储备管理》，《工作研究》2001 年第 12 期。

90．史清华、徐翠萍：《来自长三角 15 村 20 年的实证——农家粮食储备：从自我防范到社会保障》，《农业技术经济》2009 年第 1 期。

91．史清华、卓建伟：《农户粮作经营及家庭粮食安全行为研究——以江、浙、沪 3 省市 26 村固定跟踪观察农户为例》，《农业技术经济》2004 年第 5 期。

92．舒在习：《论农村储粮与国家粮食安全》，《粮食科技与经济》2001 年第 1 期。

93．宋维佳：《我国粮食储备体系重组的基本分析》，《财经问题研究》2006 年第 3 期。

94．宋一君：《库存变化与粮食价格波动关系研究》，南京农业大学2009 年版。

95．孙大为：《试论完善中国粮食储备调节制度的若干对策》，《经济与管理》2005 年第 1 期。

96. 孙剑非:《中国农户粮食储备问题研究》,中国农业大学 1999 年版。

97. 孙立平:《博弈断裂社会的利益冲突与和谐》,社会科学文献出版社 2006 年版。

98. 孙希芳、牟春胜:《通货膨胀、真实利率与农户粮食库存——1980—2003 年中国农户存粮行为的实证分析》,《中国农村观察》2004 年第 6 期。

99. 滕祥文:《谈我国的粮食储备》,《粮食流通技术》2003 年第 4 期。

100. 童光荣、何耀:《计量经济学实验教程》,武汉大学出版社 2008 年版。

101. 万广华、张藕香:《中国农户粮食储备行为的决定因素:价格很重要吗》,《中国农村经济》2007 年第 5 期。

102. 王芳、程桦:《国家粮食储备制度存在的问题与对策》,《粮食科技与经济》2005 年第 6 期。

103. 王广深、谭莹:《我国粮食安全主体的博弈分析及政策选择》,《经济体制改革》2008 年第 6 期。

104. 王贵林:《完善储备调节制度强化粮食安全体系》,《中国软科学》1997 年第 5 期。

105. 王静玲:《粮价波动与国家粮食安全问题》,《生产力研究》2007 年第 1 期。

106. 王凯、徐翔:《我国粮食储备体系的完善》,《中国农村观察》1995 年第 4 期。

107. 王晓潦:《中国粮食储备制度研究》,首都经济贸易大学 2010 年版。

108. 闻海燕:《市场化条件下粮食主销区的农户粮食储备与粮食安全》,《粮食问题研究》2004 年第 1 期。

109. 吴娟、王雅鹏:《我国粮食储备调控体系的现状与完善对策》,《农业现代化研究》2011 年第 11 期。

110. 吴娟：《基于粮食安全的我国粮食储备体系优化研究》，华中农业大学，博士论文，2012 年。

111. 吴娟：《我国粮食储备调控体系的现状与完善对策》，《农业现代化研究》2011 年第 6 期。

112. 吴志华、施国庆、胡荣华：《中国粮食安全储备及其规模确定》，《中国农村观察》2001 年第 1 期。

113. 武拉平、刘李峰：《中国农户粮食储备行为及其影响因素分析》，《中国农业经济评论》2005 年第 4 期。

114. 武翔宇：《农户粮食储备行为研究》，《农业技术经济》2007 年第 5 期。

115. 向艾、刘颖：《粮食储备规模变动对其价格调控的影响分析》，《南方农村》2011 年第 4 期。

116. 肖海燕、王卫华、宋斌：《我国粮食安全储备预警理论研究》，《甘肃农业》2006 年第 2 期。

117. 肖顺武：《粮食储备规模法律制度研究——基于粮食市场的实证解析》，《云南行政学院学报》2011 年第 3 期。

118. 谢识予：《经济博弈论》，复旦大学出版社 2002 年版。

119. 徐力行：《中国官方粮食储备合理规模的确定依据》，《现代经济探讨》2004 年第 7 期。

120. 徐世勋、李为华：《稻米安全存量与替代政策之分析》，《农业与经济（中国台湾)》1996 年第 17 期。

121. 徐祥华、王晓立、夏金鼎：《粮食储备库自控系统防雷措施分析》，《现代农业科技》2011 年第 7 期。

122. 徐翔、王凯：《中国粮食保障体系建设》，中国农业科技出版社 1995 年版。

123. 颜加勇：《国家储备粮保障体系建设研究》，南京农业大学 2006 年版。

124. 姚凤桐、李主其：《日本的粮食》，农业出版社 2014 年版。

125. 叶兴庆：《论粮食供求关系及其调节》，《经济研究》1999 年第 8 期。

126. 袁永康：《中国农产品流通体制改革前沿报告》，中国农业出版社 2003 年版。

127. 张昌彩：《国外粮食储备管理及其对我国的启示》，《经济研究参考》2004 年第 24 期。

128. 张红玉：《粮食储备补贴与我国民间粮食储备的有效利用》，《调研世界》2009 年第 4 期。

129. 张培刚、廖丹青：《二十世纪中国粮食经济》，华中科技大学出版社 2002 年版。

130. 张青、安毅：《我国粮食安全与粮食储备体制改革方向》，《国家行政学院学报》2009 年第 5 期。

131. 张瑞娟、武拉平：《基于资产选择决策的农户粮食储备量影响因素分析》，《中国农村经济》2012 年第 7 期。

132. 张瑞娟、武拉平：《我国农户粮食储备问题研究》，《中国农业大学学报》2012 年第 17 期。

133. 张守玉：《如何利用期货市场为储备粮轮换服务》，《中国粮食经济》2007 年第 5 期。

134. 张维迎：《博弈论与信息经济学》，上海人民出版社 2004 年版。

135. 张小华、陈林：《对完善地方粮食储备管理制度的探讨》，《粮食储藏》2010 年第 5 期。

136. 赵凌云：《回顾粮食储备制度的建立和发展》，《粮食问题研究》2010 年第 4 期。

137. 郑风田：《制度变迁与中国农民经济行为》，中国农业出版社 2000 年版。

138. 中央储备粮管理总公司：《中央储备粮管理体系在国家粮食宏观调控中的地位和作用：中国粮食改革开放三十年》，中国财政经济出版社 2009 年版。

139. 钟甫宁、朱晶、曹宝明：《粮食市场的改革与全球化：中国粮食安全的另一种选择》，中国农业出版社 2004 年版。

140. 钟甫宁：《粮食储备和价格控制能否稳定粮食市场？——世界粮食危机的若干启示》，《南京农业大学学报（社会科学版)》2011 年第 2 期。

141. 钟甫宁：《稳定的政策和统一的市场对我国粮食安全的影响》，《中国农村经济》1995 年第 7 期。

142. 朱·弗登博格 等：《博弈论》，首都经济贸易大学出版 2010 年版。

143. 朱晶、钟甫宁：《市场整合、储备规模与粮食安全》，《南京农业大学学报（社会科学版)》2004 年第 3 期。

144. 朱满德：《中国粮食宏观调控的成效和问题及改革建议》，《农业现代化研究》2011 年第 7 期。

145. 朱希刚：《跨世纪的探索：中国粮食问题研究》，中国农业出版社 1997 年版。

146. 朱希刚：《中国粮食供需平衡分析》，《农业经济问题》2004 年第 12 期。

147. 朱永士：《浅议粮食储备与农产品订单的关系》，《粮食流通技术》2008 年第 5 期。

148. 朱泽：《中国粮食安全问题：实证研究与政策选择》，湖北科学技术出版社 1998 年版。

149. 邹彩芬、罗忠玲、王雅鹏：《农户存粮的经济效益及市场影响分析》，《统计与决策》2006 年第 5 期。

150. 邹彩芬、王雅鹏、罗忠玲：《民间粮食储备研究综述及其政策启示》，《乡镇经济》2005 年第 7 期。

151. 邹新月、肖国安、施锡铨：《中国粮食市场博弈分析》，《经济学动态》2002 年第 5 期。

152. Athanasiou G., Karafyllis I., Kotsios S., "Price Stabilization Using

Buffer Stocks", *Journal of Economic Dynamics & Control*, No. 32, 2008.

153. Becker, Gary S. , "A Theory of the Allocation of Time", *Economic Journal*, No. 299, 1965.

154. Benirschka, M. , Binkley, J. K. , "Optimal Storage and Marketing over Space and Time", *Agricultural Economics*, No. 79, 1995.

155. Bigman D. , *Food Policies and Food Security under Instability*: *Modeling and Analysis*, Lexington, Mass. [u. a.] : Lexington Book, 1985.

156. David Buschena, Vincent Smith, Hua Di, "Policy Reform and Farmers' Wheat Allocation in Rural China: A Case Study", *The Australian Journal of Agricultural and Resource Economics*, No. 2, 2005.

157. Chayanov, A. V. , *The Theory of Peasant Economy*, Madison: University of Wisconsin Press, 1986.

158. Crook, F. W. , *China Trip Report*, *United States Department of Agriculture*, Foreign Agriculture Service, Washington, D. C. , 1996.

159. Eaton D. J. , *A System Analysis of Grain Reserve*, U. S. , Department of Agriculture, 1980.

160. Engle, Robert F. , "Autoregressive Conditional Heteroskedasticity with Estimates of the Variance of U. K. Inflation", *Econometrica*, No. 50, 1982.

161. FAO, "Review of FAO's Global Cereal Stock to Utilization Ratio", *The 27th Session of the Intergovernmental Group on Grains*, February, 1997.

162. George Blyn, *Agricultural Trends in India*, 1891—1947: *Output*, *Availability and Productivity*, Philadelphia Press, 1966.

163. Inderjit Singh, Lyn Squire, John Strauss, *Agricultural Household Model*: *Extension*, *Application and Policy*, The John Hopkins University Press, 1986.

164. Jha S. , Srinivasan P. V. , "Food Inventory Policies under Liberalized Trade", *International Journal of Production Economics*, No. 71, 2001.

165. Keith Marsden, "Agro – industrial Policy Reviews", *Food and Agriculture Organization of the United Nations*, July, 1998.

166. Love, H. A. , Buccola, S. T. , "Optimization Analysis of Public – Food Stocks ", *Food Security and Food Inventories in Developing Countries*, 1993.

167. Berch, P. Bigman. D. (Eds.), *Food Security and Food Inventories in Developing Countries*, CAB International, 1993.

168. M. Shahid Alam, *Governments and Economic Strategies: Lessons from Korea, Taiwan and Japan*, New York: Praeger Publishers, 1989.

169. Makki, S. S. , Tweeten, L. G. and Miranda, M. J. , "Wheat Storage and Trade in an Efficient Global Market", *American Journal of Agricultural Economics*, No. 78, 1996.

170. Makki, S. S. , *A Dynamic Equilibrium Analysis of Storage – Trade Interactions in Commodity Markets*, Unpublished PhD Dissertation, The Ohio State University, Columbus, OH. , 1995.

171. Newbery D. M. G. , Stiglitz J. E. , *The Theory of Commodity Price Stabilization: A Study in the Economics of Risk*, Oxford, Clarendon Press, 1981.

172. Oi W. Y. , "The Desirability of Price Instability under Perfect Competition", *Econometrica*, No. 29, 1961.

173. Park A, "Risk and Household Grain Management in Developing Countries", *The Economic Journal*, No. 116, 2006.

174. Park A. , *Household Grain Management under Uncertainty in China's Poor Areas*, PhD Thesis, Stanford University, 1996.

175. Peterson, H. H. , W. G. Tomek, "How much of Commodity Price Behavior can a Rational Expectation Storage Model Explain?", *Agricultural Economics*, No. 33, 2005.

176. Ray, S. K. , "Stabilization through Food Stock Operation", *Journal of Quantitative Economics*, No. 3, 1987.

177. Renkow M. , "Household Inventories and Marketed Surplus in Semisubsistence Agriculture", *American Journal of Agricultural Economics*, No. 72, 1990.

178. Reutlinger S. , Knapp K. , "Food Security in Food Deficit Countries", *World Bank Staff Working Paper*, No. 393, 1980.

179. Saha A. , StroudJ, "A Household Model of On – Farm Storage under Price Risk", *American Journal of Agricultural Economics*, No. 76, 1994.

180. Samuelson P. A. , "The Pure Theory of Public Expenditure", *The Review of Economics and Statistics*, No. 36, 1954.

181. Shikha J. , P. V. Srinivasan, "Grain Price Stabilization in India: Evaluation of Policy Alternatives", *Agricultural Economics*, No. 21, 1999.

182. Stephen, E. , Barrett, C. , *Incomplete Credit Markets and Commodity Marketing Behavior*, Working Paper, Cornell University Press, 2008.

183. The World Bank, *The East Asia Miracle: Economic Growth and Public Policy*, Oxford University Press, 1993.

184. Timmer P. , "Food Security and Economic Growth: An Asian Perspective", *Center for Global Development*, No. 51, 2004.

185. T. W. Schultz, *Transforming Traditional Agriculture*, The University of Chicago Press, 1964.

186. Von Braun J. , "Food and Financial Crises: Implications for Agriculture and the Poor", *Food Policy Report*, *International Food Policy Research Institute*, 2008.

187. Waugh F. V. , "Does the Consumer Benefit from Price Instability?", *Quarterly Journal of Economics*, No. 58, 1944.

188. Williams, J. C. , Wright, B. D. , *Storage and Commodity Markets*, Cambridge University Press, 1991.

后　记

2004—2015 年间，随着粮食产量实现连续十二年增产，我国粮食供求形势发生重大变化，因粮食产量不足导致饥荒的可能性大大降低，长期困扰我国的粮食问题看似得到了有效解决。其实不然，我国粮食安全面临的威胁仍然存在。随着社会经济发展与国内外形势的变化，粮食安全问题呈现出更加复杂多变的局面：第一，因生活水平的提高，人们对粮食品质提出更高的要求，"吃饱"已经不再是衡量粮食安全与否的唯一标杆，"吃得健康、美味"成为粮食安全的新内涵；第二，因生态环境恶化，水、土资源污染的形势日趋严峻，"竭泽而渔"式粮食生产行为受到广泛的批判，如何实现粮食生产与自然和谐发展成为粮食安全的新课题；第三，"撒胡椒面"式粮食支持政策效用有限，既加大了国家财政负担，又不利于粮食市场价格形成机制的建立，如何构建高效、精准的粮食支持政策成为保障粮食安全的新动向。对此，党和国家领导人高瞻远瞩，提出："要着力加强农业供给侧结构性改革，提高农业供给体系质量和效率，使农产品供给数量充足、品种和质量契合消费者需要，真正形成结构合理、保障有力的农产品有效供给。"

农业供给侧结构性改革将是今后我国粮食工作的重中之重。粮食储备既为保障改革的顺利进行提供了不可或缺的物质基础，又是农业供给侧改革的核心内容。本书以国家粮食储备政策与调控体系作为研究对象，从国家粮食储备体系、农户粮食储备行为、粮食储备规模以及粮食储备调控效率等方面展开深入研究，以期为我国粮食供给侧改革的平稳推进提供有益借鉴。

面对复杂多变的国内外粮食安全形势，我国粮食安全问题常议常新。对此，我们应紧扣时代脉搏，不断完善现有理论成果。笔者研究我国粮食安全问题多年，先后深入探索了粮食流通体制、粮食补贴政策、粮食储备政策以及粮食规模经营等问题，本书正是近年来的部分研究总结。今天，该项研究得以以专著的形式出版，不敢哗众取宠，但求抛砖引玉，借此机会，希望求教于世，恳请各界同仁志士给予惠正。

本书是国家社会科学基金课题"新时期我国粮食储备政策与调控体系研究"（项目编号：10CJY046）课题成果的结晶，我指导的研究生陈文琼、武小涵、董春玉、江松颖、曾志勇、王嫚嫚、陈实等为课题的完成不同程度地做了许多有效的工作。书稿的完成也得益于华中农业大学经管学院为我们提供良好的科研平台。在此，谨对各位表示衷心的感谢！

"路漫漫其修远兮，吾将上下而求索。"两千三百多年前，我国伟大的爱国诗人屈原在荆楚大地吟咏出千古绝唱。笔者不才，唯愿在粮食安全问题研究领域继续耕耘，为更好地解决我国粮食安全问题、保障国民经济健康有序发展、实现全面建设小康社会目标贡献绵薄之力。

刘　颖

2016 年 4 月

于湖北·武汉

责任编辑:吴焰东

封面设计:肖　辉

图书在版编目(CIP)数据

新时期我国粮食储备政策与调控体系研究/刘颖等 著. —北京:
　人民出版社,2016.8
　(农业与农村经济管理研究)
　ISBN 978－7－01－016581－3

Ⅰ.①新… Ⅱ.①刘… Ⅲ.①粮食储备-粮食政策-研究-中国
　Ⅳ.①F326.11

中国版本图书馆 CIP 数据核字(2016)第 189450 号

新时期我国粮食储备政策与调控体系研究
XINSHIQI WOGUO LIANGSHI CHUBEI ZHENGCE YU TIAOKONG TIXI YANJIU

刘　颖 等　著

人民出版社 出版发行
(100706　北京市东城区隆福寺街 99 号)

北京中科印刷有限公司印刷　新华书店经销

2016 年 8 月第 1 版　2016 年 8 月北京第 1 次印刷
开本:710 毫米×1000 毫米 1/16　印张:15.25
字数:230 千字

ISBN 978－7－01－016581－3　定价:42.00 元

邮购地址 100706　北京市东城区隆福寺街 99 号
人民东方图书销售中心　电话 (010)65250042　65289539

版权所有·侵权必究
凡购买本社图书,如有印制质量问题,我社负责调换。
服务电话:(010)65250042